凤凰师轩
FENGHUANG SHIXUAN

行知工程
校本研修系列

# 徜徉语文教研

肖俊宇 ◎ 著

江蘇鳳凰教育出版社
Phoenix Education Publishing, Ltd

**图书在版编目（CIP）数据**

徜徉语文教研 / 肖俊宇著 . ——南京 ：江苏凤凰教育出版社，2016. 11

ISBN 978-7-5499-5851-1

Ⅰ. ①徜… Ⅱ. ①肖… Ⅲ. ①语文课—教学研究—中小学 Ⅳ. ①G633. 302

中国版本图书馆 CIP 数据核字（2016）第 131674 号

**书　　名** 徜徉语文教研
**作　　者** 肖俊宇
**责任编辑** 雷利军　沈倩倩
**出版发行** 凤凰出版传媒股份有限公司
江苏凤凰教育出版社（南京市湖南路 1 号 A 楼　邮编 210009）
**苏教网址** http：//www. 1088. com. cn
**照　　排** 北京世纪鸿文制版技术有限公司
**印　　刷** 三河市九洲财鑫印刷有限公司
**厂　　址** 河北省三河市灵山大口
**开　　本** 787 毫米×1092 毫米　1/16
**印　　张** 21. 25
**字　　数** 348 千字
**版　　次** 2016 年 11 月第 1 版　2016 年 11 月第 1 次印刷
**书　　号** ISBN 978-7-5499-5851-1
**定　　价** 35. 00 元
**网店地址** http：//jsfhjycbs. tmall. com
**邮购电话** 025-85406265，85400774　短信　02585420909
E - mail jsep@vip. 163. com
**盗版举报** 025-83658579

# 序

大约在20年前，我就和肖俊宇老师相识了，那时他还在学校当语文教师。现在，他已从基层到了厦门市教育科学研究院，由教师提升为教研员。在这近20年间，我耳闻目睹了他的进步、成长、成功。当他的这部书稿呈现在我面前时，我一点儿也不感到突然。

这部书稿包括两部分：第一部分是肖俊宇对教研热门专题的探索；第二部分是他设计或听评的一些精品课例。

当下时兴出书，教研员出版专著的也不少。依我看，出书大体有三种情形：第一种是拼拼凑凑的，东抄一点儿，西抄一点儿，缺少实践与研究的根基；第二种是做了一点儿，研究了一点儿的，但发挥的多，水分很大；第三种是埋头实践，扎实研究，而后认真梳理的，篇篇是切己体验、个人心得。肖俊宇的这本专著，当属第三种。

我读了这部书稿，产生了以下几点深刻的印象。

第一，肖俊宇长期奋斗在语文教学第一线，不仅熟悉语文教学，而且用心倾听教师们的困惑，留心发现教学中存在的问题。他所讲的话题都不是闭门造车“设计”出来的，而是来自一线教师的需求，如对课程改革的认识，创新思维的培养，自主探究教学的引导，生成教学的捕捉与催生，现代化教学手段的恰当使用，拓展延伸的适时、适量、适度等。肖俊宇讲的，正是广大教师迫切需要的。这是这部书稿的一个特色。

第二，无论是肖俊宇的讲座还是评课，都贯穿着一个指导思想，即辩证唯物主义。自实施课程改革以来，人们对语文教学的研究从指导思想到教学方法、教学策略，一度犯了走极端、绝对化的毛病。一提出加强语文学科的人文性，就削弱了其工具性；一主张利用其他语文课程资源，就把教科书丢到了一边；一强调“以学生为本”，就忽视了教师的主导作用；

一提倡自主合作学习，教师就不敢点拨，更不敢进行必要的讲解……而肖俊宇的讲座和评课始终坚守这样两点：一是全面地、发展地、一分为二地看待语文教学；二是回到语文教学的原点——语文是学习语言、运用语言的课程。语文教学一定要处理好工具性与人文性的关系，以学生为主体和以教师为主导的关系，用好教科书与适度拓展的关系，自主学习与合作探究学习的关系，课堂教学与在生活中学语文、用语文的关系等，使课堂教学效益最大化，使语文学习生活化。“两个坚守”是这部书稿的另一个特色。

第三，肖俊宇对语文教学的研究涉及的面很广。从教学内容的层面来看，囊括了识字与写字、阅读、写作、口语交际、综合性学习各个方面；从教学过程的层面来看，涵盖了备课、上课、说课、评课各个环节；从教学策略的层面来看，涉及导入新课、鼓励质疑、点拨引导、指导朗读、交流互动、实现生成、师生评议、读写结合等多种方法；从促进教师专业成长的层面来看，兼顾到教学叙事的记述、教学论文的撰写、校本教研的实施、教育科研的开展等重要方面。具有多种指导和引领的功能，是这部书稿的又一特色。

总之，对肖俊宇来说，这部书稿记录了他多年实践、研究、思考、成长的心路历程，是他交出的教学教研工作的一份优秀的成绩单，也是他事业取得更大成功的一个新的起点。对广大读者来说，这本书能给我们多方面的启发和收获：可以从中学到怎样解读教材、怎样进行教学、怎样开展教研、怎样把自己修炼成优秀的语文教师。因此，我愿意把这本书推荐给广大的语文教师和其他语文教育工作者。

崔峦

（崔峦，中国教育学会小学语文教学专业委员会理事长，人民教育出版社编审，著名语文教育专家。）

# 自序 Preface

## 我的师之梦

小时候，我曾梦想自己手握方向盘，驾驶着大货车威风凛凛地在公路上奔驰，也曾梦想当一名手握钢枪、英勇善战的军人，甚至还梦想做一名深入虎穴、身怀绝技、无所不能的神探。然而，一纸录取通知书让我稀里糊涂地进入了师范学校。一走上教师这一工作岗位，我就又对教师这一职业充满了幻想。与第一届学生邂逅之后，我对教学充满了激情，对自己的教师人生有了多彩的梦想。

## 读书之梦

我读中小学时正值20世纪70年代，那是一个“学工学农”的年代，学校教学极不正常，有时几乎处于废止状态。尽管我读小学、初中时成绩优秀，然而学业“欠账”太多，进入高中后，国家恢复了高考制度，我只能考上中等专业学校，进入了师范学校。在别人看来，我已是风光无限，有了正规文凭，端上了“铁饭碗”，真是非常荣耀。而十七八岁的我，对读大学有着无限的憧憬，对大学生活心驰神往，对被称为“天之骄子”的大学生羡慕不已。每当从大学门前经过，我总是驻足凝望，想进去看个究竟。未能上大学成了我心中挥之不去的遗憾。

那时候读大学的形式与途径十分单一，除了高考外几乎没有其他门路。1985 年 9 月，福建省高等教育自学考试开考教育专业的消息传来，我顿时热血沸腾。深造的良机岂可错失？很快，我与散居在不同村校的四位志同道合的“孩子王”一拍即合，义无反顾地踏上了自考之旅。

自学之路十分艰辛，想要买到指定的教材都很困难。为了买书，我们到处托人，实在没有办法就向作者求助，每当收到“名师巨儒”的书籍时，愉悦之情无法言表。有时不知作者早已去世，我们仍然去信求书，闹了不少笑话和尴尬事儿。

对每门课程中的“硬骨头”，我们都集中讨论。说起来当时的情景还真富有诗意：或在幽静的山间小路，或在弯弯的小溪边；或躺在遮天蔽日的绿荫树下，或挤在窄窄的木板床上；或是轻声细语、娓娓道来，或是面红耳赤、声震九霄。尽管多出“丑态”，然而效率极高。对每门课程我们都条分缕析，烂熟于心，以至于能像放电影一样几分钟就在脑海里过一遍。经过 1000 多个日日夜夜的拼搏，我终于获得了大专文凭，后来又获得了本科毕业证书，读完了研究生课程。

获取文凭并非我的目标。读书成了我的生活习惯。我先后细读了许多有关哲学、文学、教育理论等的书籍。有时，我会对一篇文章圈画批注，反复玩味，或高声吟诵，激情涌动，浮想联翩，或俯首凝神，咀嚼涵咏，入情入境。

读书是美丽的，思想着是美丽的，坚持着更是美丽的。我始终与书相伴，让书香浸润我的人生。

## 教学之梦

1981 年的金秋，虽然我毕业成绩为“优”，然而一条“统一不得留城”的规定把我分配到了十分偏僻的浦城县富岭镇小密小学。

学校位于村庄背后的小山岗上，四面或是田地，或是散居的农户。学校操场是一片赭色的开阔地，校门前傲然屹立着几棵参天的青松和古枫。初冬，晨曦初露，山娃们个个手拢火炉，从山岗上、田那边、山涧里向学校汇集。

也许因为我是进山的第一位“正牌老师”，孩子们对我格外敬畏。也许是因为山村的闭塞，我那幼稚的讲课竟那样打动孩子们的心灵。每当山娃们那烂漫的神情随着我的讲解而变化，那凝神的目光被我的手势牵着走的时候，我的内心就感到一种无限的惬意，说不出的满足、快慰和甜美。

一天，课上到一半，忽然隐约听到“噼啪——噼啪”的声响。我循声望去，只见季兴双手在桌底下摆弄着什么，他的同桌轻轻一推，似乎要提醒他，结果，只见一缕缕青烟从桌底下冒了出来。孩子们的目光都被吸引了过去。季兴忙用手遮挡、用衣服盖，浓烟依然升腾而起……山村的孩子常把小铁盒贴在火炉上“炒”豆子，我顿时明白了几分。看着季兴那惊慌失措的样子，望着他那怯生生的目光，我实在不忍心指责他。我提起火炉，默默地走出教室，拣出豆子，拢好炉灰，又把火炉轻轻地放回季兴的桌底下，顿了顿，继续讲课……

山村的傍晚是迷人的。火红的太阳游走到了对面的山坳，它把血丝般的余晖几乎平行地洒向大地，山川红了，梯田红了，炊烟红了。高峻的青松青翠欲滴，挺拔的山枫殷殷如血，赭色的操场灿灿似金。喧闹了一天的校园显得格外秀美、恬静。

季兴走过来，显得局促不安，刚说出“老师……我错了”就已经泪如泉涌。我被打动了，微笑着对他说：“知错能改就好。”我刚说完，季兴更加哽咽，双肩不住耸动，很久很久。

季兴是寄宿生，这群孩子中数他最大。一天上午，我因陋就简搞了几项活动，给山娃们过了一个让他们开心不已的“六一”。中午，正当我回味半天活动情景的时候，七八个孩子簇拥着一起向我走来。只见季兴的上衣口袋耷拉着，他已泣不成声。听大家七嘴八舌地讲完后，我终于明白了事情的经过。

原来，为了上树掏鸟蛋，这群山娃搭人梯。季兴自恃身强力壮，半蹲着身子，想让两位同伴踩着他的肩膀往上爬，结果，他打了个趔趄，上头的同伴一歪扭，往下滑，不幸一脚踏在了他敞口的上衣口袋上。自己的新衣服口袋被撕扯坏，他能不哭吗？回家怎么向父母交代呢？望着这群调皮的孩子，我刚想教训几句，可心又软了。我默默地把他的衣裳拿进自己的宿舍，取出了我这个十八岁男儿自备的“针线包”……

也许是山村的孤独寂寞，也许是年轻人那颗火热燃烧的心，也许是……渐渐地，我与这些孩子成了忘年交。我总是整天和孩子们凑在一块儿，上好课，教好孩子，始终是我的教师梦。那时候，我不懂什么是苦，什么是累，也不知道什么是奖金，什么是补贴，更不晓得什么是地位，什么是荣耀，只有一股努力工作的劲儿、一颗真诚的心——绝不能因自己工作的疏忽而误了学生，因为我是一名教师。

一年过去，奇迹出现了，在当时录取率不到50%的情况下，一所全镇最偏远的学校，一个在全镇30所学校中排名倒数第一、平均分只有二十几分的班级，竟然一跃成为全镇第一，全班孩子都考入了初中。孩子们沸腾了，山村沸腾了，而我要被调走了。分别时，全班孩子都来了，大多数村民也来了，大家都噙着泪，我也噙着泪……

后来，不管被调到哪所学校，不管在哪里工作，我始终认为没有教不好的孩子，我始终平等地对待每个孩子，不放弃任何一个孩子，教学成绩也始终名列前茅。我始终坚持，管好学生、教好课是教师的天职与第一要务，也是最高的师德！

## 写作之梦

看完电影《洪湖赤卫队》，主人公韩英临危不惧的精神深深地打动了正读小学的我。写观后感时，我信笔写道："韩英落入敌手，就要被杀害，在这千钧一发之际……""好一个'千钧一发'！"语文老师充满喜悦，连连称赞，并亲手把我的整篇作文一字一句地抄在黑板上，给全班同学做范文。那时，腼腆的我因这突如其来的赞扬而羞得满脸通红、耳朵滚烫，整堂课不知所措，始终不敢朝黑板正眼瞧一下，晕乎乎地直到下课。那天夜晚，月色显得那么皎洁，平日烦人的蛙声也显得那样动听，一切都是那样美丽动人。我有生以来第一次那样兴奋，那样久久难眠，那样浮想联翩……老师的赞赏与希冀在我的心灵深处播下了一颗不灭的火种，使我树立起了写作的信心，使我对写作充满憧憬与向往。它孕育出不竭的动力，让我的心中始终怀揣着对写作的崇仰，始终荡漾着对写作的缕缕情思。

什么是作者的眼睛？"两个人同游黄山，不搞创作的人只要感受到'黄山真壮丽'就行了，而搞创造的人呢？他得形象地描绘出山石、云海、奇松，让没有去过黄山的人也感受到黄山的壮丽，这才是'作者的眼睛'！"春风轻拂的清晨，我品味着叶永烈先生精彩的论述，忘我地吮吸。

什么是创作灵感？灵感“就像一支擦亮了的火柴投到油库里，一切需用的生活记忆都燃烧了起来，一切细节都忽然发亮，互不相关的事物，在一条红线上联系了起来，分散在各处的生活细节，向一个焦点上集中凝结，在联系和凝结的过程中，有的上前来，有的退后去，有的又消失，有的又出现，而且互相调换位置，有的从开头跑到末尾，有的从末尾跑到中腰……”万籁俱寂的冬夜，我被王汶石先生关于创作灵感的形象比喻深深打动。

青春似霞，一片梦幻。那时，写小说、进行文学创作成了我梦寐以求、疯狂追求的精神世界，甚至曾有过弃教从文的稚拙念头。在当时资讯还不是很发达的情况下，我费尽周折，参加了多个函授班。函授班所印发的讲义我珍藏至今，讲义内容我几乎倒背如流。回想那时的读书经历，真可谓“像饥饿的人扑在面包上一样”倾情投入。

然而一踏进教室，我又被孩子们那质朴和求知若渴的目光深深打动，于是开始细心琢磨特级教师和名师的经历、特点、教学。名师的课堂让我柳暗花明、豁然开朗，高人的妙招让我心潮澎湃、扼腕慨叹，大家炉火纯青的教学艺术让我由衷崇仰。在学习他们时我忽然领悟：成为名师不仅需要掌握课堂教学艺术，更重要的是要会做研究、写论文。

记得在我教师生涯之初的一次教师大会上，校长充满期盼地说：“我们学校如果有位擅长写作的老师该多好！你们年轻人要努力呀！”记得闲聊时同事以无比崇仰的语气赞叹道：“某某文笔真好，文章真漂亮！还发表过论文呢！”还记得一次全县大会上，局长声声震耳、句句敲心：“我们县就没有老师能写出有水平的教学论文吗？”刚刚参加工作的我，心中的写作之火就这样被一次次地点燃。这些话语常常让犹如初生牛犊的我心中涌起美妙春潮、荡起阵阵涟漪，我开始把目光投向教学文章的写作。那时的我对能做教研、会写文章的人简直佩服得五体投地，凝视着杂志上的作者署名，我心中充满无限憧憬，希望有朝一日自己的名字也能在杂志上“巍然屹立”。就这样，深入教学研究、发表教学文章成了我孜孜以求的至高梦想。

我广泛阅读学术杂志，有时潜心会文，屏息凝视；有时豁然开朗，扼腕慨叹；有时摘录、复印，永久珍存；有时走马观花，一目十行，甚至一目一页，一目一篇；有时花半天时间竟然可读遍整个图书馆的数十种期刊。我不仅理解文章的内容，学习作者的写法，更重要的是从作者的角度深思：他为什么能想到写这篇文章？这篇文章为什么取这个题目？这个角度有什么创新之处？这几个标题妙在哪里？我也想到了，也做了，为什么就没写出来？于是，我开始日思夜想，开始笔耕不辍。我寄出的是一篇篇稿件，捧出的是一颗滚烫火热的心，然而大多是泥牛入海，音讯全无。偶尔，若是收到回信，喜出望外，夜以继日，修改复寄，又杳无音信。

天无绝人之路，一天，学校传达室送来一封厚厚的信件，我一眼就看到信封上“福建电教”的字样。这是什么？难道……我的心怦怦直跳，呼吸竟然有些急促，我急切而又激动地撕开信封，飞速地在目录中搜寻作者。啊！我终于看到了自己的名字！往下扫视，呵！又看到了自己的名字！1984 年春，我当时所在的学校被定为为数不多的福建省电化教育试点校，我担任组长一职。凭着一股子拼劲儿，我们把试点工作开展得可谓热火朝天、轰轰烈烈，在当时产生了很大的影响。为总结宣传试点经验，我精心琢磨，潜心梳理了《面已铺开，点在探索》一文，同时还写了一篇小评论《电教与爱迪生》。未曾想到，这两篇文章同时在《福建电教》1985 年第 1 期刊出。同年 5 月，《福建教育》又以《点面结合，加强管理》为题转摘。这是我真正意义上的铅字处女作。我无数次地读着那一个个方块铅字，静静地回味着，很久很久……

1985 年前后，我参加福建省高等教育自学考试。在学习期间，我常常为大师们的思想深度所倾倒，常常为前辈们锐利与精到的观察所折服。那时，整天拜读别人的论著、背诵别人的观点的我有时也会冒出一些大胆的想法：这篇论述并未穷尽呀！这个观点有失偏颇啊！每当此时，我心中就会油然而生一种大胆而不安分的念头：别人可以写书，为什么我不行？倘若有一天，我也写一本书，也让别人来读一读、背一背，那该是何等辉煌与荣耀？怀揣着这样的想法，凭借着日益丰富的实践与积累，我投入了更多的热情，广泛而深入地阅读各种教育类书籍、语文学科类书籍以及有关论文写作的书籍等。每有闲暇，我就将教育教学实践中的所见所闻、所思所感诉诸笔端。每有灵感迸出，我就第一时间提笔记下，或长或短，不拘泥于题材，语文教学、教育心理、教育管理、教育文艺等，我都会试着写一写。

一次长途出差，我在长途汽车的卧铺上昏昏欲睡，恍惚间，半张踩满脚印沾满厚厚尘土的破报纸被风吹到了我脚下，依稀看到一个文题——《山海协作的五条思路》，我心头一震，睡意全无。

山海协作有五条思路，我们的教学、教学的某一方面能否也找出几条思路呢？我的思绪在已有的教学经历中“翻箱倒柜”，我的目光在由此及彼的海浪里驻足搜寻，我的思维在由表及里的内核里体察寻思，我的联想在一生二、二生三的遐思中驰骋，我的已有体验与忽然产生的灵感撞击出了“千堆雪”！哦，我们不是提倡“不愤不启，不悱不发”的启发式教学吗？启发就是启迪、诱导、点拨，有了，我就写“点拨教学的几条思路”吧！我脑海里迅速地翻检着平时点拨教学的成功案例——第一，限制点拨；第二，动作点拨；第三，矛盾点拨；第四，诱导点拨……我一边构思，一边在颠簸的车上歪歪扭扭地写着提纲，最后写就了《点拨教学的十条思路》，并很快在杂志上发表了。

山海协作与语文教学看似风马牛不相及，然而留心处处皆文章，我们只要在求同与求异的思维中徜徉，在联想与创新的世界中寻觅，就能点燃美丽的思维火花。后来我的文章接二连三地被《人民教育》《北京教育》等杂志刊用。

时至今日，我已先后在全国20多家省级以上教育类报刊发表文章300多篇，其中在核心刊物发表10多篇，并正式出版了《小学创生作文》等多部个人专著。看着占满大半个书橱的样刊和书籍，沐浴在自己作品的馨香之中，捧着热情洋溢的读者来信，一种莫名的充实与惬意时常在我的心中荡漾。

有人问我什么是研究，我想，课堂实践是研究，阅读思考是研究，写作梳理更是一种深入的研究，也许还是一种真正高层次的研究，因为它不仅是对思维成果的记录，而且可以诱发创新思维。你要写作，你就得学习钻研，就得思考总结。思路明晰了，认识不断提升了，你就会悟出规律、寻到门径、把握真谛。

## 名师之梦

做教师之初，我阅读了不少教育类书籍，感受到了名师独特的教育教学艺术，对名师产生了一种特别的景仰与向往之情。遇到教育教学问题时，我经常向那些从未谋面的名师请教，曾冒昧地给毛蓓蕾、斯霞、袁蓉、霍懋征等10多位教育名家写信，态度虔诚，不仅书写工整，言辞恳切，还特地到县城最好的照相馆拍了自为得意的照片，恭恭敬敬地签上姓名，夹在信中寄出。

听闻成为名师，口才非常重要，于是我又时时留心身边人的语言，对身边口才出众者刻意模仿，还长期订阅《演讲与口才》杂志，对自己讲话的逻辑性、条理性、趣味性进行锤炼。渐渐地，我的口才受到了听众的好评，以至于被赞赏和推崇。

20世纪90年代初，公开教学不像现在这样频繁，音像资料更是缺乏。一次我有幸到福州参加教学观摩活动，张树林先生上的一堂《火烧云》的课让我佩服得五体投地，我反复琢磨，反复模仿，条分缕析又融会贯通。那次教学观摩活动中，支玉恒老师的朗读让我印象深刻。听说支老师原是体育老师，后来因肩周炎活动不便而改教语文，只教7年，便闻名遐迩。想想自己工作已十载有余，便自觉惭愧，于是我广泛研究名家的课堂教学设计、教学艺术，深入解读教材，精心选择角度，就像一块干燥的海绵，努力汲取名师的营养与智慧。

进入21世纪，我从闽北到了厦门。课程改革风起云涌，各种新理念、新信息、新观点如雨后春笋，极大地开阔了我的视野。面对时代的巨变、教育的巨变，我认识到一定要摈弃自我封闭、自以为是的思想，既立足于本土，又面向五彩缤纷的世界，探头到自己的交往圈子与思维圈子之外，取人之长，补己之短。要乐于交流，善于接纳新理念与新事物，甚至应当有一种不安于现状而执着追求、永不止步的激情状态。莫被传统禁锢思想，不为时尚放弃永恒。

2010年，已是特级教师并有了一定荣誉与影响力的我，又恰逢新的机遇——福建省将选拔培养首批百名教学名师，我毅然报名参加了严格的筛选。在名师培训过程中，导师余文森教授一再叮嘱我们要有自己的教学主张、教学风格，在三年的培训中他始终抓住这一点不放。渐渐地，教学主张、教学风格逐步在我脑中开始酝酿，渐而萌发，始而植根。余教授语重心长地说："对自己的教学主张、教学风格，你要整天把玩，终日琢磨，日思夜想，要把它想宽、想深、想透、想到极致，要为之着迷、为之倾倒、为之魂牵梦绕，要做到人无我有、人有我特、人特我高。"这是金玉良言。导师一次次地精心指导，我一次次地琢磨、感悟、梳理、提炼，终于，自己原来模糊的认识慢慢明晰，原来零乱的经验渐成顺序，原来掩蔽的教学主张缓缓显形，原来蛰伏的教学风格蹒跚而立。这是我在通往名师之路上的又一次嬗变，是我在走向名师之路上留下的一个个深深的脚印。

虽然至今我还未能成为名师，美丽的名师之梦却使我的教学生涯丰富多彩。一路走来，我从一名普通的乡村小学教师成为专职教研员，再到省学科带头人、省教学名师，进而成为特级教师、正高级教师。

路漫漫其修远兮，吾将求索不止。

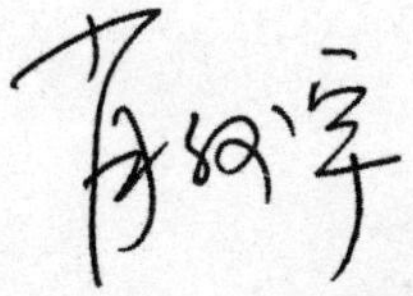

2016年春于厦门

目录 Contents

## 第一章　教学实践的梳理



## 第二章　教学特色的把握

## 第三章　校本教研的实施



## 第四章　课堂实践的品味

# 第一章

# 教学实践的梳理

# 第一节　说课、片段教学与答辩

近10多年来，我组织或参加过许多关于小学语文说课、模拟课堂教学与答辩的工作。有招聘在职教师、新教师的，有各类职称晋升的，有省、市、区各级骨干教师与学科带头人竞选、结业、展示的，有各种大赛角逐的，有校长、教导主任岗位竞聘的，有招聘各级教研员的……林林总总，先后听过不下百场超过千人的大型观摩课。说课、片段教学与答辩似乎已成为教师应聘、教师晋升、教师业务竞赛的常用形式。

然而，在实施新课程的今天，说课、片段教学与答辩有哪些新的发展，要把握哪些基本要素，要注意哪些形式，要突出哪些特点，是许多教师需要直面且迫切需要解决的问题。

## 话题一：关于说课

### 一、说课者要展示良好形象

#### 1. 说课者的不良表现

一是心理紧张。一位说课者说《西门豹》一课，一上台便脱口而出“我今天说的课题是《西门庆》”并板书，然后左一个“西门庆”，右一个“西门庆”，惹得评委老师忍俊不禁。

二是姿态不雅。说课者有的撑着脸，有的低头看着衣角，有的仰头看着天花板，有的姿势生硬、背着双手，有的面无表情，有的目光游离、缺乏自信，有的甚至好像怀有敌意。

三是缺乏机智。有的说课者只是机械地背稿子，出现卡壳后发呆；有的说课者常记不起自己说了什么，起先说漏了一段，后面又进行补充；等等。

四是多余解释。如“我一直教幼儿”“我原来教中学”“我一直教低年级，今天真倒霉，抽到了高年级，我全蒙了”“我最近很忙，没做什么准备，我随便说一下”……各种多余的话不一而足。

五是缺乏自信。“我自己都不知道讲什么，糟糕透了!”“我很紧张，晕乎乎的。”“我能及格吗?”本来还说得不错，但自己不自信的话语给评委留下的印象可想而知。

六是忽视小节。有的人正说课，忽然手机响了，接还是不接，好好的情绪全被搅乱了。

七是陈词滥调。凡讲兴趣，开口便是“兴趣是最好的老师”；每言质疑，必讲“小疑则小进，大疑则大进，不疑则不进”……其实，评委们更想听的是像“兴趣是很重要的”“引导质疑是很重要的”这样简单实在的话。

2. 说课者的良好表现

一是姿态自然。态度亲切，好像正对着学生娓娓道来；善于捕捉听课者的“兴奋点”，适时地与那些特别专注的人进行目光交流，不断增强说课的信心。

二是稍有动作。像与朋友交谈，稍有体态语言、手势动作，十分得体。

三是略带思考。言由心而生，说由衷之言；语有轻重缓急，调有抑扬顿挫，偶有口语。

四是微有表情。随着内容情节的推进，说课者渐入情境，有适度的喜怒哀乐，有渐入佳境的沉醉，有和谐张弛的韵味，情动于衷，溢于言，融于声，且富有变化。

总之，建议说课者要做到声音响亮、流畅地说，精神饱满、投入地说，落落大方、自信地说。

## 二、不良说课的突出表现

1. 学科特点缺失

我让学生进行小组合作，首先把全班学生分成人数平均的四人小组，每组有负责人，每人分工明确：有计时员，有记录员，有发言代表，有噪音控制员。接着，进行小组交流，对发言好的给予奖励，对存在问题的给予矫正。这种小组合作的方式具有以下优点：一是改变了教师问、学生答的模式，体现了“以学生为主体，以教师为主导”的先进理念；二是学生质疑解疑的能力得到了有效提高，有利于学生语言能力的发展；三是培养了学生的团队精神，增强了他们的合作意识与竞争意识……

这样说课，试问：你是在说中学的还是小学的？是在说语文还是在说英语？从中能看出你某一学科的教学水平有多高吗？

**2. 文本特点缺失**

第一步：教师范读，学生采用多种形式朗读，有小组读、个人读，有男生读、女生读，有表演读、分角色读，有选择自己喜欢的内容读等。教师引导学生读中理解、读中感悟，以读激情、以情促读。

教学环节安排如下：

1. 自学导读，检查预习。

2. 背景介绍，创设情境。

3. 逐段学习，体会情感。

（1）学习第1自然段，默读、思考、讨论。

（2）学习第2自然段，联系有关词语，理解文本内容。

（3）学习第3自然段，通过朗读表演，体会思想感情。

如此说课，试问：你在说哪一课？怎么让人看出你是怎么教这一课的？以似乎万能的套话去应付乃是说课的大忌。

在上面的例子中，说“背景介绍，创设情境”，你就要把具体的背景说出来，通过生动的语言把人带入情境；说“默读、思考、讨论”，你就要把默读哪些内容、思考什么问题、怎样进行讨论一一道来，而不是虚晃一枪；说“联系有关词语，理解文本内容”，你就要具体地指出有关词语是哪些，你不把这些内容具体地说出来，听课者就无法知道你是怎么教的。

## 三、把握说课的基本要素与形式

**1. 说课的基本要素**

教案必须写明教什么和怎么教。说课则要求说清教什么、怎么教以及为什么这样教。具体来说，以下三个要素缺一不可。

（1）教材解读

解读教材，应重点阐述本课的主要内容、文本特色以及教学的主要把握点，同时简要说明本课在教材中所处的位置、作用、前后联系与编写意图等。

这部分的阐述要简洁。初学者可参考《教师教学用书》中的“教材简说”。

（2）教学目标

教学目标可根据课文的导读要求与课后思考练习来把握。教学目标要明确，有时还要说明重点、难点与关键所在。

教材解读、教学目标两部分内容至多占说课分量的20%，切不可在这两个方面花费过多的时间和精力。

（3）教学过程及设计意图

这是说课的重点、核心、价值所在，至少应占说课分量的80%。

说教学过程，要具体说明该课的每一个环节怎么教。提什么问题，有什么思考、依据，要达到什么目的，学生可能怎么回答等，都要一一道来。说教学过程，要注意将教材、教法、学法和教学手段有机结合。

**2. 说课的基本形式**

较为常用且有利于说好课的基本形式有以下两种。

（1）先说一个环节怎么教，再说设计意图，即每个环节后面都有一个设计意图说明。

如《酸的和甜的》一课的说课片段——

一、联系生活识字，顺应情境揭题

第一步：教学“葡”“萄”这两个字。

首先，我用课件出示一个葡萄架，问学生“这是什么地方”，学生说“这是葡萄园”，从而引出“葡萄”这个词，并指导“pú tao”的轻声读法。接着引导学生读“葡”“萄”这两个字，注意单字“táo”的读法。

其次，问学生“细看‘葡’‘萄’这两个字，你发现了什么”，引导学生发现两个字都有草字头和句字框，里面分别是“甫”和“缶”，然后我用不同颜色的粉笔和特大号字板书。

第二步：教学“串”“狐”“狸”这三个字。

首先，我出示实物葡萄一串，问学生“这里有多少葡萄”，从而引出“一串”，引导学生认读“串”字。再问“同学们还见过哪些一串的东西”，学生便可能说出“羊肉串”“一串糖葫芦”，引导学生依据实物形状迅速记住“串”字。

接着，我问学生“这架子上一串串葡萄引来了哪些动物”，引导学生看图，相机引出“狐狸”一词，指导学生读好“狐狸（hú li）”这个词的轻声，进而认读单字“狐（hú）”和“狸（lí）”。

然后，我引导学生观察发现，“狐”“狸”两个字都是反犬旁，知道反犬旁与动物有关，指导学生反犬旁的笔顺笔画，要求学生做到弯钩起笔、落笔在同一垂线上。

第三步，揭题，相机认识“酸”字。

我先问学生“你们吃过葡萄吗？它是什么味道的”，从而引出“酸”字，并指导学生掌握读音、字形，最后揭示课题《酸的和甜的》。

【设计意图：根据课文特点，上课伊始，联系学生的生活实际，运用课件、实物、图片等唤起学生的生活体验，相机教授本课9个生字中的“葡”“萄”“串”“狐”“狸”“酸”6个生字，引导学生自主读准字音、发现规律、识记字形，既顺畅自然，又提高了教学效率，更为下一步初读课文扫清了一大部分生字障碍。】

本课例中，怎么教，十分具体；为什么这样教，点到为止。这样的说课，一目了然，我们从中可以切实感受到教师的教学方法、教学特点、教学理念。

（2）将教学环节和设计意图融合起来说。

以下是一个将教学过程与设计意图融合在一起的说课实例。其主要突出了四个特点：一是怎么教，十分具体；二是为什么这样教，简明扼要；三是教学思路，清晰明了；四是教学特色，富有创新。

### 于点睛处识形象，在比较中悟寓意

——《东郭先生和狼》说课设计

**【教材解读】**

《东郭先生和狼》一课，讲述了东郭先生好心救了一只走投无路的狼，狼得救后，反而要吃东郭先生的故事。故事告诉我们：对像狼一样的人不能讲仁慈。

课文塑造了三个不同的角色形象：一是仁慈糊涂的东郭先生，二是机智果敢的老农，三是狡猾凶恶的狼。

教授这一课，我认为重点应当是抓住点睛词句，引导学生认识角色形象，逐层揭示寓意。

【教学目标】

1. 通过对重点词句的品析，认识东郭先生仁慈糊涂的形象、狼狡猾凶恶的形象以及老农机智果敢的形象。其中，认识东郭先生的形象是教学的重点。

2. 通过推理，感悟寓意——对狼不能讲仁慈，进而感悟对像狼一样凶恶的敌人不能讲仁慈。感悟寓意是教学的难点。

【教学过程及设计意图】

一、抓点睛词句，巧相对比，把握角色形象

深入剖析角色的言行举止、心理状态，准确把握角色形象，是学习寓言的第一步，也是极为关键的一步，因为它是提示寓意的前提和基础。(此为设计意图，融于教学过程中）教学时，可在初读课文的基础上，主要抓住以下三点。

1. 深究两个词语、两次言行，认识东郭先生仁慈糊涂的形象

(1) 深究两次“犹豫”

听了狼可怜的求救后，东郭先生犹豫了一下，答应了狼的要求；听了猎人的询问后，东郭先生又犹豫了一下，说没看见狼。

教学时可以这样启发学生：东郭先生两次都出现犹豫，他犹豫什么？结果怎样？从中可看出他是个怎样的人？引导学生感悟——

第一次犹豫：救狼，这怎么行？不救，它立即就会遭殃。它多可怜啊！于是心肠就软了。

第二次犹豫：说还是不说呢？说，狼马上就活不成了；不说，那不是在骗人吗？唉，为了可怜的狼，“我”只得说一次假话了。

可见，东郭先生并非不知狼吃人的本质，而是心地过于仁慈，仁慈得连敌我都不分了。

(2) 深究两次言行

东郭先生把事情的经过告诉老农，问道：“我应该让狼吃吗?”老农施计把狼捆住塞入口袋后，东郭先生还准备往口袋里装书。

这里，可以在学生读课文后问：东郭先生的这种言行说明了什么？引导学生领悟：他好心救狼，狼反而要吃他，此时他找老农评理，还问老农自己该不该让狼吃；狼已“束手被擒”，他还要往口袋里装书，似乎只要老农道句公平即罢。可见，他多么糊涂，糊涂得愚钝，糊涂得可悲。

2. 对比狼求救前后的言行，认识狼狡猾凶恶的形象

求救时，狼苦苦哀求“救救我吧！……我永远忘不了你的恩情”，并随即躺在地上，把身子蜷成一团，叫东郭先生用绳子把它捆住。得救后，

狼伸伸腰，舔舔嘴，对东郭先生说："让我吃了你吧!"说着，就恶狠狠地向东郭先生扑过去。

求救时那样可怜，那般狼狈不堪；获救后却这样凶神恶煞，这般蛮横绝情。教学时抓住两者巧相对比，狼狡猾凶恶的本性便暴露无遗。

3. 抓住除狼的计谋和举动，认识老农机智果敢的形象

这里可设计这样的问题：老农想了想，说"你们的话，我一点儿也不信"，他真的不信吗？他想些什么？

引导学生认识到，老农并非真的不信。他一定在想：狼啊，你恩将仇报，死有余辜；先生啊，你对狼也讲仁慈，真是太糊涂了！我一定要……老农胸藏妙策，行动利索，多么机智果敢！

二、想象，比较，逐揭寓意

学习一般的记叙文，认识了人物形象，就明白了写作目的。而学习寓言则不然，还必须在此基础上去玩味其中蕴含的道理。（此为设计意图，融于教学过程中）本课可采取以下两步。

1. 启发想象，推测结果

引导学生讨论：

（1）如果东郭先生第一次不犹豫，会怎样？（那么，狼走投无路，猎人紧追不舍，狼难免遭殃）

（2）如果东郭先生第二次不犹豫，会怎样？（此刻，狼已被缚且被装入袋中，只要东郭先生说出实情，狼必死无疑）

（3）如果没有遇到老农，东郭先生第三次还犹豫，会怎样？（若没有遇到老农，一个文弱书生既无拼杀的勇气，又无还击之力，只会消极躲避，终究难免入狼腹中。若老农与东郭先生一样犹犹豫豫，既没有杀狼妙计，又没有果敢的举动，恶狼最终难除）

2. 比较，推理，逐悟寓意

（1）将不同角色形象的不同结果进行比较，推出寓于具体情节的道理。

可抓住这几个问题：

① 东郭先生是个怎样的人？结果怎样？

② 老农是个怎样的人？结果怎样？

③ 由此可见，对狼应怎样？

板书：① 东郭先生仁慈糊涂，险些被狼吃掉。

② 老农机智果敢，很快除掉了狼。

③ 可见对狼不能讲仁慈。

(2) 跳出具体情节，得出具有普遍意义的寓意。

可在上一步基础上追问：这则寓言仅仅指对具体的狼不能讲仁慈吗？有没有与狼相似的人呢？让学生联系实际，议论分析得出：对像狼一样凶恶的敌人不能讲仁慈。

就教学过程与设计意图而言，教学过程是重点，比重当占80%左右，设计意图当简明扼要、画龙点睛。

**四、突出学科本质特点**

就语文教学而言，一定要注意突出以下三个特点。

**1. 要有入木三分的品词析句**

语文教学应注重品词析句，说课时一定要抓住一两个词句进行品析，把它做大、做足、做亮。有此，说课便成功了大半。

《燕子专列》一课有这么一句话："政府通过电视和广播呼吁人们立即行动起来，寻找燕子，把它们送到火车站。"其中"呼吁"一词的教学可以这样处理——

师：瑞士政府也和同学们一样，同情燕子的遭遇，为燕子担心。他们通过电视和广播呼吁人们立即行动起来，寻找燕子，把它们送到火车站，然后用专列把燕子送到温暖的地方。如果你现在代表的是瑞士政府，你会怎么呼吁？

生：瑞士国民们，在我国境内，有成千上万只燕子遇到了麻烦。现在政府呼吁大家立即行动起来，把你们找到的燕子送到火车站。

师：有"呼吁"的样子，把主要事情说清楚了。但是，现在外面有漫天飞舞的大雪，要说服大家去找燕子，呼吁时还要注意什么？

生：呼吁时要把燕子遇到的麻烦说清楚。

师：再试试！

生：瑞士国民们，在我国境内，有成千上万只燕子遇到了麻烦。因为气温骤降，大雪纷飞，燕子饥寒交迫，疲倦不堪，濒临死亡。请大家爱护这些小生命，快去找找燕子，把它们送到火车站吧！

生：瑞士国民们，在我国境内，成千上万只燕子遇到了前所未有的麻烦。它们经过长途跋涉，已经非常疲劳，现在更是饥寒交迫，生命垂危。虽然外面风雪交加，但如果我们不伸出救援的双手，这么多燕子将会全部死亡。请大家快快行动吧！

“呼吁”在词典中的解释为“向个人或社会申述，请求援助或主持公道”。如果仅仅联系上下文，让学生明白“呼吁”就是“瑞士政府请求人们寻找燕子，帮助它们脱离困境”的意思，那么教学是比较单一的，“呼吁”这个词也不会给学生留下多少印象。教学中，通过创设具体的语言运用情境，让学生联系燕子遇到的麻烦，围绕“呼吁”重组语言，把第 2 自然段的内容用“呼吁”的形式表达出来。这样的教学既创设了语言运用的机会，让学生在有具体内容为依托的情况下练习表达，又把“呼吁”融进具体的句子、段落之中加以理解，在生动、具体的情境中深入理解了词语的内涵。

**2. 要有入境出情的朗读引导**

朗读是小学语文教学的重要任务，说课中一定要注意凸显入境出情的朗读引导。

教学《跨越海峡的生命桥》一课，为了体味李博士和台湾青年的泰然自若、舍身为人的品格，教师通过多次描绘各种可能出现的危急场景，让学生反复朗读同一个句子，然后揣摩人物的内心，朗读指导效果极佳。

师：是啊！余震这么危险，害怕也是人之常情。“但是，李博士仍沉着地站在病床旁，那位青年也静静地躺在病床上。”该怎样来朗读这个句子呢？下面我来描述余震场面，同学们来接读这一句话，要注意读出心中的感觉。

师：（描绘）针头向皮肤刺去，一阵余震突如其来，大地开始颤抖，房屋开始摇晃，但是——

生：（齐读）李博士仍沉着地站在病床旁，那位青年也静静地躺在病床上。

师：（描绘）针头刚扎进肌肤，可突然，病床“吱吱”作响，窗户上的玻璃“啪啪”往下掉，但是——

生：（齐读）李博士仍沉着地站在病床旁，那位青年也静静地躺在病床上。

师：（描绘）刚准备抽取骨髓，可病床旁的医务人员因剧烈的震动而东倒西歪，这次的余震来得更猛了，但是——

生：（齐读）李博士仍沉着地站在病床旁，那位青年也静静地躺在病床上。

《一个中国孩子的呼声》中有这么一段话——

①两年多来，我们全家沉浸在失去亲人的巨大悲痛中。我至今都忘不了，爸爸临上飞机前对我和妈妈那深情的目光。他说：“孩子，等爸爸回来，我一定送你一顶‘蓝盔’。”②我们与爸爸相约，等爸爸凯旋的那一天，我们要带着最美的鲜花迎接他。

③现在这顶蓝盔回来了，但它是钉在爸爸的灵柩上回来的。④我们如约捧着鲜花，接到的却是爸爸那覆盖着国旗的遗体。鲜血染红了他的征衣，腕上的手表浸满了凝固的血。爸爸的嘴张着，仿佛在呼唤着什么。

一位教师在学生深情朗读的基础上，出乎意料地引导学生变序为①③②④连读，读着读着，学生无不动容，满堂呜咽……

3. **要有别具一格的独到之处**

或开讲极具艺术，或切入方式独特，或前后勾连巧妙，如果说课能有独到之处，那便是锦上添花。

如《詹天佑》一课的课件使用，可重点突出语文性。课文中有这么一段话——

铁路经过青龙桥附近，坡度特别大。火车怎样才能爬上这样的陡坡呢？詹天佑顺着山势，设计了一种“人”字形线路。北上的列车到了南口就用两个火车头，一个在前边拉，一个在后边推。过青龙桥，列车向东北前进，过了“人”字形线路的岔道口就倒过来，原先推的火车头拉，原先拉的火车头推，使列车折向西北前进。这样一来，火车上山就容易多了。

这段话中写了“南口”“青龙桥”“岔道口”三个地点，关系到“北上”“东北”“西北”三个方向，涉及“坡度”“弯度”几个概念，出现了“拉变推”“推变拉”情况的变化。这段话是课文的重点，对理解詹天佑的杰出与智慧十分重要，又因为火车运行情况复杂，学生理解起来难度很大。教学时，可以这样使用课件——

第一步，细读课文，想象画面。

引导学生细细品读文本，想象火车怎样运行，理解文章表达的意思。

第二步，演示课件，理解文字。

（1）出示“人”字形线路，让学生尝试标出青龙桥、东北方向、岔道口、西北方向。

（2）演示火车一拉一推向东北方向运行，车头至岔道口处停下，问学生：“该怎样运行了？”其一，学生可能错误理解为拐弯继续运行，其结果是拐不了急弯，拉推也没有变化；其二，学生可能会理解为让火车不拐弯继续前进。

（3）待火车尾至岔道口时停下，问学生：“该怎样运行了？”让学生理解拉变推，推变拉，倒过来折向西北方向运行。这样，学生通过先读书后看课件理解了内容。

第三步，再读课文，连成画面。

关掉课件，让学生再回到文中去品读，边读边想象，把静止的文字变成动态的画面，再次理解文本。

第四步，欣赏课件，尝试表达。

看课件演示火车运行，边看边说，变画面为文字，实现从理解到表达的转变，培养语文表达能力。

这样才是真正在学习语文，才能充分发挥课件在语文学习中不可或缺的作用。如果学生还没读书，教师就演示课件，或课件演示完了，学生没有再读书，或学生读书了，却没有想象，或学生想象了，却没有表达，那么这样的课件使用都不是理想的。

**五、点面结合，轻重有致**

说课一般要求在15分钟左右完成。在这有限的时间里，倘若每个环节都详尽地叙述教学过程、剖析设计意图、突出学科特色、展示独到之处，势必时间不够。如何处理？只要做到点面结合、取舍恰当，就能有效避免这样的问题。说课时，可先概述每个环节，然后重点展示一两个重要环节。当然，这些重点环节必须能充分地展示教学的重点、教学的精彩，必须能充分展示你的巧妙设计与先进理念。一句话，要能充分展示你的说课水平。

要达到这一点，说课的切入点就显得十分重要。教学《跨越海峡的生命桥》一课时，一位教师删繁就简，富有创意地抓住两位青年静静地躺在病床上的画面切入，收到了出其不意的效果。

第一个画面：身患白血病的大陆青年小钱静静地躺在病床上。引导学生充满深情地读出含苞欲放的生命即将凋零的情景，引导学生想象：此时此刻小钱会想些什么？第二个画面：捐献骨髓的台湾青年也静静地躺在病床上。引导学生深情地朗读当时台湾强烈地震后余震肆虐的情景，引导学生想象：同一时刻，台湾青年不知道什么？只知道什么？通过一大陆、一台湾，一急需、一捐献，同是青年、同是静静躺着的巧妙对比，学生成功地品味了语言，深刻地领悟了内涵，可谓省时高效，四两拨千斤。

## 话题二：关于片段教学

### 一、片段内容的选定

所谓片段教学，一般时间比较短，只有十几二十分钟；内容比较少，只需选取部分内容来教学。片段的选定有三种情况：一是指定片段，即就规定段落内容进行模拟课堂教学。这种情况下的教学内容是定死的，只能在规定的内容里做文章。二是按要求确定片段。如片段教学的内容是描写翠鸟外形的段落，或描写小兴安岭春夏两季景色的部分，即属此类。三是自选片段。即只指定课题，教师可以根据课文内容，凭自己的理解与把握，自选教学内容，自选角度，自主设计教学片段。

### 二、片段教学的特点

片段教学的基本特点是选取部分内容，只需相对完整，但求深入。

所谓相对完整，指教学片段不一定要涉及全文内容，不一定要有课时分配要求，不一定要有完整的教学环节。

所谓但求深入，主要指要根据自己的优势来发挥自己的专长，尽己所能，抓住课文的重点、特点，根据语文教学的特性选择内容、角度，把某一片段做足、做亮、做出特色。如《可爱的草塘》一课，可着眼于“可爱”这一主线，抓住“景美”部分来品味。先要求学生找出写草塘景美的部分，引导学生读出草塘的美，感悟草塘美的主要特点——绿。再要求学生找出写草塘小河美的部分，引导学生运用学习草塘景美的方法来学习这部分内容，让学生读出小河的美，感悟小河美的主要特点——清。这样，火力集中，思路清晰，层次清楚，自然教得入木三分。

## 三、片段教学的基本要求

简而言之，片段教学的基本要求可以概括为以下三点。

第一，师生双方的活动要充分展示。即教师怎么提问、引导、评价，学生怎么回答、反应，这一双边活动要通过教师单边的形式充分展现出来。

第二，师生双方的活动要一目了然。即哪些是教师问的，哪些是学生答的，要让人听得清清楚楚、明明白白。

第三，课堂教学的艺术要尽量展现。即课堂教学的高招、妙招、绝招应能用则用，平时课堂教学的一切好方法均适用于片段教学。

## 四、片段教学模拟的形式

拿模拟课堂的片段教学与常规课堂教学相比，最大的不同就是没有学生，教师须自问自答；与说课相比，最大的不同就是，在没有学生的情况下展示出课堂教学师生双方的活动状况。对此，片段教学可采用以下形式。

### 1. 重复评价

重复评价，就是教师通过重复学生的发言、评价学生的发言来展示课堂教学状况。

如引导学生用“树”组词——

师：同学们，谁能用“树”来组词？

师：（似乎面对学生，用手势示意，下同）哎呀，真不错，你组“松树”，你组“柏树”，你组“杨树”，你组“榕树”……

师：同学们，能不能不说两个字的树？

师：很有创新，你组“冬青树”，你组“梧桐树”，你组“落叶树”，你组“常青树”……

师：同学们，能不能不说整棵的树？

师：嗯，你组“树根”，你组“树茎”，你想到了“树叶”，你想到了“树梢”，你想到了“树皮”，你还想到了“树心”“树汁”……这都是树的一部分。

师：同学们，能不能不含树木的意思？

师：呵，真了不起！你说“树立”，树立就是建立；你说“树人”，有一句话叫“十年树木，百年树人”，你懂得真多！你说“树敌”，树敌太多，不利于学习、工作和生活，我们提倡以和为贵；你说“建树”，你长大以后一定会很有建树的……

这样重复学生的回答，并相机引导和评价，也能很好地展示师生的活动过程。

此例给我们的启示有三点。

一要会用形式。好像学生已经回答了，教师重复一次学生的语言，并进行评价、引导、点拨，从而进行课堂教学，这是一种基本形式。

二要善于引导。从两个字的树到三个字的树，到不是整棵的树，再到不含树木的意思，教师不断地把学生的思维从一个领域引向另一个领域，学生的思维在不断创新，创新的火花在不断闪现。

三要答案丰富。如自下而上，从“树根”到“树梢”；由表及里，从“树皮”到“树汁”，学生的思维显得活泼而有序。如果学生只是组“大树”“小树”“树苗”，教学就显得非常单调。

**2. 直接对话**

直接对话，就是通过教师提问、学生直接回答的形式来展示课堂教学状况。

如《从现在开始》一课中，猫头鹰当“万兽之王”一段有这样一句：“他想到自己成了‘万兽之王’，神气极了，立刻下令：‘从现在开始，你们都要跟我一样，白天休息，夜里做事！’”

采用直接对话的形式模拟教学“神气极了”这一短语，可这样进行——

师：这段话中，猫头鹰的神情怎样？

生：（由教师扮演学生并举手回答，下同）老师，猫头鹰“神气极了”。

师：看看大屏幕，从图中哪里可以看出猫头鹰神气极了？

生：老师，从挥着翅膀、瞪大眼睛可以看出猫头鹰神气极了。

生：老师，从昂着头、拍着胸可以看出猫头鹰神气极了。

生：老师，从眉飞色舞、目空一切可以看出猫头鹰神气极了。

师：同学们，“神气极了”是否可以换成“（　　）极了”，意思基本不变？

生：老师，我换成“得意极了”。

生：老师，我换成“狂妄极了”。

生：老师，我换成“疯狂极了”。

生：老师，我换成“骄傲极了”。

生：老师，我换成“威风极了”。

……

师：猫头鹰这么神气，他说了什么？谁能读出那种神气？

生：老师，我来读。

（教师扮演学生神气活现的样子朗读。）

师：同学们，谁能表演“神气极了”的样子？

生：老师，我来表演。

（教师扮演学生表演。）

师：日常生活中，你见过“神气极了”的情况吗？谁能用“神气极了”来说一段话？

生：老师，我来说。邻居小弟弟新买了一把玩具手枪，别在腰间，大摇大摆地走来走去，神气极了……

在这一师生直接对话的片段中，学生的活动、发言，通过举手和“老师……”的开头语，与教师的教学与引导清楚地区分开来，清晰地反映了师生双方的活动情况。

此例给我们的启示有四点。

一是懂得形式。直接对话的形式清晰而明白，十分有利于片段教学的展示与推进。

二是以生为本。可以看出，案例中教师的提问与引导简洁而精妙，学生的活动充分而丰富。与平时课堂教学一样，学生是课堂的主人，应把大量的课堂时间留给学生，以学生为主体。

三是教得深入。认真想想，我们就会发现，“神气极了”这一短语的教学共有六步，即找出短语—看图理解—换词理解—朗读理解—表演理解—说话理解。这样教学，让人觉得教师教得有策略，教得有境界。

四是假设媒体。让学生看大屏幕，实际上并无屏幕，屏幕上的内容全凭教师描述。因为准备时间有限，一般又无相应设备，所以允许教师假设；既然是假设，那教师就可以充分发挥自己的想象与才智，需要什么就假设什么，这似乎比实际教学更为方便。

### 3. 简略叙述

在需要的情况下，教师也可适当地采用简略叙述的方式。如前面所举的用“树”组词的例子中，教师可进行补充：“同学们还有组‘树龄’‘树种’‘树荫’‘树影’‘树形’‘树碑立传’‘树倒猢狲散’等的。”这样，在时间紧迫的情况下，省时高效，能更多地展示教师的教学效果。

片段教学中，如何运用这三种形式呢？一般来说，以前两种形式为主，尤其是第一种形式较为好用，第三种形式可在某些环节辅助运用。教师可以根据自己的习惯，以用得顺手为最佳。就一次教学而言，可单一使用一种形式，也可将几种形式融合起来运用，一切以能够清晰、充分地表现师生的活动状况为目的。

### 五、片段教学的准备

片段教学的准备时间一般只有半个小时或一个小时，所以教师很难详细书写。以我的经验来看，应主要把握以下三点。

#### 1. 通读全文，吃透教材

虽然教的只是片段，但切不可“只见树木，不见森林”，只拣个一鳞半爪就“埋头苦干”。一定要通读全文，深入把握全文的内容要旨、作者的写作思路、文章的重难点和全文教学的目标。这样才能不偏不倚，切中要旨。

#### 2. 理清思路，框住主问

这里的思路主要指教学思路。一共有几个大的环节，每个环节主要问些什么主干性问题，对这些一定要胸有成竹、了然于心。这样才能不慌不忙，沉着应对。

#### 3. 精心布局，重视板书

板书是微型教案，是浓缩的精华。板书设计好了，板书印在心中了，围绕着板书边讲边写，对教学的把握就八九不离十了。

## 话题三：关于答辩

这里说的答辩包括论文答辩、说课答辩、模拟课堂教学答辩等。就答辩的目的而言，主要是考查答辩者的研究水平、深入程度、教学理念、教学策略、应变能力等。

## 一、一般会从哪些方面提问

答辩时，答辩老师会提出多少问题，提些什么问题，这是每一个答辩者都关心的问题，同时也是十分复杂的问题。提问基本上会遵循以下几个原则。

第一，理论题与实践题相结合。在所提的问题中，会有一个是关于基础理论知识的，有一个是要求运用所学知识分析和解决现实问题的。

第二，深浅适中、大小搭配。在所提的问题中，既有比较容易回答的小问题，又有具有一定深度和难度的较大问题。

第三，点面结合、深广相连。在所提的问题中，既有涉及全篇全局的问题，又有就某一点深入的问题。

一般来说，答辩限定在论文或说课所涉及的学术范围之内，会从检验真伪、探测能力、弥补不足几个维度出题，意在考查论文撰写、说课设计的真实性，答辩者的学术水平及业务水平的高低，答辩者存在的薄弱环节或认识研究的模糊问题。具体会从以下两方面入手。

### 1. 阐述观点

要求答辩者阐述论文的基本观点。答辩者要简介自己的论文，主要应包括论文的题目、主要论点、创新之处、论据、写作体会以及本议题的理论意义和实践意义等。

阐述时最忌重复原文，照本宣科。应当选准角度，把握要旨，巧妙切入，言简意赅，几分钟之内完成。

### 2. 深入考查

这部分的提问具有较大的灵活性和不确定性，以下几处常常是提问点。

（1）具体阐述处。无论是论文还是说课，常常有些概述未深入具体内容。为考查真知，提问者往往会在需要答辩者具体阐述的地方发问。如答辩者提到“我着力引导学生联系具体语境理解有关词语”而又没有具体阐明时，提问者就可能发问：“你是怎样引导学生联系具体语境理解词语的？请举具体实例来说明。”这一提问，无疑能很好地考查答辩者对如何引导学生利用语境理解词语这一问题的研究与实践程度。

（2）全面深入处。当答辩者对某一问题阐述得不够全面、不够深入时，提问者有可能要求答辩者加以完善，使之全面；有可能要求答辩者更进一步、再深一层研究。如《凡卡》一课中写凡卡的遭遇一段有这么几句话：“吃的呢，简直没有。早晨吃一点儿面包，午饭是稀粥，晚上又是一点儿面包；至于菜啦，茶啦，只有老板自己才大吃大喝。”分层时，对“至于菜啦，茶啦，只有老板自己才大吃大喝”这一句属于哪一层次，是否要单独作为一个层次，学生颇有争议，教师引导学生从四个方面理解：第一，联系上下文看，上一层写“挨打”，这一层写“吃的”，下一层写“睡觉”；第二，从文章的主旨看，文章是写凡卡的遭遇，而非写老板的奢侈；第三，从语意看，“只有老板自己才……”，自然凡卡就没有；第四，从本层结构看，“吃的呢，简直没有”是总述，三餐和菜、茶是分述，可见这一句当属“吃的”这一层。可以说，教师的说课已相当深入。为了更为全面，提问者问：“还有没有其他方面的理解呢？”答辩者沉思片刻后豁然开朗：“还可以从标点看，分号表示并列分句之间的停顿，分号前写三餐情况，分号后写菜、茶，当同属‘吃的’这一层。”这一回答使答辩更臻完美。

（3）了解过程处。有的提问着力于了解答辩者真实的研究轨迹，分享答辩者研究过程中的酸甜苦辣，考查答辩者的研究方法与思维状态，如：是什么原因使你想到研究这一问题的？具体是怎么研究的？现在有什么感受？今后打算再做些什么？等等。

（4）理论支撑处。当答辩者叙述了一通具体设计而缺乏总结提升时，提问者往往会让答辩者谈谈这一做法的理论依据是什么，反过来，根据这一理论还有什么新的思路与实践等，意在考查答辩者的理论水平和理论与实践结合的能力。

（5）矛盾失衡处。有的文章或说课的材料与观点有失偏颇，有的分类交叉缺乏逻辑，有的论证过程转移话题，有的行文混乱、层次不分等。为考查答辩者的认识程度，看其如何自圆其说，提问者常常在这些地方发问。如一位教师在现状分析部分阐述了教师继续教育存在六大问题，而在后面的对策部分则只谈了四项对策，且有一项对策在问题中找不到影子。于是，提问者提出这一问题，问答辩者是如何考虑的。这一问题能很好地考查答辩者布局谋篇的真实轨迹和认识水平。

（6）显露破绽处。有的答辩者或由于紧张，或不够踏实，或由于缺乏某些常识，或过于想当然，有时缺乏深思，想到哪儿说到哪儿，难免露出破绽。这也可能成为提问者的发问处。

如《影子》一课内容是这样的："影子在前，影子在后，影子常常跟着我，就像一条小黑狗。影子在左，影子在右，影子常常陪着我，它是我的好朋友。"一位教师为了增强说课的生动性，说："为了引导学生理解影子在前，影子在后，影子在左，影子在右，课前我让学生到操场上玩踩影子的游戏，影子忽而在前，忽而在后，忽而在左，忽而在右，学生争相踩踏，兴致勃勃，很快就理解了课文内容。"

显然，在课间的几分钟里，影子一定是朝着一个方向的，那么短的时间里是不可能变化的，除非一整天在操场上踩影子。短时间内要让影子发生变化，唯一的办法只能是人转动身子。

要想答辩成功，必须实事求是、踏踏实实，来不得半点"想当然"。

（7）闪光优异处。有的答辩者回答问题时自如、犀利、深刻、严密，侃侃而谈，酣畅淋漓，提问者十分满意，内心被打动了，情绪高涨了，有时也会提些相关或不太相关的更深层次的问题，犹如附加题，答好了，锦上添花，答得不好，也不影响答辩者的优秀成绩。如果能遇到这种情况，那是答辩者的荣耀与幸运，也是答辩者答辩能力的体现。

此外，答辩过程中提问者还有可能让答辩者现场朗读一段课文，然后谈一谈为什么这样把握，以此来考查答辩者的朗读水平与鉴赏能力。有时提问者还可能就课后某一思考题，让答辩者谈谈教学时怎么处理等。这都是很考验答辩者的功力的。

## 二、应当怎样准备与答辩

### 1. 如何准备

就论文答辩来说，首先，要熟悉自己所写的论文，尤其是要熟悉主体部分和结论部分的内容，明确论文的基本观点和基本依据；弄懂论文中所使用的主要概念的确切含义、所运用的基本原理的主要内容；同时，还要仔细审查、反复推敲文章中有无自相矛盾、谬误、片面或模糊不清的地方，如发现有这些问题，就要做好充分准备——补充、修正、解说等。只要认真设防，堵死一切漏洞，在答辩过程中就可以做到心中有数、临阵不乱、沉着应战。

其次，要了解和掌握与自己所写论文相关的知识和材料，如自己所研究的这个论题学术界的研究已经达到了什么程度，目前存在着哪些争议，有几种代表性观点，各有哪些代表性著作和文章，自己倾向于哪种观点及理由，重要引文的出处和版本，论证材料的来源渠道等。

再次，要了解论文还有哪些应该涉及或解决，但因力所不及而未能接触的问题，还有哪些在论文中未涉及或涉及很少，而研究过程中确已接触到并有一定的见解，只是由于与论文的中心论点关联不大而没有写入的问题。

最后，对于优秀论文的作者来说，还要搞清楚哪些观点是继承或借鉴了他人的研究成果，哪些是自己的创新观点，这些新观点、新见解是怎么形成的等。

对上述内容，答辩前都要很好地准备，经过思考、整理，写成提纲，记在脑中。这样，答辩时就能做到心中有数、从容作答。

2. **怎样答辩**

一是要听清问题。提问者在提问时，答辩者要集中注意力认真聆听，切忌未弄清题意就匆忙作答。如果没有听清楚问题，可以请提问者再说一遍。如果对问题中的一些概念不太理解，可以请提问者做些解释，或者把自己对问题的理解说出来，并问清是不是这个意思，等得到肯定的答复后再回答问题。只有这样，才有可能答到点子上，避免答非所问。

二是可适当记录。抓住关键词，把提问者提出的问题和有价值的意见、见解快速记录下来。通过记录，不仅可以缓解紧张心理，还可以更好地理解提问者提问的关键和实质，同时可以边记录边思考，使思考的过程变得更为自然。

三是抓要点回答。答辩者在答辩时要全面把握要点，避免将大量时间花在一个要点上而忽视其他要点；要抓住要点，简明扼要，不要东拉西扯，使人听后不得要领；要力求客观、全面、辩证，留有余地，切忌把话说得太绝对。此外，要注意语言流畅，吐字清晰，音量适中。

四是要坚持观点。答辩中，有时提问者会提出与答辩者的论文中的基本观点不同的观点，然后请答辩者谈谈自己的看法，此时答辩者应全力为自己的观点辩护。提问者提出的问题中，有的是基础知识性的问题，有的是学术探讨性的问题，对于前一类问题，只需要答辩者做出正确、全面的回答，不具有商讨性；而后一类问题，是非、正误并无定论，持有不同观点的人可以互相切磋商讨。如果论文的基本观点是经过自己深思熟虑，又是言之有理、持之有据，能自圆其说的，就不要因为提问者提出不同的见解而随声附和，放弃自己的观点。有的提问者提出的与答辩者的论文相左的观点，并不是提问者本人的观点，提出来无非是想听听答辩者对这种观点的评价和看法，或者是考查答辩者的答辩能力或答辩者对自己观点的坚定程度。当然，与提问者展开辩论时要注意分寸，运用适当的辩术。

五是不可强辩。有时提问者对答辩者的回答不太满意，还会进一步提出问题，以求了解答辩者是否切实搞清和掌握了这个问题。遇到这种情况，答辩者如果有把握讲清，就可以申明理由进行答辩；如果不太有把握，可以审慎地试着回答，能回答多少就回答多少，即使讲得不很确切也不要紧，只要同问题有所关联，提问者会引导和启发答辩者切入正题；如果确是自己没有搞清的问题，就应该实事求是地讲明自己对这个问题还没有深入研究，切不可强词夺理，进行狡辩。

六是要礼貌应答。论文答辩的过程也是学术思想交流的过程。答辩者应把它看成向提问者学习、请求指导、讨教问题的好机会。因此，在整个答辩过程中，答辩者应该谦逊有礼，尊重提问者；要充满自信，儒雅大方，不要畏畏缩缩、扭扭捏捏。尤其是在提问者提出的问题难以回答，或提问者的观点与自己的观点相左时，更应该注意文明。答辩结束后，无论答辩情况如何，都要友好坦诚、礼貌道谢。

## 第二节　听课与评课

只要你是教师，你就离不开听评课；只要存在教学教研，你就离不开听评课。调查研究表明，在众多形式的教研活动中，听评课最受教师们的喜爱。只要听说是教学观摩，教师们便蜂拥而至，会场必是座无虚席。听评课为何如此受教师们的青睐？应怎样听评课呢？

### 一、立足现实，审视听评课

#### 1. 听评课是植根于课堂教学的教研活动形式

有人做过这样的阐述：课堂是学校教育最重要、最基本的特殊环节。

教育价值在这里体现，教育质量在这里落实，未来人才在这里起步，名校名师在这里铸就。上课的舞台在课堂，听课的场所在课堂，评议的全部内容是课堂。听评课以其立足课堂、形象直观、可感可学的特点，深受教师们的欢迎，显示了在教研活动中强大的生命力。

2. 听评课是传播、推行新教学成果的教研活动形式

古今中外，大凡要宣扬一种教学新理念，要传播一种教学新思想，要实现一种教学新变革，要推行一种教学新策略，往往都是采用观摩的形式，通过“听—评—仿—创”来实现的。

3. 听评课是促进教师专业成长的教研活动形式

教师的理念素养与实践经验在这里撞击，教学理论素养与实践能力在这里提升。只要你做了教师，听课与评课将与你相伴一生；如果你想做一位优秀教师，听课与评课将成为你的一种职业生活方式，你必须在听课与评课上多进行思考。

有人听着好课，热血沸腾，激情涌动，浮想联翩，而后及时梳理，内化吸收并转化为自己的教学行为；有人激情过后便冷却，不久便烟消云散，什么也没有留下。不同的听评课的态度与方法，必然对自己的专业发展产生不同的影响。

4. 听评课是研究教学理论与实践的教研活动形式

有人说，文学创作的繁荣离不开文学评论的探讨、提升和引领。同样，忽视或缺失教学评论，忽视或缺失听评课，也会严重影响教学的进步和发展。理论发展需植根于课堂，只有课堂才能抽象出理论；理论需要在实践中提升，听课—剖析—领悟—提升，听评课能将理论与实践融合在一起，实现理论与实践的双赢。

5. 听评课是体现教师教学水平的重要标志

一位教师的教学水平主要体现在哪些方面？一是上课，二是写作，三是听评课。如果评课精准，把握实质，思路清晰，建议有效，就会在市、区级教学领域产生较大影响，就能在当地教研领域占有一席之地。学校的管理者，只有会听评课，才能让教师敬畏、信服。

听评课如此重要，那么，听评课有哪些要求呢？

一是仔细倾听。听课时要专心致志，课上教师提了什么问题，学生怎

么回答，师生表情怎样，课堂气氛如何……对这些都要细细观察。

二是深入思考。教学有哪些环节，教师采取了哪些举措，体现什么理念，遵循什么原则，是否达到目的，有何更好的办法，教学整体怎样推进，是否切合教材主旨，是否突出了教学重点，是否遵循学生的年龄特征，是否切合学生的认知规律等，对这些都要细细考量。

三是选取精要。既要细致观察，又要宏观把握，高瞻远瞩，不失方向。要注意抓住主要方面，取其精华。

四是学会记录。切忌不分巨细，有闻必录；切忌不加梳理，杂乱无章。要学会速记，学会简约。会记的，删繁就简；不会记的，变简为繁。

## 二、捕捉新点，听评一堂课

如何听评一堂课？

### （一）预设话题，听评一堂课

在听课前进行思考，查资料，温习相关理论，甚至试列几套听评课提纲……根据平时的教学教研情况，准备关注三点：一是语文学科的特点，二是学习方式的改变，三是相机的动态生成。

#### 1. 语文学科的特点

我在听《我的战友邱少云》一文教学时发现，一位教师抓住“纹丝不动”一词，在学生理解了“纹丝不动”的意思的基础上，让学生找出文中描写邱少云纹丝不动的相关句子：①“我又看了看伏在我身边不远的邱少云。他也全身伪装，隐藏得更好，相隔这么近，我几乎找不到他。”②“哎呀！火烧到邱少云身上了！他的棉衣已经烧着，火苗趁着风势乱蹿，一团烈火把他整个身子包住了。”③“邱少云像千斤巨石一般，趴在火堆里一动也不动。”④“这个伟大的战士，直到最后一息，也没挪动一寸地方，没发出一声呻吟。”通过对这四个句子的细读、引读、诵读，教师引导学生理清文章思路：潜伏时纹丝不动——烈火烧身时纹丝不动——牺牲时纹丝不动。“纹丝不动”是文章的一条暗线。通过这条暗线，学生很快感悟到邱少云严守纪律、不惜牺牲的崇高品格。

评课时，我结合教学总结出了该教师教学时突出语文学科的特点的三个方面。

(1) 理解词语结合语境入木三分。主要评如何理解“纹丝不动”，如何体会相关的四个句子。

（2）利用词语理清文脉相机巧妙。主要评如何抓住在“潜伏时”“烈火烧身时”“牺牲时”对“纹丝不动”的品味。

（3）运用词语体味文旨水到渠成。主要评如何在理解“纹丝不动”、理清文章思路的基础上体会人物的特点。

这样的评课，把事先的预设与现场的课例相机融合。

2. 学习方式的改变

结合教学，总结教师“动人的讲解”“有效的质疑”“合作探究”三个方面。（具体例子略）

3. 相机的动态生成

结合教学，总结教师“相机引导”“以学定教”“鼓励个性”三个方面。（具体例子略）

结合课改理念，涉及语文教学核心可供关注的话题包括朗读引导、想象能力、个性张扬、课程资源、人文特点、语言实践、小组合作、主体精神、整体把握、媒体运用、评价与提升、探究与引导、讲解与感悟、文本与拓展、个性与导向……

凡事预则立，不预则废。预设话题听评课有利也有弊。首先，有利于评课新手做即席发言。新手或积淀不丰，或经验不足，或短于概括，或心里紧张，评课时容易出错。精心的准备无疑比打无准备之仗更容易成功。即使是评课老手，遇到重要场合，面对高规格、大场面的评课，许多人也会事先有所准备、有所预设。其次，有利于评课者有针对性地做出分析。评课者事先预设，能有意识、有目的地针对教学现象做专题式的深入剖析，可避免听课的随意性，避免“眉毛胡子一把抓”。再次，有利于评课者迅速有效地捕捉信息。心中有目标，有的放矢，有利于对信息的捕捉与概括梳理。然而事物都具有两面性，这种评课方式用框框看问题，处理不当，有时往往容易先入为主，有时会以偏概全。

（二）动态生成，听评一堂课——可依课序来梳理

主要指边听边想，边想边梳理，边梳理边概括，边概括边总结。要求听课者听一个环节或一个阶段、一个部分，就要从中归纳出该部分的特点，并记录下来，随着课堂教学的进展，对其特点进行归纳、概括，根据一定的线索，把各个特点贯串为一个整体。这里讲最主要的四点。

1. **理清思路，概括环节**

评课的无序与支离破碎缘于听课思路的模糊不清，缘于不会对听课环节进行概括。下面以我听支玉恒老师的一节作文课“创意校服”为例来具体阐述一下。

就全课来看，我把其整理为六个板块，每个板块分别以一个标题来概括。六个标题形成一个整体，题目“和谐互动，乐于表达”是对全文内容的精要概括。

（1）课前热身，情意浓浓

片段一

（在会议主持人对支老师做介绍后，支老师要求学生代表支老师再补充两句，学生一时茫然。）

师：都不敢举手，那就说明你们不行了。你们真的不行了？

生：如果上得不好，请大家多多包涵。

师：（面向全体听课老师）如果上得不好，而且很可能上得不好，请多多包涵！（掌声）

师：面对这么多听课老师，你们紧张吗？

生：不紧张。

师：我可有些上气不接下气了，（拉一位学生的手置于老师右胸前）我的心跳得厉害吗？

生：不厉害。

师：为什么？

生：因为支老师是专家。（众笑）

师：你摸到我的心跳了吗？

生：摸到了。

师：你怎么能从右边摸到我的心跳呢？人的心脏明明在左边！（大笑）

生：因为身体振动了。（众大笑）

师：我的心脏在左边，连右边都振动了，是不是说明太紧张了？现在我问大家三个问题，你们要如实回答，说真话。上课时，想说话了，你敢不敢说？

生：敢！

师：上课时，想笑了，你敢不敢笑？

生：敢！

师：上课时，想睡了，你敢不敢睡？

（学生迟疑，有的说敢，有的说不敢，气氛异常活跃。）

师：上课了，我问一句，大家答一句——同学们好！

生：老师好！

师：同学们真精神！

生：老师真精神！

师：同学们真可爱！

生：老师真可爱！（众笑）

师：我都快70岁的人了，能可爱吗？老顽童！应该怎么答？

生：老师真慈祥！

生：老师真和蔼！

生：老师真幽默！

师：可我最愿听的是老师真健康！人老了，总想多活几年，愿听健康的话——同学们请坐！

生：老师请——坐！

师：叫我坐哪儿？席地而坐？（众笑）

生：老师请讲。

这是课前互动的一个环节。如何评课？这里告诉大家一个“九字经”——怎么教、怎么好、怎更好。

怎么教——简要概述采用了什么步骤、策略。“怎么教”要简洁洗练。

怎么好——归纳梳理这样教的特点、好处。“怎么好”是重中之重，应当重点评价。

怎更好——指出不足，提出更好的思路与建议。评名师的课、优秀的示范课，可少说；评研讨课、磨课、试教课，应当多说。

根据“九字经”，可这样评支老师的课：这里，支老师通过“补充两句”“谈紧张”“如实回答三个问题”“一问一答”四个要点，在短短的几分钟内与学生互动，课未始，情已浓。这就是新课标强调的平等对话、民主和谐，这就是新课程追求的良好的课堂生态环境。它为后续的敢于表达、善于表达、乐于表达创造了良好的开端，奠定了良好的基础。“情意浓浓”是第一个好，“平等和谐”是第二个好，“为课奠基”是第三个好。

(2) 话题引入，不着痕迹

片段二

师：我发现，你们穿着一样的衣服，是不是校服？谁来说说你们的校服？

生：我们的校服有白、绿、蓝三种颜色。

师：能具体描述一下吗？

生：胸前绣着校徽，裤腿上绣着几个图案。

生：衣服背后用英文写着“shaowushixiao”。

师：（仔细辨认）那是英文吗？好像是汉语拼音。（众大笑）

生：衣服用的是拉链，袖子上有几个重叠的三角形。

生：衣领上也有拉链，冬天可装上帽子。

师：（相机板书“款式、色彩”）穿起来感觉怎么样？

生：挺精神的。

师：还有呢？

生：方便，好运动；是学校的标志；有整体美。（教师相机板书“功能”）

【评析：教师从学生日常的衣着入手，从学生身上的校服谈起，犹如拉家常，全无写作文的架势与一本正经，学生在不知不觉中兴致勃勃地进入角色，对写作文毫无畏惧感。又因话题贴近实际，学生极易上手。】

(3) 提出不足，倡导真言

片段三

师：对校服不满意的请举手——要敢于说真话，大胆提意见，我保证，校长、老师不会责怪你们。

生：校服材料不怎么好。

生：穿了三年，我衣服上的拉链就坏了，质量太差。

师：都穿三年了拉链才坏，这拉链够结实的了。（学生笑）

生：衣料太薄。

师：冬天不保暖。

生：里面有一层渔网似的东西，不知有什么用。

师：是不是指里子？散热的。

生：能否改成红色？穿起来显得更精神些。

生：换衣服时，我发现手上和脚上都有印痕。

师：是不是收口太紧了，勒人？谁叫你的手脚长那么粗！（学生笑）

生：会褪色。

师：颜色不牢固。

生：口袋易破，许多同学的口袋都是漏的。（引起学生共鸣，众附和）

师：丢钱包了？

生：太贵了。

师：你要价廉物美的。

生：里子会露出来，既难看又难受。

【评析：作文是学生的认识水平和表达能力的综合体现。要求学生说真话、实话、心里话，不说假话、空话、套话，是语文新课标的明确要求。这里，支老师抓住学生最有感受、人人都有话可说的校服的缺点这一话题，创设了学生不吐不快的“愤悱”境界，一下子拉近了作文与生活的距离。学生观察、思考、评价的能力在自然的表达中得到了有效的训练。】

（4）出示文题，鼓励想象

片段四

师：既然你们的校服有那么多的不足，想不想改进一下呢？（板书“创意校服”）“创意”是什么意思？

生：创新；设计；与众不同；改造……

师：好，我们的“创意校服”分两轮设计。现在开始第一轮设计。请同学们分条列出哪些方面可以有所创新、有所突破。要大胆想象，结合课内外知识提出创意，列出创意点。如下雨了，我们需要打伞，我们的校服能否有防水功能，代替雨伞呢？诸如此类，多想想。可以是个人，可以是三五个人组成一个工作室，也可以是更多一些人组成服装公司，分条把创意点写在下发的白纸上。

（教师巡视、点拨，10 分钟。）

师：谁有了新的思想，请举手发言。各设计师、各工作室、各服装公司可边听发言边不断改进自己的设计。

生：增加防水性能。

生：用上消毒棉，防止病毒侵入。

生：装上微型空调。

师：冬暖夏凉。

生：装上报警器，可防小偷。

师：有自我保护意识。

生：可以变色。

师：像变色龙，保护自己。

生：胸前绣上图案，写上学校标语“雏鹰从这里起飞”。

师：喜欢学校标语，非常热爱学校，有图案，有文字，非常好！

生：袖子上装上拉链，夏天拉下拉链就是短袖；冬天拉上拉链就是长袖。不用买两套校服，省钱。

师：能不能由此想到裤子呢？

生：拉开拉链，男同学的拿下裤腿就变成短裤，女同学的就变成裤裙。

师：女同学的裤子上再加一条拉链，竖着拉开就是裤裙，拉上就是裤子。好！高！

生：我们的校服不吸汗，不耐磨，改良后，外层用高级植物纤维，轻便耐磨；中层用石棉铺成，轻便防火；里层用人工纤维，柔软吸汗。

生：使用有弹力的布料。

生：注入变色基因，夏天变成白色，冬天变成黑色。

师：只有一种颜色？夏天变成冷色，冬天变成暖色，就什么颜色都有了。

生：装上轻型盔甲，可以防弹。

师：放心好了，不会叫你去打伊拉克。（众笑）

生：能喷气体、放烟雾，迷惑敌人。

师：你想像乌贼一样？（大笑）点子可真不少，可以继续再想想。

【评析：由上一环节说校服的不足自然转入“创意校服”。创意就是要有所创新、有所发明，它需要大胆、丰富的想象。而激发学生展开想象，鼓励写想象中的事物正是新课标竭力倡导的。支老师紧紧抓住这一点。一是在本环节伊始鼓励学生展开想象，激活想象；二是让学生倾听他人发言，通过他人的想象启发、充实、提升自己的想象，改进自己的设计。学生的想象力得到了扎实有效的训练。】

（5）综合训练，突出表达

片段五

师：现在我们进行第二轮设计。（板书要求）

① 写出说明书：款式、色彩、功能、附件。

② 画出服装设计图。

③ 给服装取一个名称。

④ 写一句广告词。

注意：可以分配任务，有的写说明书，有的画设计图，有的取名称，有的写广告词；还可以分得细些，写说明书的，有的写款式，有的写色彩，有的写功能等。如果人手不够，工作室和服装公司可以招人，也可以自己干。特别提醒，要大胆想象。暂时不要考虑这服装能不能做出来、能不能穿、能不能卖出去。等会儿开个服装展示会，各公司来推销自己的产品，时间 7 分钟。

【评析：语文新课标强调“语文知识的综合运用、听说读写能力的整体发展、语文课程与其他课程的沟通、书本学习与生活实践的紧密结合”。这一环节，支老师巧妙地将作文与画图、设计、广告、推销结合起来，把分工与合作结合起来，把动脑与动手、动口结合起来，把不同的文体与不同的表现形式融合起来，对学生进行全方位的训练。而这一切始终以表达与习作为中心，表现出了支老师独特的创意与炉火纯青的教学艺术。】

(6) 展示交流，乐于表达

经过前面两轮的设计，服装展示会便水到渠成。全班 8 个小组均争先恐后地上台做了展示（边看设计图边讲解）。“高科技纳米服”“梦幻休闲服”“亮酷帅帅服”等名称新颖别致；具有防水、防火、防电、防盗、防凶性能的，具有自动化、信息化、生物化功能的，能飞的、易洗的、保健的，各种特性应有尽有；抽象的、现实的、五彩的，各种设计图异彩纷呈；仿照的、改编的、新创的，各种广告词令人捧腹。学生的想象力、创造力令人惊叹。下面是其中一个小组仅花 7 分钟时间完成的现场之作。

片段六

生 1：我们的服装叫“大自然休闲服”。本产品外形美观，功能齐全，是你梦想中的最佳选择。本产品经 ISO9002 国际质量体系认证，质量可靠；本产品属全自动微电脑管理，采用 Windows 2000 奔腾 4 处理器，让你买得放心、用得舒心，给你贴近大自然的享受；本产品中外合资，属国家免检产品；本产品得到邵武市实验小学赵校长的好评。（热烈掌声）

本服装使用全自动控制纽扣，穿着十分方便；本服装具有自动调温功能，冬暖夏凉。裤腿上绣有“AQ”字样，“AQ”既是公司名称，又是防伪标识。

生 2：我是本公司的形象大使，我们的广告词：美丽与大自然同在，给你以梦幻般的选择——大自然休闲服！（有板有眼地）哇——好爽啊！

【评析：激发兴趣、保持兴趣、乐于表达是新课标追求的一个理想，是一个具有可持续发展的理想。在展示交流这一平台上，支老师时而点拨，时而鼓励，时而发问。真挚的情感、幽默的语言、热烈的气氛，使学生忘情地投入、忘我地交流、快乐地表达。这堂课，学生不仅学到了写作方法，培养了写作能力，激活了想象，发展了思维，更重要的是体验了写作的欢乐，增强了写作的勇气和信心，爱上了写作。】

以上评课主要依课序来梳理，采用了实录加点评的基本形式。

2. **揣摩用意，观测效果**

揣摩上课用意，就是分析、梳理、概括课堂教学的特点。它需要综合运用教育学、心理学的知识，精准理解新课标的实质，透彻理解文本意蕴，准确捕捉课堂教学的特色。现以我点评的课例来诠释。

南京市北京东路小学校长、全国著名语文特级教师孙双金教学《林冲棒打洪教头》一课，在学生读懂课文的基础上，巧妙地引导学生探究“（　　）的林冲”这一专题，引导学生讨论、发表见解并说明依据。

生：我认为是“谦虚”的林冲。这从洪教头要和林冲较量，林冲完全能取胜却连说“不敢，不敢”可以看出。

生：我认为是“聪明”的林冲。这从洪教头举起棒劈头打来，林冲往后一退，洪教头一棒就落了空可以看出。如果不聪明，他就会站着不动。

师：哈哈，我想，这算不上聪明，一般人都会让开，除非是呆子才站在那边不动。（众笑）

生：从“林冲看他虽然气势汹汹，但脚步已乱，便抡起棒一扫”可以看出林冲聪明。在一般人看来，气势汹汹是很吓人的，可林冲镇定自若，能从可怕的气势中看出洪教头的脚步已乱。

生：我觉得是“武功高强”的林冲。从“洪教头措手不及，‘扑’的一声倒在地上”可以看出林冲武功盖世。

生：我觉得是“足智多谋”的林冲……

师：哦，林冲看出了破绽，乱中取胜，有智有谋。

生：我觉得是“临危不乱”的林冲。

师：这个词用得与众不同，“临危不乱”是什么意思？说说你的理解。

生：面对危险一点儿也不慌张。

师：林冲面对什么危险不慌张？

生：洪教头杀气腾腾地冲过来，抡起棒就打，林冲并不慌张，而是镇定地避开，回他一棒，击中要害。

师：你这个“临危不乱”用得好，但对你的发言，我有一点小小的不同看法，我也想发表我的意见。你说“击中要害”，林冲击中了洪教头什么要害？

生：小腿骨。

师：小腿骨是不是要害？

生：不是。

师：而洪教头抡捧劈头打来，要打林冲的什么？

生：头部。

师：头部才是要害，可能置人于死地。而林冲打的只是洪教头的小腿骨，是要害吗？林冲只是点到为止。还有补充吗？可以再读读课文。

生：“讲义气”的林冲。洪教头是柴进的朋友，打伤了洪教头，就伤了他们之间的感情。

生：“深藏不露”的林冲。

师：啊，这是一个很好的词语，你很有独到的见解。说说你的理由。

生：林冲是八十万禁军教头，对洪教头的挑战，他说“不敢，不敢”。其实他的武艺是非常高强的。

师：林冲不仅谦虚，而且深藏不露，有本事不显露出来。

生：“智勇双全”的林冲……

师：你们发表了许多高见，有水平，有证据，有的还很深刻。我们不仅要理解得好，还要能把它读出来。第 7 自然段集中表现了林冲的谦虚谨慎、讲义气、武功高强、足智多谋、临危不乱、深藏不露、智勇双全，请根据你的理解，把它读出来。

（学生个别读、齐读、边表演边读。）

师：你们读得很精彩！林冲武艺高强，临危不乱；洪教头气势汹汹，没有真功夫。解说时，你们发现了没有？书中描写得那么好，一旦用自己的语言说出来就逊色了许多。这就是中国古典名篇的魅力——语言特别好，有时甚至不能改动一个字。对于林冲，你们说得好，这是一个谦虚、讲义气的林冲，是一个武艺高强、临危不乱的林冲，是一个足智多谋、深藏不露、智勇双全的林冲。这也是名篇的魅力——人物形象是丰满而立体的。林冲打的是谁?

生：洪教头。

师：文章写得好，我们用了那么多词形容林冲，那可以用哪些词来形容洪教头呢？请你们快速用“（　　）的洪教头”来表达一下。

生：“杀气腾腾”的洪教头。

师：“杀气腾腾”的洪教头，仿佛要置人于死地。你看他用的是“把火烧天”的招式，劈头盖脸打去。

生：“高傲自大”的洪教头。

生：“自以为是”的洪教头。

师：说得好，自以为了不起，哪知道天外有天，山外有山，强中更有强中手。

生：“自不量力”的洪教头。

生：“目中无人”的洪教头。

生：“横行霸道”的洪教头。

师：好像没有看出横行霸道，欺负良家女子。（众笑）

生：“贪财”的洪教头，为了二十五两白银，他恼恨林冲，使出浑身解数对付林冲，可见很贪财。

师：目中无人，只看到钱啊！

生：“头脑简单”的洪教头。

师：说说理由。

生：林冲连说“不敢，不敢”，洪教头以为林冲真的不懂武功，便越发要与林冲交手。其实这是林冲谦虚，他没有深刻理解林冲的话，所以说他头脑简单。

生：“以小人之心，度君子之腹”的洪教头。

师：这是你独到的见解和发现，言之有理，我把你说的特地写在黑板上。

生：“洪教头冷笑了两声：‘只因大官人好习枪捧，往往流配的犯人都来依草附木，冒称武师，找你骗吃骗喝，你怎么能如此轻信呢?’”洪教头以为所有的人都是那么不好，林冲也一样。

师：真好，你的词汇丰富，用得准确。谁是君子?

生：林冲。

师：谁是小人?

生：洪教头。

师：洪教头没有见过世面，他头脑太简单了，哪见过林冲这样的高手。

生：“满怀嫉妒”的洪教头……

师：什么叫名篇？这就叫名篇。一个字、一个词、一句话就可以把人物的特点揭示出来。林冲和洪教头的对比是那样鲜明。洪教头一开始是“挺着胸脯，歪戴着头巾”，最后“满面羞惭，灰溜溜地走开了”。林冲一开始说“不敢，不敢”，后面却让我们看到了他威风凛凛的英雄形象。

课文内容可谈的很多，最核心的是什么？孙老师的教学用意值得我们细细揣摩。

我认为，这一教学片段集中体现了四点。

一是多元理解，把握“质地”。中国古典文学中的人物多是立体的、丰富的、多元的，所以古典文学有多元化理解的“质地”。孙老师非常巧妙地提出“（　　）的林冲”“（　　）的洪教头”这两个问题，这两个问题本身具有可多元理解的特性与价值。有了这一前提，就避免了一般性的为多元理解而多元理解的牵强造作。

二是紧扣文本，品味语言。这是本课教学最大的特点，也是最重要的特点。更为可贵的是，孙老师把学生的多元理解与对语言文字的品味紧密结合了起来，使学生的理解有根有据，在这种寻根问底的探究中进行语言文字的学习，凸显了语文学科的特点。

三是摈弃预设，动态生成。什么样的林冲，什么样的洪教头，不是由教师来框定思路、预设答案，而是相机地依据学生的思路来推进。课堂显得自由、自如、自在。在孙老师的启发下，学生兴致高涨，一口气说出了林冲及洪教头的多个特点，这在课前无法一一预设，全是课堂上相机生成。

四是相机矫正，点拨提升。当学生说林冲临危不乱，一棒击中洪教头“要害”时，孙老师及时地将小腿骨与头部进行比较，既矫正了学生用词的不妥，更在深层次上将林冲点到为止与洪教头欲置人于死地相对照，加深了学生对人物的认识，创造性地把教学中的“不利因素”变为有效的教学资源。

多元理解不离文本，个性飞扬不随心所欲，思维驰骋不胡思乱想是本课教学的总体特色。

3. **寻觅新点，评出亮点**

点评切忌泛泛而谈、人云亦云，应能平中见新、平中见奇，能揭示教学的意义，给人有益的启示。

现选取著名特级教师王崧舟教学《只有一个地球》一课时的片段进行评析。

师：（极富情感地范读第4自然段）听着，听着，你眼前仿佛出现了什么情景？

生：我眼前出现的是地球在苦苦哀求：人类，不要再来毁坏我了！

师：那是你想象到的，你真真切切地看一看，看到了什么？发生了什么？

生：我看到了人类贪婪地享受着地球的给予，却肆意破坏着地球的生态。

生：我看到了地球上发生的战争。

师：他们在战争中使用了什么？

生：化学武器。

师：于是，你看到了什么？

生：我看到了许许多多死伤的无辜平民。

师：是啊，许许多多的人笼罩在化学武器的阴影下，你能感受到他们的痛苦和恐惧吗？你能听到他们无奈、悲哀的哭泣吗？你能看到化学武器对地球造成的生态灾难吗？此时此刻，你是一种怎样的心情？请大家朗读第4自然段。（生读）

师：面对这随意毁坏，面对这不加节制，你还看到了什么？

生：我看到了人们随意乱倒垃圾……

师：不光是这些，请看屏幕——这是发生在我们地球母亲身上的一天啊！（缓慢而沉痛地诉说）

每天，地球上约有15亿人呼吸着被污染的空气，至少有800人因空气污染而死亡。

每天，地球上有1500多吨氟化物排入大气层，严重破坏着保护地球的臭氧层。

每天，地球上至少有15000人死于饮用不洁净的水造成的疾病，其中大部分是儿童。

每天，地球上有12000多桶石油泄漏到海洋里。

每天，地球上有160多平方千米的土地成为不毛之地。

每天，地球上有55000公顷的森林被大火和砍伐毁于一旦。

每天，地球上有800万吨水土在悄然流失。

这就是贪婪的、无知的、愚蠢的人们对地球母亲犯下的滔天罪行。同学们，拿起书，让我们像作者那样，向他们发出最强烈的抗议、最深切的呼喊！

师生：（齐读）“只有一个地球，如果它被破坏了……让地球更好地造福于我们的子孙后代吧！”

师：同学们，此时此刻，此情此景，我相信，你对地球母亲、对那些贪婪的人们、对那些精心保护地球的人，一定有话想说，一句话也行，几句话也行，写下你最深沉的呼喊，写下你最真诚的祝福吧！

这一教学片段主要体现了以下几点。

其一，教师入境出情、声情并茂的范读极具感染力，其功效不可替代。王老师富有感情地朗读第4自然段，打动了所有学生和所有在场的听课教师。这一范读，既有情感感染功效，又有语言学习功效，加上“你眼前仿佛出现了什么情景”的点拨，更有启示下一环节、激发学生想象的功效。接着，王老师对学生的想象进一步引导与提升，在学生情感被激发后让学生朗读第4自然段，情感达到了高潮。

其二，学生收集资料固然不可缺少，但有时显得零碎、无序或缺乏目的性；学生的探究固然具有不言而喻的价值，但如果加上教师缜密的思维以及优美的语言，课堂上就会多一分亮丽，学生的心灵就会多一缕明媚的阳光。这里，王老师切合时宜地出示一组资料，动心动情地讲解，如泣如诉地叙述，让学生沉浸其中，极大地唤起了学生的情感体验，叩击了学生的心灵，诱发了学生的想象，点燃了学生智慧的火花。

这里，王老师相机展示资料，适时激情诵读，是与一般课堂一味让学生收集、交流资料最大的不同点，也是王老师的过人之处。

#### 4. 分析问题，思考对策

听评课的目的是为了发展，为了提升。寻找课堂教学中的问题，深入剖析，对需要完善的地方提出建议是重要目的。（具体例子略）

动态生成听评课也是有利有弊的。因为是动态生成、相机梳理的，所以十分有利于评课者摸清执教者的思路，有利于评课者对课堂教学做出客观的评价。又因为没有问题框框，所以评课十分灵活。

然而，这样的听评课既需要评课者有深厚的教育理论素养、丰富的实践经验和临场发挥与即席调控的能力，也需要评课者有较强的分析判断能力、组织概括能力和语言表达能力。

### 三、综合梳理，听评多堂课——可依特点来梳理

有时，连续听十几二十节课，怎么点评？须主要把握以下三点。

第一，摸清当前教学的先进导向。

第二，把准本次课堂的主要特点。

第三，适而有度地进行艺术提炼。

点评多堂课，要善于把握每堂课的特色，发现新点立即梳理，重复的新点取其典型，多个新点便构成了一组课的特色。

以下是“全国历届小学语文阅读教学观摩活动成果展示交流会”上我评课的要点，我从这组课中概括出的八点，基本上反映了这次课的面貌。

对这八个要点的捕捉，采用的就是依特点梳理的方法，即一边听课，一边在有特点处梳理批注，然后把所批注的特点加以整理，用比较整齐、优美的标题加以概括。

#### 理念催生实践，实践丰硕理念

“全国历届小学语文阅读教学观摩活动成果展示交流会”上的这11节课在深化课改的更高层次上迈出了坚实的步伐，人文的课堂，对话的课堂，读书思考、体验感悟的课堂成了本次展示课的主旋律。

一、既倡导合作讨论，又注意静思默想

合作学习、讨论交流作为新课标倡导的新的学习方式，因有利于培养学生的合作意识与合作能力，有利于课堂信息的多向互动、高频往来，深受教师们的欢迎，并迅速被教师们广泛采用，取得了良好的效果。然而，事物总是一分为二的，阅读作为学生的个性化行为，需要独立思辨、静思默想。合作讨论与静思默想是辩证统一、相辅相成的。两者须因材而用，或合作讨论在前，或静思默想居先，或两者交替进行。

这次展示课，一改过去频繁讨论，视合作交流无所不能的做法，不少教师指明读书要求、提出读书任务后要求学生自由地读一遍，再静静地读

一遍或几遍，既为每位学生提供了实实在在的读书实践、静静思考的机会，又为合作讨论提供了前提和保证。如四川的刘晓军老师教学《荔枝》一课时，要求学生联系课文想一想："为什么说我错了，我感受到了什么？"问题一提出，不少学生纷纷举手。刘老师要求学生把手放下，读读课文，静静地想一想。一会儿，又有学生举手，刘老师巡视并与学生交谈了解学情后，要求学生再细细地品读课文，想想怎样把答案组织得更好。一读再读，消除了学生浮躁的读书心理，这是真正的读书、实在的品味。

二、既倡导自主探究，又注意有效引导

让学生积极主动地学习，积极主动地发现问题、探究问题，是新课标倡导新的学习方式的实质、核心。自主探究是创新型人才的必备素质，也是培养创新型人才的必由之路。这一方式的倡导，一改过去阅读教学"教师提出问题—师生一起分析问题—解决问题"的旧模式。新的学习方式消除了这种旧模式的弊端——学生失去了提出问题的机会和权利，进而失去了提出问题的意识和能力，失去了学习的自主性与探究性，接受的是残缺不全的阅读训练。而把提问题的机会和权利还给学生，切合阅读心理的一般规律，符合真实的阅读过程规律，学生受到的是包括提问题在内的完整的阅读训练。

然而，小学生的阅读积累毕竟有限，掌握的阅读方法、阅读经验也有限，自主探究有时流于表面而零碎，无法触及本质问题。因此，探究与引导应当相机融合。如果学生的思维总在浅层次中活动，总在原地兜圈，教师的引导就显得十分必要。香港的黄锦燕老师教学《可爱的小松鼠》一课时，读后让学生探究发问，学生纷纷提出：怎样才能让松鼠靠近自己？松鼠的尾巴为什么比自己的身子还大？松鼠为什么没有大尾巴就站不稳？松鼠为什么胆小？松鼠为什么爱吃松果？……黄老师放手让学生提问，学生提的问题也大多通过生生互动来解决。但细细一想，这些都是非本质的问题，大多与教学目标相去甚远。这时黄老师没有继续放任自流，而是紧接着引导学生思考三个问题：①哪些词句描写了松鼠的动作？②作者怎样描写松鼠的样子？③文中有没有表现作者感情的句子？这样既放又收，亦放亦收，一散一敛，既展示了个性思考，又不偏离教学目标，一举两得。

三、既倡导自读感悟，又注意讲解点拨

并非感受到的东西都能被理解，只有理解了的东西才能被深刻感受。阅读能力的提高与发展主要不是靠讲解分析，而是靠读书实践获得。自读自悟的所得根深蒂固，终生难忘。“自读感悟”作为一个响亮的口号，随课改而广泛流传，被广泛采用，显示出良好的效果。然而自读感悟的能力的形成离不开知识的积累、方法的引导和过程的训练。有些知识性的东西是不需要过多探究的，却也离不开讲解，这里的讲解往往比探究更高效，也更科学；方法需要点拨，对前人的经验无须也不可能百分之百地去探究，它需要恰到好处的点拨与扶持；过程离开了训练就不称其为过程。绘声绘色的描述、慷慨激昂的陈词、声泪俱下的倾诉、声情并茂的讲解是激发学生的想象、拨动学生的心弦、引导学生学习语言的有效方法，是学生自读感悟的基础。自读感悟与讲解点拨是相互融合、相互促进的。

课堂上，当学生提出对“小息”一词不理解时，黄锦燕老师干脆利落地直接解释：“香港与内地不同，香港学校课间休息的时间有长有短，那种较短的课间休息叫‘小息’。”因为“小息”这种在当地约定成俗的特有专用词语是无法感悟的。黄老师的教学给了我们深刻的启示：能感悟处则感悟，需讲解时则讲解。

四、既倡导表达阅读感受，又注意不离开语言材料

语文新课标指出，阅读教学的重点之一是培养学生感受欣赏的能力，要珍视学生独特的感受、体验和理解。语文的学习离不开语言材料。阅读的感受来自语言材料，又必须回到语言材料，因为语文学习最终是要学会语言。本次展示课教师们大多遵循了“品读语言—抒发感受—回到语言朗读积累”的教学流程，改变了曾流行一时的“品读语言—抒发感受”的教学模式。前者以学习语言为宗旨，后者以谈论感受为终结，二者体现了对语文学习目标的不同理解。

福建的林文锋老师教学《少年闰土》中“雪地捕鸟”一段时，让学生阅读文本后谈感受，学生陆续说出闰土聪明、善于利用身边资源、说话生动、经验丰富、自豪、自信等感受，林老师一一要求学生找到语言材料做佐证，然后引导学生回到文本读出自己的感受。把感受体验与语言材料紧密结合，是林老师课堂教学始终把握的一条主线，也是本次展示课的一个亮点。

五、既倡导评价能力的培养，又注意评价后的引导与提升

培养评价能力是语文新课标中指出的阅读教学的一个重点。我们在实践中往往更多地注重对学生发言质量的评价，在朗读中更多地注重对学生朗读水平的评价。诸如“他说得怎么样？读得怎么样？”之类，评价的对

象变成了“人”。这种评价几乎占据了评价的全部内容，占据了大量的课堂时间。这次展示课的评价一改这种局面，开始把评价的重点由“人”转向“文”，开始注重对文本遣词造句、布局谋篇、表情达意的评价，开始注重对文本人物形象、人物特点的评价。如青岛的曹君老师在学生读懂课文的基础上两次致力于对人物形象的评价：①你能对闰土做个评价吗？学生纷纷发言：“他是个会发现的孩子。”“他是个见多识广的孩子”。“他是个快乐的孩子（能在外面自由生活）。”“他是个既贫穷又不贫穷的孩子（生活贫穷，知识不贫穷）。”②能对文中的“我”做个评价吗？学生陆续说出：“‘我’见识少（‘只看见院子里高墙上的四角的天空’）。”“‘我’很羡慕闰土（‘啊！闰土的心里有无穷无尽的希奇的事’）。”“‘我’像笼中之鸟，‘我’与闰土不同，闰土知道乡下事，‘我’可能知道更多的城里事。”

日常教学中，关于朗读评价后的处理，大多处在三个不同层次：一是仅评价学生朗读的音量、音准，有无情感，有无添漏字，是否流利等，评定即罢。这一层次的评价仅仅是为评价而评价。二是评价后对朗读者给予鼓励。这一层次的评价体现了激励功能。三是激励后回到朗读，让学生读出感受。这一层次的评价既在无形中激励了示范者，又增加了全体学生朗读实践的机会。令人欣喜的是，这次展示课在第三层次的基础上又有了新的发展。不少教师开始注意到了朗读能力再“提升”这一十分重要的问题。学习、朗读“看瓜刺猹”一段，当学生朗读后无法产生更深刻的感悟时，林文锋老师巧妙地进行了“提升”——“我听你们前面部分读得很宁静，后面部分读得很紧张”“我听你们读出了鲜亮的色彩”，并用课件依次演示“深蓝的天空”“金黄的圆月”“海边的沙地”，演示“少年刺猹，猹反窜”的画面，然后要求学生读出感受。这里对“宁静”“紧张”“鲜亮”的意境的感悟就是教师提升的结果，也是教学所必须达到的目标。如果没有教师适时的引导与提升，朗读就会长时间局限在学生已有水平上。

六、既倡导拓展学习，又注意紧扣文本

树立大语文观，充分开发和利用课外学习资源，如自然风光，文物古迹，风俗民情，影视、报刊、网络等，是语文新课标提出的重要理念和明确要求之一；依据文本收集资料，前勾后连，拓展延伸，抓住文本中的空白处充分想象挖掘也是我们的常用之道。文本是学生提高语文素养的根本材料和主要凭借。文本以外、课堂以外的拓展固然鲜活，但毕竟零碎，缺乏系统性，仅仅是一种补充。本次的展示课立足文本，依据文本，适度拓展，理智地处理好文本与拓展的关系，避免了“拓展天花乱坠，文本还是满眼陌生”的本末倒置。

刘晓军老师教学《荔枝》一课时，紧紧抓住文本饱含深情、意味深长、牵一发动全身的“而今，荔枝依旧年年红”一句进行拓展学习，问：“你想到了什么？此时此刻想对母亲说些什么？”学生逐步感悟到：看到荔枝就想起母亲对子孙无私的爱，对母亲的怀念之情如同那年年鲜红的荔枝；看到荔枝，便引起自己的痛苦回忆，虽然自己曾是那样孝敬母亲；看到荔枝，就想到儿子的无知，现在的孩子们懂得孝敬长辈吗？此间，教师相机插入《母亲》一文的精彩片段：“我们是如何对待自己的父母老人呢？尤其是如何对待像母亲一样忠厚、善良，从不会讲话又从不多讲话的人呢？……我为此常常内疚，常常想起儿时种种不懂事、少年时的虚荣……”再次感悟作者表达的对母亲的怀念之情。这里的拓展，适时、适度、适切，既有文本之外的锦上添花，更致力于对文本本身感悟的升华。

七、既倡导综合性学习，又注意凸显语文学科的特点

语文新课标倡导语文的综合性学习，指出“拓宽语文学习和运用的领域，注重跨学科的学习和现代科技手段的运用，使学生在不同内容和方法的相互交叉、渗透和整合中开阔视野，提高学习效率”。展示课上，教师们既让学生动脑，又让学生动手、动口，让学生说说、画画、唱唱、跳跳，这一切综合性活动始终注意为语文学习服务，几乎没有因倡导综合性学习而过分泛化、淡化、弱化语文学习的情况，语文的感知、理解、积累、运用仍是语文课的主旋律。教师们十分注意将课堂的绝大部分时间花在朗读、默读上，花在品析、感悟重点词句上，花在背诵积累和表达运用上，凸显语文的工具性，坚守语文阵地，致力“耕好自己的园，种好自己的田”是本次展示课的一个突出特点。

八、既倡导尊重学生的体验，又注意正确的导向

阅读是学生的个性化行为，“一千个读者眼里有一千个哈姆雷特”，因此，我们不能以教师的理解代替学生的阅读。学生的身心特点、生活经历不同于成人，我们要珍惜学生的独特感受、体验和理解，要创设活泼和谐的课堂情境，激活学生的创新思维，让学生的想象无拘无束，个性飞扬。然而，当学生的理解与体验过分偏颇、不到位，或与正确的价值观完全相

违背时，我们又必须予以恰当的引导。展示课上，教师们较好地把握了这一点，如重庆的卢静老师教学《借生日》一课时提问：“妈妈连自己的生日都忘了，为什么总是记住小云的生日？”学生纷纷答道：“因为小云爱过生日，妈妈就记住了。”“因为妈妈也爱吃生日蛋糕，所以就记住了。”“因为小云想和很多人一起玩。”“因为小云希望多收到一些生日礼物。”“因为小云想要一个生日蛋糕。”……显然，这些答案充满了童真童趣，都是学生的独特体验。但如果体验仅仅停留在这一层次上，显然是不到位的。卢老师相机诱导：“你们真了解小云。妈妈也了解吗？说明了什么？”学生豁然感悟：这说明妈妈十分爱自己的孩子。教师此举把学生的体验导向了应有的水准。

## 四、搜寻特点，听评专题课

听评专题课时必须把握以下几点。

第一，反映这个领域的特点。

第二，蕴含这个领域的要点。

第三，引领这个领域的视点。

我听了于永正老师的多节口语交际课后，对于老师的课进行了评析。

### 于老师口语交际教学艺术摭谈

口语交际能力比能听会说要求更高，是一种在交往过程中表现出来的灵活机智的听说能力和待人处事能力。于永正老师可谓是我国口语交际教学研究和实践的先行者。他把口语交际能力的培养寓于教学的各个环节、各种训练之中。他的课挥洒自如、生动活泼，他的训练设计左右逢源、不着痕迹。那精湛的教学艺术；鲜明的风格特色无不令人折服。现选取几例来谈。

1. 口语交际注重情境

有意创设情境，让学生在强烈的交往和表达欲望中不吐不快，是进行口语交际有效训练的关键。于老师教学古诗《草》时，创设了这样的情境：他把自己扮成老奶奶，要听学生背古诗。当学生背到“一岁一枯荣”时，“她”佯装听不见：“什么？一岁一‘窟窿’？一个洞？”这样一来，学生兴趣盎然，跃跃欲试。为让“她”听明白，学生争先恐后地介绍了“枯荣”的意思和写法，既真正弄懂了古诗的含义，又收到了表达与交际的良好效果。

2. 口语交际注重得体

规范口头语言，礼貌得体地交际是口语交际教学的重要任务，于老师的一节虚拟课——学生帮助食堂的孙师傅看说明书，在双方问好后有这么一个片段——

生：我是××小学六年级（1）班的学生。听于老师说，您为了改善老师们的伙食，特意买了一台轧面机，可是看不懂说明书。于老师叫我来教您如何使用轧面机。

师：你的意思表达得很明白。可是我们说话还要得体，有教养。你们考虑一下，这两个字（板书：叫、教）换成什么更合适？

生：把“叫”换为“让”。

生：把“叫”换成“委托”。

生：还可以把“叫”换为“嘱托”。

师：很好。这个“教”呢？别人说可以，在这里自己说显得不太合适，别忘了，站在你面前的是一位年长的师傅。

生：把“教”换成“帮助”。

师：“帮助”行吗？心里试着说说。（学生摇头）

生：换成“告诉”。

师：好！这样显得很谦虚。你连起来说说。

生：孙师傅，听说您买了一台轧面机，可是看不懂说明书，于老师委托我告诉您怎样使用轧面机，我感到荣幸。

生：于老师，我再加上一句：不过，我讲得不一定好，请您原谅！

师：多么谦虚！

生：孙师傅，这轧面机好操作，您一听就会明白的……

这样循循善诱，学生口语表达交际的得体性受到了卓有成效的训练。

3. 口语交际致力创新

创新精神、创造能力是新时期人才素质的核心，口语交际训练在这里同样有可为的天地。于老师在“看轧面机说明书”这一片段教学中设计了这样一个环节——

师：再看看说明书的最后一条。

生：用完之后，要用干的毛刷或布把机器清理干净。

生：要经常在运转的地方加点油。

师：对。可是加什么油呢？

生：加机油。

生：加润滑油。

生：于老师，说明书上没写加什么油，我想，机器自然应当加机油。

师：凡事动脑筋，好好想一想，你会想出来的。

生：（恍然大悟）应当加食用油！

师：为什么？

生：加机油，沾到面条上，那怎么吃啊？

师：这不是想出来了吗？这一点说明书没交代清楚。

加什么油，说明书上没交代，于老师敏锐地抓住这一点提出疑问，使学生思维的积极性和主动性被充分调动起来，创新的火花被点燃。

4. 口语交际思路开阔

口语交际强调双向互动性，但这并不影响自由表达、开阔思路。于老师让学生教孙师傅看完说明书后安排了这样一项训练：把今天自己做的、看到的、听到的、想到的说给同学们听，有话则长，无话则短，只要围绕一个意思把话说清楚就行。于是学生稍做准备，纷纷谈了自己的话题："不耻下问的孙师傅""没有文化寸步难行""我学会了一种本领——轧面条""今天我当小老师"……大家选择不同的角度，围绕不同的意思，做了明白具体的发言，态度大方，思路清晰。

5. 口语交际幽默风趣

民主和谐的课堂氛围是孕育口语交际之花的沃土，是教学成功的要诀。这方面，于老师为我们做了典范。一节公开课上，于老师让学生写他的身材，有这么一个精彩的场面——

师：看一看，于老师的身材怎样？是不是当模特的料？先猜猜身高多少，要比，要想。

生：于老师的身高大约 1.65 米。

生：于老师的身高 1.7 米左右，中等身材。

师：说得差不多。于老师年轻时身高 1.69 米，心想，年龄大了或许还会长高点儿，谁知，不但没长高，反而矮了，现在只有 1.68 米了。身材除了身高，还包括胖瘦，谁连起来说说？

生：于老师中等身材，身高 1.68 米，稍微有点儿发福，但身材仍然很匀称。

师：听了你的描述，我心里像吃了蜜似的！看来，人还是喜欢听好话。

融洽的关系，诙谐的语言，使师生间的口语交际无拘无束，充满了情意，充满了快乐。

在这里，我根据口语交际“倾听、表达、应对”的核心，从“情境”“得体”“创新”“思路”“幽默”这几个方面分析口语交际关注的焦点，这样评析，能给教师们教学口语交际课以引领。

## 第三节　教学叙事和教学案例的撰写

作为教研人员，我们征集教学叙事时，往往收到的有不少是教学设计、教学案例、教学论文；当征集教学案例时，往往又会收到不少课堂实录、教学叙事……那么，这几者之间到底有什么区别呢？

### 一、教学叙事和教学案例的特点

**1. 与课堂实录不同**

课堂实录：顾名思义，重在客观照录，一般不做品评，也无须做品评。虽然也有适当的选择，但仍趋向于一种摄像机的“文字化”。

教学叙事、教学案例：有叙述，有思考。对于叙述后的思考，有人叫点评，有人叫评点，有人叫评析，有人叫反思。可见教学叙事、教学案例是在“实录”的基础上再做品评，是“实录”的更进一步、更上一层。

**2. 与教学论文不同**

教学论文：摆事实，讲道理。道理是事实之魂，事实为道理服务。它采取的主要思维方式是演绎，即从道理到事实，由一般到个别。举一个简单的例子，如自然数中，凡是个位数是 0 或 5 的数都能被 5 整除（这是一般的道理、规律），可见 15，20，195 等都能被 5 整除（这是个别、事实）。

教学叙事、教学案例：叙述事件，思考得失。事件是思考的本源，思考要紧扣事件。它采取的主要思维方式是归纳，即从事例到道理，由个别到一般。如上例，15，20，195 能被 5 整除，可见，自然数中，凡是个位数是 0 或 5 的数都能被 5 整除。它的思维方式与教学论文的思维方式正好相反。

3. **与教学设计不同**

教学设计：是未发生的预设，它只是“纸上谈兵”，未进入教室、课堂，一般只有教师的预设，没有学生课堂上真实的反应。

教学叙事、教学案例：是已发生的深思。它是教学设计进入课堂后，经课堂实践检验过的产物，有学生真实的反应。

好的教学叙事、教学案例一般具有以下四个特点。

一是典型性。所描述的事件具有代表性，具有能够反映与诠释某一方面或领域的典型意义。一般的、无代表意义的事件难以成为优秀案例。

二是鲜明性。是就是是，非就是非，而不是“好好先生”，模棱两可。那种泛化而模糊的思考难以入木三分。

三是新颖性。必须平中见新，常中见奇，说人所未说，想人所未想。人云亦云，拾人牙慧，没有出路。

四是启发性。必须让人看后深受启发，扼腕慨叹“我怎么没想到”或“我想到了怎么没写出来”。那种看与不看一个样，让人无动于衷的案例不会受到欢迎。

## 二、教学叙事的撰写

教学叙事的撰写，我主要概括为 16 个字——叙议结合，缘叙而议；融情融理，情理交融。

“叙议结合，缘叙而议”的意思就是，要有叙有议，叙述与议论相结合，要根据叙述来进行议论，让议论深深扎根于叙述的沃土。叙述要生动具体，议论要富有针对性，起到画龙点睛之效。

“融情融理，情理交融”的意思是，可以情景交融，可以描绘课堂的场景，师生的表情、动作、语言、心理；可以抒情议论；可以有故事，有情节，甚至有曲折，一波未平而一波又起，引人入胜。

掌握了这些，并能在实践中运用，你就学会了教学叙事的撰写。现以我撰写的教学叙事《精彩，未曾预约——〈揠苗助长〉教学案例》为例进行具体、深入的剖析。

## 精彩，未曾预约

### ——《揠苗助长》教学案例

课堂，就像一曲迷人的歌。

每当孩子们烂漫的神情随我的讲解而变化，每当孩子们闪亮的目光随我的手势而移动，每当孩子们涨红着小脸思维闪耀、灵性涌动的时候，我就感到一种说不出的快慰、满足和甜美。这不，孩子们时而高声诵读，时而低头沉思，时而轻声议论。我和孩子们的心一块在《揠苗助长》的寓言故事中时而撞击，时而徜徉。课，在酣畅而投入地行进……

【评析：这里不惜花费笔墨竭力描绘了成功的课堂、成功的课相及其带来的愉悦感受，描绘了本节课孩子们专注投入的情景。教学论文是不能这样写的，一般的教学案例也是不能这样写的，只有教学叙事可以这样写，而且必须这样写。加上排比、短句的运用，向我们呈现了一种引人入胜的情境。】

忽然，小郝——一个平常并不引人注目的小男孩犹豫地缓缓举起了手，有些怯生生的，手举得并不高。

“老师，在老家，我看见田里都是有水的，禾苗都长在水田里。可书上的插图中的田黄黄的，像是沙地，没有水。”

我一怔，哟，怎么回事？书中的插图还真是旱地种禾呢！我也疑惑了，像是自言自语，又像是在问孩子：“书中的插图会不会有问题呢？”说着，轻轻抚摸着小郝的头，动情地说：“你这样敢于质疑，善于思考，真值得大家学习！”

【评析：此处主要是叙述，描绘的是事件的开始。“并不引人注目的小男孩犹豫地缓缓举起了手，有些怯生生的，手举得并不高。”这是对孩子的动作、神情的描写，看来，在新课程理念的感召下，并不引人注目的孩子也开始活跃起来了。“我一怔，哟，怎么回事？书中的插图还真是旱地种禾呢！”这是教师的心理描写，叙述力求生动形象，这是教学叙事的撰写拥有的特权。】

一石激起千层浪。片刻的沉默之后，课堂上纷纷议论开了。

“对，没有水，禾苗肯定长不了，会旱死的。今年大旱，我家乡的不少禾苗就旱死了。”

“禾苗是几株捏在一起插下去的，不是单株插的，再说，旱地怎么插秧啊?”

“水田里，一株株的禾苗是横成行、竖成列的，十分整齐，不像图上那样杂乱无章。”

“我看到禾田里劳动的人都是卷起裤腿、挽起袖子的，从没见过穿着布鞋、袜子下田劳动的。”

“我看图上画的不像禾苗，倒像玉米苗。”小郝再一次站起来，涨红着脸说，引来同学们的一片笑声。

面对插图，孩子们从各自的经验出发，凭着已有体验，竟有这么多的想法。我深为孩子们的细致和挑战的勇气所折服，于是说：“看来，这幅插图还真有修改的必要了。”

【评析：这些是对学生继续指出插图中的错误的记述和对教师心理的描写。】

“不，老师，不仅仅是图不对，课文也不对。”

了不起！对图的“指误”刚完，对文的“求疵”又来了。有了前面的经验，为创设情境引发问题，我故作吃惊地问：“课文有什么不对？大家找一找。”课堂上又出现了始料未及的场面。

“‘一棵一棵’用得不对，禾苗应叫‘一株一株’。”

“既然是禾苗，它一定还很小，即使向上拔，也只能高一点儿，高不了一大截。”

“对，水田里都是烂泥，拔高了还会回陷不少，高不了一大截。”

“再说，如果是水田，拔一下，禾苗是不会枯死的。”

“就是旱地，傍晚太阳落山时拔高的，第二天也不会枯死，晚上有露水呢。有露水的滋润，没根的草也能竖起来。”

“即使是旱地，第二天也最多是萎了，不可能‘枯’，因为‘枯’指完全没有了水分，有的枯枝甚至一折就断。”

好家伙，入木三分，说得还真在理呢！这不正是学生个性的张扬和显现吗？这不正是语文新课标提倡的生成性教学吗？于是，我顺水推舟，进一步启发：“既然图文存在这么多毛病，总不能让这些问题一直存在下去吧？我们何不动手修改修改呢？”接着，我让孩子们分组讨论修改方案，并试着给编辑老师提建议。

【评析：学生由对图的“指误”转向了对文的“求疵”，教学不断深入，故事层层推进。“好家伙，入木三分，说得还真在理呢！这不正是学生个性的张扬和显现吗？这不正是语文课程标准提倡的生成性教学吗?”这既是教师的心理，又是教师的感叹，更是基于叙述的发自肺腑的议论，体现了叙议结合，缘叙而议。】

下面是孩子们给编辑老师的建议信——

尊敬的编辑老师：

您好！

我们非常喜欢你们新编写的语文课本。读书时，老师经常教育我们要有自己的见解、自己的思考。今天读了《揠苗助长》一课，我们觉得书中有几处不太妥当。我们分几个小组进行了讨论，有以下几个修改方案供您参考。

方案一：把图中的旱地改为水田，单棵的禾苗改为一株株整齐排列的禾苗，禾苗改画为更像真正的禾苗些。改为水田后，图中的人物应脱掉鞋袜，卷起裤腿，挽起袖子。最后一句“都枯死了”改为“都萎了”。

方案二：图中的旱地不改，那么，就把课文中的五处“田里（边)”改为“地里（边)”，把五处“禾苗”改为“麦苗”或“玉米苗”，同时，文中写什么苗，图就画什么苗。

厦门小学二年级（1）班

5月8日

看着自己的学生那种忘我而自信的样子，欣赏着他们不凡的学习成果，我惬意而欣慰地笑了。

【评析：故事由对文的“求疵”转入提出修改建议，可谓一波未平，一波又起，使人忍不住继续往下读，这就是教学叙事具有的魅力。】

正当我要为这次讨论画上句号时，坐在最后一排很少发言的小鄢突然站了起来：“老师，还有一个发现，图中画的是老农，老农种了一辈子田地，一般很有经验，不会去做揠苗助长的傻事。如果是老农的儿子揠苗助长，那才合情合理。”同学们不约而同地报以热烈的掌声。

忽然，又有一位同学站起身来：“老师，我觉得还有修改方案三：插图和课文都不做改动，而在课后思考练习中增加一道题目——我能找出《揠苗助长》一课插图和课文中几个不合理的地方。”

“好厉害，有胆量！”我情不自禁地脱口而出，“竟把课文当病文。”

【评析：正当要结束讨论时，一位学生忽然站起来，可谓石破天惊。忽然，又有一位同学站起来，有如晴天霹雳。情节的推进峰回路转、跌宕

起伏，完全出人意料，令人拍案叫绝。这就是教学叙事的独特个性，是教学论文、教学案例所无法比拟的。】

这堂课使我陷入了深深的思索与无涯的遐想之中——

一直以来，我们的教材往往被视为“圣经”，不要说是学生，就是对绝大多数教师而言，它也显得神圣而不容怀疑，不可“侵犯”；一直以来，我们的教师往往被视为“圣人”、标准答案，其“神威”不容置疑，不可冒犯；一直以来，我们的教学往往习惯于主客分立，教师给予，学生受之。学生稍有“旁逸斜出”，就被无情“修剪”，稍有“异念出头”，就成为众矢之的，被看作“怪异”。在这样的教育氛围下，学生的主动性缺失了、独立性泯灭了、创造性被扼杀了。有个比喻说得好，教育应当像农业，而不是工业。因为工业生产的是一个个毫无两样的标准件，而农业培养的是一株株充满生命、毫不一样的幼苗。教育应当是育苗工程，而不是生产流水线。

【议论之一：我们的教材、教师、学生、教育氛围。议论要缘于叙述，抓住要点，针对现实，要由浅入深，层层推进，以引发读者的情感共鸣。】

什么是理想的课堂？理想的课堂应当充满人性与智慧，是一种开放民主、互动对话的课堂，是一种以学定教、相机生成的课堂，是一种充满激情与生命活力的课堂。教学就像一条充满急流与险滩的河流，随时都有旋涡和暗礁；教学又像一条绚丽多彩、充满神奇与变幻的七彩路，随时都有意外的惊喜与收获。作为教师，不仅要善于走出旋涡，躲过暗礁，同时还要善于享受惊喜与收获。

【议论之二：理想的课堂、理想的教学、理想的教师。思路清晰，定义准确，富有新意，体现了新的教学理念。这样的议论，既忠于叙述，又高度提升，给人以深刻的启示。】

教学《揠苗助长》一课，备课时，我并没有注意教材存在不足，教案中更没有写丝毫有关教材不足的讨论与修正。教学流程完全是相机生成，教学的资源完全是相机开发，教学的价值完全是意外获得。这节课，根据学情的变化，我及时调整教学预设，创设和谐气氛，激励学生展示个性，学生在充满挑战和愉悦的情境中不断获得成功、收获喜悦。

这是一节充满生命激情的课！

这是一节教师难以忘怀的课！

我相信，这也是一节孩子们难以忘怀的课。

愿如是！

【议论之三：由远及近，回归到课堂，落实到本课，对叙述的事件归整归纳，将议论的焦点再次集中。“编筐编篓，重在收口。”最后以议论抒情做结，令人回味无穷。】

【评析：纵观全文，对图的“指误”、对文的“求疵”以及修改的方案，所叙事例十分典型、独特、新异。有前半部分夹叙夹议的情不自禁，有后半部分由远而近、层层剖析的入木三分，议论可谓集中、深刻、鲜明。】

至此，你对教学叙事应如何撰写，是不是有比较清晰的认识了呢？是否看出它与教学设计、教学案例的明显区别了呢？

### 三、教学案例的撰写

教学案例的撰写，我主要概括为16个字——叙为主体，议为点睛；理清思路，巧妙概括。

“叙为主体，议为点睛”的意思是，叙述是文章的主体，往往占去文章的很大部分篇幅，议论点评要针对叙述，画龙点睛，一针见血。

“理清思路，巧妙概括”的意思是，一定要理清思路，把教学梳理为几个板块，每个板块相对完整，且表达一个中心，然后用一个合适的标题巧妙地概括。

我经过多年的梳理与体悟，总结出三种十分独特而有效的教学案例的撰写形式。

**1. 一人一课一案例，可以是“实录＋点评”式**

这类案例写的是一个人一堂课的内容，主要形式是课堂实录加教学点评。

如何点评？点评要紧扣实录，基本方法可以概括为9个字——怎么教，怎么好，怎更好。怎么教，简要叙述教学的过程、步骤或做法；怎么好，阐述这样教体现了什么理念，遵循了什么规律，巧用了什么方法，有什么独到之处，达到了什么目的，学生有什么收获；怎更好，主要提出不足，分析原因，寻求有效对策。

一般而言，研讨课、磨课，应多谈“怎更好”，而优秀课例、欣赏的课例，多重在梳理“怎么教”、提升“怎么好”，可少谈或不谈“怎更好”。

现以《夕阳真美》一课的一个教学片段来具体分析。

师：什么叫“灿烂”？老师教给你们一个方法：看看“灿”字是由哪两个字组成的？

生：火和山。

师：想象一下，火山爆发时的场面是什么样子的？

生：很红很红。

师：对，颜色特别明亮。火山爆发亮闪闪，你说灿烂不灿烂？课文中说的是灿烂的霞光，我们还会说灿烂的什么？

生：灿烂的阳光。

生：灿烂的笑脸。

生：灿烂的光芒。

师：阳光是白天的景象，有没有晚上的？满天的星星能使我们想到什么？

生：灿烂的星光。

师：晚上走在大街上，街道两旁到处是——

生：灿烂的灯光。

师：反过来说说会不会？“灿烂的灯光”就是——

生：灯光灿烂。

师：“灿烂的阳光”就是——

生：阳光灿烂。

师：“灿烂的霞光”就是——

生：霞光灿烂。

【评析：这位教师匠心独运，预设并生成了令人拍案叫绝的课堂教学。妙处之一：不忘中国汉字造字方法之一——写意，通过拆字，理解“灿”字所要形容的情景。妙处之二：让学生学习了词语之间的搭配，丰富了语言，增强了语感，并懂得了有些词语间的顺序是可以调换的，感受到汉语的变化无穷。妙处之三：以火山、阳光、星光、霞光等一系列事物作类比，让学生再次体会夕阳西下的壮丽场景，深刻体会“夕阳无限好”。】

这里，教师抓住“怎么教”的三个关键词——拆字、搭配、类比，富有针对性地梳理了“怎么好”——运用了造字方法，丰富了学生的语言，训练了学生的语感，让学生再次体会了夕阳西下的壮丽场景和“夕阳无限好”。

懂得了以上方法，梳理此类案例便能得心应手。

2. **一人几课一案例，可以是“理+例+评”式**

这类案例写的是一个人好几课的内容，也许有十年前的一堂课，也许有去年的一堂课，也许有上个月的一堂课……一般围绕一个主题，把一个分多年教学实践的课例从几个方面加以梳理。形式可以是先阐述事理，说明某一方面的相关认识、好处、特点；再针对事理举出相应的具体实例；最后进一步提升总结。现以《于老师课堂练笔教学艺术赏析》为例进行分析。

**于老师课堂练笔教学艺术赏析**

在阅读教学中，如何处理好读与写的关系，充分挖掘教材中的写作因素，把写的训练有机融合于教学之中，做到读写结合，相得益彰呢？于永正老师在这方面为我们提供了许多经典的教学案例。他在课堂教学中经常穿插写的训练，从篇幅看，或三言两语，或长篇大幅；从内容看，或借用课文，或引用课外资料；从方法看，或对课文内容进行挖掘，或以想象补充课文内容……每一次练笔，都充分体现了于老师的教学艺术。

【评析：这是文章的开篇，提出了如何进行读写结合的问题，概括了于老师课堂练笔教学的篇幅、内容、方法等方面的特点，对全文的案例起到了提纲挈领的作用。】

一、变换课文的叙述角度

作者写作总有自己的角度，角度变了，角色也就变了。在阅读教学中，变换叙述角度，进行读写训练，可充分挖掘课文中的语言因素，活化课文内容，引发学生的写作兴趣，加深学生对内容的理解。在于老师的教学中，这样的教学案例经常可见，一个情境的创设，一个句子的提示，就能把学生引入特殊的情境之中，使课文内容很快变为学生的交际语言。

如教学《新型玻璃》一课时，于老师要学生分别以五种新型玻璃的身份对自己的特点和作用进行介绍，从而有效激发了学生的写作积极性。一位学生是这样叙述的：

“你们可能不认识我，我是‘吸热玻璃’。在炎热的夏天，我可以阻挡强烈的阳光，使室内比室外凉爽；在严寒的冬天，我可以把冷空气挡在外面，使室内保持温暖。如果你把我买回去，安装在门窗上，你家就不用买空调、电风扇了。如果你家有老年人，夏天就不会中暑，冬天就不会感冒、得关节炎等。现在你知道我的用处了吧！请你把我买回去，我会忠实地为你效劳。”

从学生的习作可见，学生在角度变换的训练中，绝不是简单地进行内容移植，而是合理地创造表述，这对提高学生的读写能力是颇为有效的。

二、挖掘词语的形象内涵

课文中有些重点词语，是语言形象、语言情感、语言技巧的聚集点。教师引导学生想象、挖掘词语的形象内涵，感悟、理解词语的情感内涵，可让学生在词语与语境的沟通中，深入理解内容，深切感受情感。在于老师的教学中，这样的范例也是随处可见。请看《我的伯父鲁迅先生》一课的教学片段——

师：学到这儿，我突然想到，还有一个词没有讲（指小黑板），就是“饱经风霜”。

师：请大家想一想，那个拉黄包车的饱经风霜的脸是一张什么样的脸？想好了，请用几句话写出来。我给大家开个头：那个拉黄包车的才 30 多岁——请同学们接着写。

（学生练习写，教师巡回指导，表扬写字姿势好的学生。学生写好后，教师让他们自己读一读，进行修改；然后又请几位学生上台读，并当面评改。）

下面是教师评改一位学生的习作实录。

生：（读）那个拉黄包车的才 30 多岁，可看上去足有 50 多岁。脸黑瘦黑瘦的，布满了一道又一道的皱纹，眼圈深深地凹了下去，眼睛里布满了血丝，那乱糟糟的头发上蒙着一层灰。看上去，这张枯瘦的脸像一个霜打的茄子。

师：写得多好呀！“饱经风霜”的意思就在其中了。

看起来，好像是于老师突然想到的，而实际上这是他的精心安排。在学生理解了全文内容、把握了课文所写事情的背景之后，学生就能真正懂得课文中的每一件事情、事情中的每一个细节都处于旧社会这一特定的背景之中。“饱经风霜”是对这一特定背景的反映，教师引导学生通过具体情境反映“饱经风霜”的内涵，不仅检验了学生对课文内容和情感内涵的理解程度，还有效进行了具体叙述的训练，提高了学生读与写的能力，真可谓一举两得。这样引导，“饱经风霜”给予学生的绝不是抽象的意思，而是具体的形象和丰富的情感。一旦遇到这个词语，与之相关的形象就会在学生眼前浮现；一旦遇到类似形象，与之匹配的词语就会在学生脑中出现。这样，“饱经风霜”的词义和形象就变成了学生的“库存”。

三、补充对应的形象画面

由于中心表达的需要和文章篇幅的限制，与课文相关的内容总不可能穷尽，有些内容只得简而言之或省略不写。根据教学需要，通过练笔而化虚为实、化简为详，补充与课文内容对应的画面，可以拓展内容空间，拓宽理解背景，以深化理解，强化效果。

于老师在教学中经常进行这样的训练。教学《再见了，亲人》一文时，于老师首先交代任务，以引发学生的兴趣：“通过上一节课的学习，我们知道了这篇课文写的是志愿军回国时在火车站同前来送行的朝鲜人民话别的情景。既然是话别，就应该是双方的，但是课文只写了志愿军说的话，此时此刻，朝鲜人民会说些什么呢？如果你是大娘、小金花、大嫂，听了志愿军的话，会说什么呢？现在我想把你们分成三组，第一组同学以大娘的身份，第二组同学以小金花的身份，第三组同学以大嫂的身份，分别写一段向志愿军告别的话。”其次，引导学生学习课文，明确方法。在学生学习兴趣被调动起来后，于老师及时以与大娘分别为例，引导学生理清说话的层次和层次间的关系，并得出方法，进行细心指导。再次，及时评析，强化效果。在学生写作后，于老师及时引导学生进行评讲并朗读，抒发感情。

一组学生以小金花的身份这样叙述：“志愿军叔叔，我不是不刚强，我是舍不得让你们走哇！我妈妈牺牲以后，是你们为我报了仇。王叔叔就像爸爸一样关心我。我更忘不了罗盛教叔叔，他为了救我们的小伙伴崔莹，献出了年轻的生命。叔叔们，我长大了一定到中国去看望你们，一定为你们唱《捣米谣》。叔叔们，再见！”

这样，通过课文对应画面的想象描述，学生不仅把握了告别话语的写作方法，而且加深了对课文中心思想的理解。

四、拓展课文的情境空间

不少课文具有供读者想象的语言空间，在阅读中引导学生把握语言空间，拓展语言情境，想象语言情节，可促进学生读写能力的协调发展。在教学中，于老师善于围绕教学目标，巧妙把握教材延伸点，引导学生进行情境的拓宽、内容的延伸、情感的升华。请看《倔强的小红军》一课的教学片段——

师：同学们，陈赓找到那个小红军之后，还会说什么？还会做什么？请你们展开想象，写下来好吗？能写多少写多少。

（学生写，教师巡视指导。）

师：谁来读一读？

生：（读）陈赓把小红军抱下来，一边流泪一边说："小兄弟，我对不起你呀！"（师插话：这句话应加上"我怎么没有注意你拍干粮袋的动作呀"。）说完，他把小红军用草盖起来，向他行了一个军礼。（师插话：在"军礼"前加上"庄严的"就更好了。）

师：写得真好！陈赓一定会这样说，也会这样做。谁再来读一读？

生：（读）陈赓使劲地摇着小红军，哭着说："小兄弟，你醒醒，你醒醒。"可是小红军闭上了眼睛。陈赓把小红军放在马背上，脱下军装，盖在他的身上，说："小兄弟，等到革命胜利，我一定会把你的事迹写下来。我们会永远记住你！"这时，太阳落山了，天空出现了一片霞光。

不难看出，对课文内容的创造性延伸，对课文情境的合理性推测，使学生对课文内容的理解达到了新的高度，对课文中心思想的体会达到了新的境界。

五、迁移课文的写作知识

引导学生运用课文中的写作知识进行练笔，是阅读教学中作文训练的重要方法。在于老师的课堂教学中，类似的训练决不是简单的迁移，更不是简单的移植。他善于把握读与写的结合点，把读与写的训练融于一体。请看《月光曲》一课的教学片段——

师：体会得非常好！阅读的时候，分辨出事物和联想，对文章的理解就更深刻了。同学们，我这里还有一篇短文，写得不错，如果能适当加些联想，我想文章会更美。请你们看看能不能加以补充。

（出示短文：多美的荷花啊！碧绿的荷叶把池塘挤得满满的。白荷花、红荷花竞相开放，全开的、半开的，姿态各异，争奇斗艳。一朵刚刚绽开的花骨朵儿躲在一片荷叶后面，一只蜻蜓在上面飞来飞去。）

（学生认真读并认真修改，教师巡视。）

师：大多数同学修改好了，有的修改得相当出色。谁来读一读？

于老师请了三位学生读修改过的短文，一篇比一篇精彩。下面是其中的一篇——

夏天的一个中午，我来到池塘边观赏荷花。碧绿碧绿的荷叶像一把把撑开的伞，把池塘挤得满满的。花儿从荷叶的缝隙中伸出来，白的、红的，全开的、半开的，婀娜多姿，竞相开放。一阵风吹来，花儿摇动起来，我觉得荷花变成了小姑娘，荷叶变成了她的绿裙子，为我翩翩起舞。

一朵刚刚绽开笑脸的花骨朵儿，像一个怕羞的小妹妹，躲在荷叶的背后，一只蜻蜓在它上面飞来飞去，一会儿落在了花瓣上面。我不由得想起学过的《小池》里的诗句：小荷才露尖尖角，早有蜻蜓立上头。

该生读完这篇短文时，教室里响起了一片掌声。

在读中分辨事物与联想，在事物与联想的联系中理解内容和中心；在写作中写好事物与联想，在事物与联想中表达中心，这是阅读《月光曲》的重要目标。为此，在教学中，于老师引导学生在补充阅读中领悟写作方法，在拓展写作中消化写作方法，使读与写有机结合，达到了理想的效果。

这里以案例的第一部分为例来探析。这部分抓住“变换课文的叙述角度”这个点，先就这一方面的“理”进行阐述，讲了变换角度训练的好处及于老师在这方面的独特高招；接着具体叙述了进行变换叙述角度的训练的课例；最后对这一课例进行了简洁的评析。

以上五个小标题，围绕课堂练笔，讲述了于老师多年来在教学领域中的成功实践，五个标题涉及不同的五个方面，思路清晰，概括巧妙。

一个标题的“理”写二三百字，“例”写三四百字，“评”写一二百字，合计就是七八百字，五个标题合起来就是一篇三四千字的专题案例。关键是方法，懂得了方法，相信教师们大多能写出理想的教学案例来。

**3. 几人多课一案例，可以是专题多例式**

这类案例，不是来自一个人的教学，而是来自多人的课堂，围绕专题，把这方面几个成功的教学案例贯串起来。这类案例，选材更加灵活，思路更加开阔，思想更加自由，往往更容易出彩。

一位教师是这样撰写教学案例《精雕细琢见功夫》的——

一位善于阅读、善于思考的教师面对各种文本应该有从容驾驭的能力，应该有高屋建瓴审视文本、研读学生、预设学习流程、寻找有所为的空间的能力。此种功底和能力，名师们可谓游刃有余。

一、于永正教学“究竟”一词的片段

师：看第1自然段，"究竟"在哪句话里出现的？

生：他飞了过去，想问个究竟。

（师板书：问个究竟。）

师："究竟"在这里是什么意思？

生：明白，结果。

师：在这里"究竟"是当结果讲。谁来造一个句子？

生：姐姐的成绩一直很好，可是这次只考了60分，妈妈把她找来，问个究竟。

（师板书：看个究竟。）

生：家里来了一群人，我连忙迎上去，想看个究竟。

生：听说学校的军乐队获得了一等奖，我真想去看个究竟。

（师板书：探个究竟。）

生：听说百慕大三角非常神奇，我想去探个究竟。

师：（出示例句：①小明把家里翻了个遍，也没有找到红领巾。他自言自语地说："红领巾究竟放到哪里去了？难道丢了吗？"②咱们砀山的梨树究竟有多少棵，谁也说不清楚。）"究竟"在这两句话里表示疑问，谁能用它造个表示疑问的句子？

生：天快黑了，小明还没有回来吃饭，究竟到哪儿去了？

生：你究竟是什么人？

师：我？徐州的老头。（生笑）我写两个词：恐龙、外星人，用上"究竟"，写几个句子，一个表示疑问，一个表示结果，或者既表示疑问，又表示结果。

（生在练习本上造句。）

生：恐龙究竟在地球上生存了多少年？我真想去向老师问个究竟。

生：有些同学说，外星人在天上；还有些同学说，外星人在地下。外星人究竟在哪里？我想探个究竟，解开这个谜。

【评析：欣赏中国画讲究远观其势，近观其质。用这种方法来欣赏于老师的词语教学，更能给我们以美的享受。本教学案例中，于老师对"究竟"一词的教学细致严谨，经得起推敲和玩味。他首先请学生从文本出发，在具体的语言环境中理解"究竟"的意思；然后借助短语"问个究竟""看个究竟""探个究竟"，提示学生说陈述句；接着出示例句，引导学生说疑问句；最后提供词语，用上"究竟"写几个句子。于老师对"究竟”一词的教学环环相扣，步步为营。在教学过程中，我们的确应该像于老师一样：要么不讲，要讲就讲透彻；要么不练，要练就练到位。只有这样，才能让我们的语文教学变得丰富和深刻，变得本色鲜明、味道浓厚。】

二、窦桂梅教学《再见了，亲人》一课的片段

师：（播放课件，出示图片）这就是大娘和志愿军战士挥泪告别的情景。回首往事，情更深，意更浓，谁想和大娘“诵”别？

生：（深情地朗读）大娘，停住您送别的脚步吧！为了帮我们……

师：可是大娘怎么忍心和志愿军分别呢？我们只好请求她停住送别的脚步。谁来请求大娘？

（学生读出了“请求”的语气，读得很动情。）

师：大娘没有停下，她送了一程又一程，我们只好恳求大娘——

（学生用“恳求”的语气读，尤其是对“大娘”一词由慢到快的语气处理，很有味道。）

师：可是，大娘的脚步仍然没有停住。为了让大娘早点回家休息，万般无奈，我们的战士只好哀求她——

（学生用“哀求”的语气读，有一个学生连续强调了两次：大娘！大娘！）

师：可是尽管我们哀求大娘，她还是舍不得回去。最后没有办法，我们只好以军人的口气命令她。谁来命令大娘？

（学生用“命令”的语气读，语气坚定。）

师：是呀，我们年迈的大娘舍不得走哇！我们就这样一次次地请求、恳求、哀求，到最后只好命令。现在你想怎样向大娘送别，你就怎样对大娘“诵”别。

（全体学生带着各自的体验读出了自己的情感。）

【评析：窦老师常说，阅读要做到“读人家的书，把人家的情感变成自己的情感；读人家的书，把人家的语言变成自己的语言”。此处的朗读教学，堪称经典。在“讲亲人”（了解课文内容）的基础上“诵亲人”（朗读感悟，积累语言），在三位亲人中又重点引导学生与“大娘”告别。指导过程中，窦老师先出示图片，请学生面对着大娘，向她“诵”别。其次，反复与大娘“诵”别，由请求、恳求、哀求到命令。在对语言文字一而再、再而三的吟诵与涵泳中，对中朝两国人民不是亲人而胜似亲人的深情厚谊，学生定会铭记在心，乃至深入骨髓。最后，学生带着不同的体验各

自“诵”别。教育专家成尚荣先生发问：行进在拐点上的语文教育是用浮躁的活跃让学生习惯肤浅，还是用思维与精神的历险使学生走向博大？多么值得深思的告诫！是的，教育拒绝浅薄！在朗读与涵泳语言文字时，我们必须像窦老师一样，要么不品，要品就品个够、品出味。这才是新课标追求的境界：要温度，更要有深度！】

一节课的时间是有限的，怎样使有限的时间变得有效？在教材的处理上要学会有所为与有所不为，像名师们那样在该为的地方细细雕琢、好好品味，把不需为的割舍掉。这样，才能更有效地获取。

这种方法看似笨拙，写起来却十分方便、轻松。用他人的实例，融入自己的梳理与思考，借用名人之力，同样能写成自己的文章，何乐而不为呢？关键是要懂得方法。有了方法，撰写教学案例的难题便迎刃而解了。

## 四、教学叙事题目的拟写

何为题目？题是人的前额，目是人的眼睛。看人先看“题目”，一个人漂亮可爱与否全赖“题目”。同理，题好一半文。好的题目必须做到简洁、醒目、巧妙。简洁，能用一个字的不用两个字，能用短句的不用长句，简简单单，清清爽爽；醒目，能吸引人的眼球，使人一看题目就忍不住往下读，想看个究竟；巧妙，或用词时别具一格，或表意上高人一着，或形式上独特新颖。

题目最忌故作谦虚，如“某某浅谈”“某某点滴”之类；最忌长句甚至好几句的，一行写不下还写成两行的；最忌平淡无味的，如“某某课的教学实录及评析”，这一般只能做副标题，不适合做主标题。

精心拟题，要做到画龙点睛——或表达内容，或点明中心，或诠释教法，或体现理念，或讲究艺术，或兼而有之。

### 1. 侧重诠释教法

侧重诠释教法的题目如《于情境中识字，在品读中悟意》《依学定教捕捉难点，咀嚼探究突破关键》《想象品读延伸，体味角色形象》《入迷人境，悟撩人情》《层层剖析，化难为易》《理层次，明特点，悟品格》等。

《于情境中识字，在品读中悟意》，怎么教？情境中识字，品读中悟意。前后均是六个字，很整齐。“于”与“在”均是介词，且相对。题目从《出师表》中的名句“受任于败军之际，奉命于危难之间”脱胎出来，风格高雅而文采飞扬。《依学定教捕捉难点，咀嚼探究突破关键》谈的是文言文的教学，先让学生充分朗读，通过课文注释、工具书理解字句，捕捉难点，然后引导学生细细地咀嚼、探究、突破关键的字句，体现的是教法，一看便知道是怎么教的。《想象品读延伸，体味角色形象》，一看题目，怎么教学童话便知道了个大概。

2. 侧重内容中心

侧重内容中心的题目如《课改让人惊喜，实践催人思考》《写现场，现场写，当堂评》《理念催生实践，实践丰富理念》《和谐互动，乐于表达》《把“倾听”进行到底》《成也细节，败也细节》《关注细节，让课堂风景别样》《误中悟》等。

《写现场，现场写，当堂评》谈的是习作教学，提倡写课堂上现场的情境，在课堂中现场练写，写后当堂讲评，文章的内容中心全在文题中，且都是三个字，呈回环式，简洁醒目而韵味无穷。《把“倾听”进行到底》《成也细节，败也细节》，一看便知内容分别讲“倾听”与“细节”的，分别取自“把革命进行到底”“成也萧何，败也萧何”。

3. 侧重体现理念

侧重体现理念的题目如《多元理解，动态生成》《灵动的生成，让课堂熠熠生辉》《开放的理念，对话的课堂》《沟通合作，彰显个性》等。

《多元理解，动态生成》体现的是学生的多元解读、个性化理解、个性张扬，倡导的是课堂的相机应变、动态生成。《灵动的生成，让课堂熠熠生辉》叙述的一定是生成灵动、意外、充满智慧，使课堂光彩四射、令人叫绝。

4. 侧重艺术表达

侧重艺术表达的题目如《情境交融，百花烂漫》《给一点阳光，酿一片灿烂》《和风拂心扉，细雨润心田》《精彩纷呈，未曾预约》《不露痕迹的艺术追求》《行走诗意间》《任凭驰骋天地宽》《“诱惑”，使课堂如此美丽》《诗意的呼吸》《让课堂也来美一美》等。

一次，听了全国情境教学观摩活动中的31堂课，我深为教师们精彩的教学所折服。一家杂志社邀我写一篇述评，文章写好了，可拟的好多题目都难以囊括所有课的特点，都不理想。怎么办？看看这堂课，很美；看看那堂课，也很美。我如入姹紫嫣红、娇艳无比的百花园，于是灵机一动，采用了艺术化的手法，《情境交融，百花烂漫》这个题目便从脑中蹦了出来，情与境的交融，一切的美好都含在了“百花烂漫”之中。《和风拂心扉，细雨润心田》这个题目似乎在我们眼前展现了一首美妙绝伦的诗和一种无与伦比的情境：和风轻轻吹拂，心扉徐徐开启，细雨蒙蒙润泽，心田渐渐温润。当你看到《“诱惑”，使课堂如此美丽》《诗意的呼吸》《让课堂也来美一美》，那样浪漫的诗情，那样甜甜的美意，你如何挡得住诱惑？

## 第四节　教学论文的梳理

### 一、为什么要撰写论文

#### 1. 撰写论文是科学积累与学术交流的需要

写作，是一个民族走向文明的起点。写作不仅开发了文明，记载了文明，而且发展了文明。魏文帝曹丕把写作看作“经国之大业，不朽之盛事”是不无道理的。大到党的纲领和章程，小到个人的工作计划和总结，都离不开写作。

古往今来，从某种意义上说，科学发展的历史，就是论文积累、交流、传播和发展的历史。倘若没有论文，科学就无法积累，学术就无法交流，人类将永远处于蛮荒时代，便不可能出现今天这样科学欣欣向荣的喜人景象。古人称写作为“藏之名山，传之其人”，这是对撰写论文的意义的最好概括。

#### 2. 撰写论文是教师水平的标志

写作是开启创造力的钥匙。它不仅是对思维成果的记录，而且可以诱发创造性思维，造就创新型人才。你要想写作，就必须去学习、钻研、梳理、总结，这样知识就会更加丰富，思路就会更加清晰，认识就会不断升华，就会领悟规律，寻到门径，把握真谛。

作为新时期的科研型教师，不仅要能够传道、授业、解惑，而且要能够生产出新的科学知识，要能够推动和改进教学理论、方法策略。而这些无不与写作紧密相关。

论文是一位高水平的教师的重要标志。迄今为止，每一位能够名垂青史的大师，都写了很多论文，如孔子、朱熹、叶圣陶、夸美纽斯、杜威……哪一位不是著作等身？同样，每一位闻名全国的名师都写了大量高质量的论文。

3. 撰写论文是教师专业成长的需要

当然，写不出论文的教师水平不一定低；但能够写出一定数量、水准的论文的教师，其水平必定高。时代的脚步已行进在21世纪，在这飞速发展的知识经济时代，教育可谓日新月异。作为教师，只要放松学习，就会被时代淘汰。教师的发展离不开论文。论文写作是教师对自己教学实践、经验、成果的总结，能为以后的教学提供借鉴，同时能提高教师的专业水平。不写论文，教师的专业成长必定会受到影响，这是不争的事实。

## 二、撰写论文需要具备哪些素质

首先要改变几种错误观念：一是“教育科研神秘观”，认为教育研究高不可攀，只有专家、学者才能为之；二是“教育科研惧怕观”，怕搞科研影响教学质量；三是“教育科研名利观”，认为搞科研是不务正业、追逐个人名利的行为；四是“教育科研无用观”，认为科研无用，不搞科研照样能上好课，提高教学质量。

要想写好论文，必须做到以下几点。

1. 要有明确的奋斗目标

古语有云：“绳锯木断，水滴石穿。”荀子也说：“锲而不舍，金石可镂。”我们必须有一种不屈不挠、不达目的不罢休的信念与韧性。只要辛勤耕耘、坚持不懈，总会有收获。

冰心说得极好：“成功的花，人们只惊羡她现时的明艳！然而当初她的芽儿，浸透了奋斗的泪泉，洒遍了牺牲的血雨。”成功了，鲜花、掌声、笑脸、荣誉、赞语不断。你可知道，成功之路，几多艰辛，几多风雨，几多坎坷，几多心血……如果总是朝三暮四，那就什么也得不到。

2. 要有丰富的知识储备

源远才能流长，根深才能叶茂。

“墙上芦苇，头重脚轻根底浅；山间竹笋，嘴尖皮厚腹中空。”要想写好论文，必须有教育学、心理学、写作学等知识的积累与储备。

一朵飘浮的白云，朝朝暮暮在空中聚集着电荷，等到电荷聚集到一定的极限，白色的积云就会变成阴云，于是云层间就迸发出一道耀眼的光芒——闪电。

一位辛勤的写作者，年年月月在生活中积累着素材，丰富着积淀，随着积淀与日俱增，在一定条件下，写作者的大脑也会迸发出一种特别的光芒——灵感！

一位教师，在长年累月地实践着、思考着、学习着，积累到一定程度，也会绽放出耀眼的光芒——写出论文来。

3. **要有独具慧眼的专业洞察力**

两人同游黄山，不搞创作的人，只要自己体会到“黄山真壮丽”便成；而作家得通过对黄山的奇峰、怪石、云海、古松的形象描绘，使未去过黄山的人听了也会感到“黄山真壮丽”，有身临其境之感。这就是作家的眼睛！

万石植物园，在哲学家眼中，它是物质；在化学家眼中，它是元素；在生物学家眼中，它是物种；在园艺家眼中，它是公园；而在教育者眼中，它是育人基地！

不同专业的人看到的是不同的世界，教育者必须有自己的专业洞察力。

4. **要有一定的认识水平与表达能力**

据说鲁迅先生曾想写一篇反映红军长征的文章，而最终未能如愿。是他的写作能力不够吗？非也，是他对红军长征的认识、体验不够。

论文是教师的认识水平和表达能力的综合体现。认识水平即研究程度，因为没有研究，所以许多教师写不出论文；表达能力即文字水平，因为文字水平不高，所以许多优秀教师写不出论文。

## 三、论文的基本结构

关于文体，有人做过形象的比喻：平平常常走在路上，就像是散文；一个人忽然被推到水里，就成了小说；一个人把大地弹射到月亮里，那是诗歌。

说明文给人以知，记叙文诉之以情，议论文言之以理。

记叙文要以一幅幅绘声绘色的生活画面感染人；而论文，则要通过摆事实、讲道理令人信服。这里，事实就是材料，就是论据；道理就是观点，就是论点；摆和讲就是论证，是一种过程。论文必须做到以下三点。

一是新。要有新观点、新创见，体现出与他人的不同。

二是精。选择有创见的、精华的内容，不能如教科书般全面而系统。

三是准。定义、语言准确，忌过多的修饰、夸张。

论文的基本结构一般包括以下几个部分。

1. 序言

序言要说明研究的意义、必要性，或指出论文的研究范围、研究价值、创新的观点等。要紧扣主题，开门见山，简明扼要，二三百字即可。序言主要是提出论点。如我写的论文《既提倡真实，又允许虚构》（该文刊于《小学语文教学》1992 年第 5 期）的序言如下——

小学生的作文要真实，这是不错的，但有时要求得过分了，必须写所见所闻，写真人真事，片面性是明显的。应该说，既提倡真实，又应当允许虚构。为使文章中心更明确，内容更充实，应当允许学生对现有材料进行必要的想象、加工、完善，适当弥补事实的不足；应当允许学生将记忆中一些相关或变通可用的材料引发出来；甚至应当允许学生在观察生活、积累材料的基础上完全虚构，只要所写作文符合“艺术真实”就不应当指责。

在该序言中，我先用一句话指出问题，然后阐明中心论点“既提倡真实，又应当允许虚构”，中心论点十分明确，只有一句话。接着，用三个“应当允许”解释、说明中心论点表达的意思。

这样的序言，简洁明了，俊俏美丽，犹如“凤头”。

论点的基本要求有四点。

① 正确。观点正确，来源于事实。

② 集中。提倡一篇论文只有一个论点。

③ 鲜明。态度分明，不模棱两可。

④ 深刻。入木三分，见人所未见，说人所未说，比别人更深一层、更高一筹。

如何理解“有朋自远方来，不亦乐乎”才算深刻？一般人的理解：有朋友从远方来，不是很高兴吗？实际上，这是孔子抒发了做学问要耐得住寂寞，知己难得，知音难觅，人生得一知己足矣的由衷情怀。不是么？孔子活着的时候，周游列国，到处宣传他的政治主张、他的学术、他的教育观点，遗憾的是，他遭到的是排挤、鄙视、嘲笑、谩骂，甚至是残害，时常落到衣不遮体、食不果腹的地步。此境此况，孔子是多么希望有人理解、支持、认同自己啊！这里的“远方”不是指物理上的空间，而是指思想认识上的距离。如果有朋友能够认同、支持自己，此“乐”，是一种高层次、高境界的喜悦，是身心之悦、精神之悦啊！

我们知道，儒学是在孔子去世几百年后汉武帝时才兴起的。董仲舒弘扬儒学，司马迁撰写《史记》后，人们才非常崇尚孔子。

漫漫几百年的寂寞与不认同，有朋自远方来，多“乐”！

这样的认识才深刻！

“死生有命，富贵在天”是什么意思？一切都是命中注定，人力无法改变。多么消极啊！人应听天由命，不需要努力。真是这个意思吗？不！“死生有命，富贵在天”是一种崇高的精神境界，是我们应该永无止境地追求的境界。

死生、富贵皆是利，思想、品格才是义。一个人，在利上一无所有，即使穷困潦倒，甚至失去人身自由，但精神境界依然可以是高尚的。

利是“有待”的。你出生在亿万富翁的家庭，你出生在名门望族，你便可以轻松获利。而义是“无待”的。我们的民族历来有舍利取义、舍身求义的品格，至于那些利，那些死生、富贵，就由它去吧！这才是理解深刻！

2. **本论**

本论是论文的主体、核心、价值所在，是用论据进行论证的部分。在这部分内容中，作者应详尽阐述自己的观点，以达令人信服之目的。如果说序言是“凤头”，那本论就应是“猪肚”。下面是《既提倡真实，又允许虚构》一文的本论。

一、真实论只领会了大纲精神的一半，虚构并不违纲

大纲指出，“作文就是让学生把自己看到的、听到的、想到的有意义的内容用文字表达出来”，要“写自己熟悉的事物，表达自己的真情实感……把自己想写的事情老老实实写下来”。

大纲的这些阐述是强调真实的。但是，这里的真实并不否定虚构。这些阐述的实质是，内心怎么想，就怎么写，通过写熟悉的事物，老老实实表达自己的真实想法、真情实感。不要心口不一，心里想的是一样，笔下

写的又是另一样，即要做到平常所说的“我手写我心”。例如，对“不顾自己，一心扑在工作上”的这种精神，我十分崇敬，为了表达这个“心”，我把生活中好些人这方面的好品质、好行为集中到一个人身上，这是虚构，但我的“心”确实通过我的手，通过熟悉的生活、具体的内容真实表达了出来，没有半点儿虚假。

可见，虚构并不违背大纲强调的“真实”。大纲之所以强调写作的真实，又说以记叙文为主是有其用意的。实际上，大纲所说的记叙文是一种培养学生作文能力的练习性文体，目的很明确，就是培养学生观察、分析事物的能力和用词造句、布局谋篇的能力。培养这些能力，虚构与真实是并行不悖的，因为真实是虚构基础上的客观生活。

二、学生学习实践中，是存在虚构内容的

教科书，不论是出自名家之手，还是根据教育目的编撰的，有几篇写的是实实在在、百分之百的真人真事？再看写作练习——看图作文、仿写、扩写、续写、给材料作文，学生需要在没有亲身经历的情况下去想象人物的活动、人物的语言、人物的心理、故事发生及发展的前因后果，这不就是靠已有经验去虚构吗？再看由教师命题的作文，无论教师命题怎样考虑学生生活、学生实际，总难以囊括所有学生的真实经历，当然也就无法苛求每个学生都写出真人真事来。更何况为放飞学生想象的翅膀，我们有时还出些像《假如我是市长》《我理想中的校园》之类的题目。

让我们再看看学生习作吧，平时习作、考场作文、报刊中的学生佳作，其中很大一部分是虚构而成的。真正写真人真事的虽有，但为数不多。

可见，虚构并不神秘，并不高深，也不是作家的“专利”。它既存在于教学实际中，又存在于学生习作中，是有其生命力的。只承认真实是片面的，只有加之虚构才能全面。

三、准确把握“文”与“人”的关系实质，虚构并不影响做人

虚构是为文的一种手段、一种章法。虚构并不等于心里厌恶、反对，嘴里却说喜欢、赞成的假话；更不是无中生有，无感而写，离开生活土壤的胡编乱造。学生绝不会因为学了虚构、用了虚构就学会了说大话、假话、空话，立场观点都不正确了，文风也败坏了；也不会因为懂了虚构就在新闻体裁和应用文中肆意滥用，因为各有各的章法！

其实，一篇作文不管材料是真实的还是虚构的，只要能反映学生的内

心活动，就应当被肯定。以作文促做人，就是要从文中捕捉学生真实的思想脉络，结合作文教学对症下药，不断提高学生的认识水平，着力点应当在这里，而不应当在材料的真实与虚构上。

本论部分围绕序言提出的中心论点“既提倡真实，又应当允许虚构”分三个方面进行了详尽的论述。

分论点一：真实论只领会了大纲精神的一半，虚构并不违纲。这部分既用了理论论据（大纲的话），又用了事实论据（举例）。

分论点二：学生学习实践中，是存在虚构内容的。这部分主要以事实论据为主。

分论点三：准确把握“文”与“人”的关系实质，虚构并不影响做人。这部分用的全是理论论据。

三个分论点形成了一个体系，完整而严密地针对人们的疑问做了漂亮的回答，令人心服口服。

（1）论据的类别

① 理论论据

理论论据并不神秘。现举几例——

A. 心理学研究表明：人们通过视觉获得知识一般能记住25%，而通过听觉获得知识一般只能记住15%，假如把视听结合起来记住的不是40%，而是65%，因此，课堂上我恰当地使用多媒体……

B. 低年级学生注意力易分散，不持久，无意注意占主导地位，有意注意才初步发展，因此，我不断变换课堂节奏和形式……

C. 小学生的情感易变，不稳定，所以我“抓反复，反复抓”……

D. 语文新课标指出，阅读是学生的个性化行为，要珍视学生独特的感受、体验和理解，因此……

② 事实论据

事实论据更不难。如对同一事物，不同角色的人会有不同的思维与观点。请看不同的人对想象力的看法——

A. 法国著名作家雨果说：“最美好的莫过于创造未来的梦想。”

B. 军事奇才拿破仑说：“想象力可统治整个世界。”

C. 格林·克拉克说：“人类所有天赋之中，最像神的就是想象力。”

D. 世界著名科学家爱因斯坦说：“想象力比知识更重要，因为知识是有限的，而想象力概括着世界上的一切，推动着进步，并且是知识进化的源泉。”

军事家想到的是统治世界，科学家想到的是知识的源泉……一切皆因视域不同啊！

（2）论据的要求

① 真实。材料要真，引证要真。

② 典型。反映本质、主流，有说服力。

③ 新颖。角度要新，材料要新，不吃人家嚼过的馍。

（3）论证的方法

① 归纳法——从个别到一般

如《既提倡真实，又允许虚构》一文中的第二个分论点，先阐述了教科书中的文章存在虚构，接着谈习作练习存在虚构，然后谈教师命题学生不得不虚构，再谈想象作文必须虚构，后说学生的习作成品有许多是虚构的，最终归纳："可见，虚构并不神秘，并不高深，也不是作家的'专利'。它既存在于教学实际中，又存在于学生习作中，是有其生命力的。只承认真实是片面的，只有加之虚构才能全面。"

② 演绎法——从一般到个别

如《既提倡真实，又允许虚构》一文中的第一个分论点，就用了演绎法。其形式如下：

大前提：真实并不否定虚构。

小前提：小学生作文要求写真实。

结论：小学生作文并不否定虚构。

③ 例证法——举典型事例做论据来论证论点

如《既提倡真实，又允许虚构》一文中证明第二个分论点"学生学习实践中，是存在虚构内容的"时，所列举的教科书、写作练习、命题作文等，用的就是例证法。

④ 类比法——用同类事物作比较

如《种树郭橐驼传》，先谈种树："爱之太恩，忧之太勤。旦视而暮抚，已去而复顾。甚者，爪其肤以验其生枯，摇其本以观其疏密，而木之性日以离矣。虽曰爱之，其实害之；虽曰忧之，其实仇之。"说明要"顺木之天，以致其性"。然后谈道："然吾居乡，见长人者好烦其令，若甚怜焉，而卒以祸。旦暮吏来而呼曰：'官命促尔耕，勖尔植，督尔获，早缫而绪，早织而缕，字而幼孩，遂而鸡豚。'鸣鼓而聚之，击木而召之。吾小人辍飧饔以劳吏者，且不得暇，又何以蕃吾生而安吾性耶？故病且怠。”说明“顺民之天，以致民之性”。这样类比，最容易引起人的认可与共鸣。

⑤ 引证法

引证法就是引用教育专家的言论、教学规律等来证明自己的论点。

3. **结论**

结论是对全文的概括、归纳、总结和收尾，是关键的一笔，是对本论的强调与提高，也可提出若干与本论相关的问题、注意点等，二三百字即可，简洁、有力，好似“豹尾”。下面是《既提倡真实，又允许虚构》一文的结论。

值得注意的是，允许虚构，并不是必须虚构，以虚构为主。应当紧紧围绕作文目的，一切为目的服务。有的题目本身就做了真实性的规定，那是无法虚构的。

4. **题目**

题目要能概括内容或中心，要简洁、巧妙。如果要用一个比喻，那就是“龙眼”了。

题目是需要锤炼的。我写的《既提倡真实，又允许虚构》这一题目是经过一番琢磨的。最早，题为《难道不可以虚构吗?》，因为总有一种强烈的情感，不吐不快。后来想想，用反问句，气势是咄咄逼人的，不妥，于是改为《完全可以虚构》，将反问句改为陈述句，语气缓和了许多。但又一想，是“完全”吗？太绝对了！于是改为《应当允许虚构》，应该说表意准确多了。但又想，那写实居于什么位置？于是又改为《可写实，也可虚构》。哎呀，二者不是并重了吗？写实应当是更重要的，于是又改为《提倡真实，允许虚构》，一想，不行，这样写实的分量太重了，本文强调的可是虚构，怎么办？于是，加上了一个表示并列关系的关联词“既……又……”，重点强调后者，最终敲定为《既提倡真实，又允许虚构》。

## 四、教学研究的过程

名曰写论文，实际上是在做研究。从来就不存在单纯的论文写作，写作与研究是一对孪生兄弟，二者难舍难分。

1. **选题**

（1）来源

一是从教育弊端入手。弊端之所在，课题之所存。

二是从理论文献入手。理论上的空白点、差异处或交界处，往往是课题产生之地。

三是从实验专题入手。实验往往会产生新的问题，抓住新问题便是好课题。

四是从会议活动入手。学术会议往往是最新信息交流传播的最佳平台，用敏锐的眼光细细捕捉，往往在选题上会有意想不到的收获。

（2）标准

① 新颖。新颖是课题的生命。人云亦云，拾人牙慧，永远也写不出好论文。为出新颖，要善于触摸语文教学发展的脉搏。20 世纪 80 年代初，强调的是重视“双基”、发展能力、培养智力；20 世纪 80 年代中期，强调的是对非智力因素的培养，既重智商，又重情商；20 世纪 90 年代初，强调的是目标教学、学法指导、愉快教育；20 世纪 90 年代中期，强调的是语言文字训练、素质教育；20 世纪 90 年代末，强调的是创新教育；21 世纪初，基础教育改革风起云涌，各种理念异彩纷呈……触摸这个时代的心跳，就能站在时代的前列，明方向，出见地。

② 价值。一方面是学术价值，对理论的发展具有促进作用；另一方面是应用价值。有人研究杨贵妃入宫前是否是处女，研究给杨贵妃修脚的师傅尸骨如今何在，这有什么价值？这种研究无疑是徒劳的。

③ 兴趣。兴趣是一种不竭的内驱力。做感兴趣的事永远不累，做无兴趣的事让人味同嚼蜡。我曾对辩证唯物主义甚感兴趣，于是，便着力研究如何在语文教学中渗透辩证唯物主义启蒙教育，颇有收获。

④ 可能。如果定的目标高不可攀、远不可及，就等于没有目标。在研究作文是否可以虚构时，我对文法深有感触，所以在谈及虚构时，便能一下子抓住本质——虚构是一种为文的手段，决不会因为虚构而影响做人。这就为研究提供了可能。

（3）要求

选题的要求若用一句话来说就是“宜小不宜大”。要“小题大做”，抓住一点，不及其余；要窥一斑而知全豹，以一目尽传精神；要旁敲侧击，巧辟蹊径。

有人的论文题目为《谈谈作文教学》，我问他："你是谈大学的、中学的还是小学的?"他说："我是小学教师，当然谈小学的。"我又问："作文有命题作文、给材料作文、看图作文，你谈哪一类?"他说："我谈的是命题作文。"我再问："命题作文有备课、指导、批改、讲评，你谈哪一点?"他说："我主要谈作文的讲评。"我说："那就对了，你把题目改为《小学作文讲评的几种策略》是不是更好一点儿？原来的题目太大了，完全可以写成几部书，我们力不能及。"

有人的论文题目为《唐诗研究》，太吓人了！唐诗除了经典的三百首外，还有成千上万首，作者流派无数，怎么研究？光李白、杜甫就够你研究一辈子的了。

有人的论文题目为《重视课堂提问的答后评》《试析课后作业的编者意图》，这样的题目小而巧，研究起来容易上手。

2. **集材**

什么是研究？有人说研究就是收集、整理材料。教学研究需要大量的材料。要研究某一问题，必须全面收集那个领域的材料，要摸清这一问题的渊源、发展、结果及前沿研究状况。这样才能避免重复劳动、人云亦云，才有可能立潮头、出见解。

诗人说"功夫在诗外"；兵家说"养兵千日，用兵一时"；演员说"台上一分钟，台下十年功"；我们说"写就一篇论文，准备的功夫是相当重要的"。

曾有权威机构对世界百位著名科学家的论文写作进行调查研究，数据统计表明：这些科学家收集材料花费了50.9%的气力，做其他事情（包括计划、思考、撰写论文）花费了49.1%的气力，可见收集资料很重要。收集资料必须做到以下几点。

(1) 目标集中，博览精摘

要围绕目标，反复阅读、摘录、思考。要做到占有之、审问之、深思之、明辨之。

(2) 掌握方法，多方积累

购书、订阅报纸杂志、复印、做剪报、做卡片笔记、下载收藏、编制索引等都是收集材料的有效方法。

（3）吸收转化，为我所用

葡萄酒之所以芬芳酽醇，是因为人们用大量的葡萄酿就；椴花蜂蜜之所以甘甜香浓，是因为辛勤的蜜蜂广采了千棵万棵椴树的花粉。科学家做过统计：一只蜜蜂要酿出一千克的蜜，要飞行30万千米，采1200朵花的花蜜，还要把胃里的花蜜吐给另一只蜜蜂，重复多次，这样花蜜才能转化为蜂蜜。

多读书，常读书，长年累月不忘读书，时时注意内化吸收是写好论文的必由之路。

3. **立论**

收集了大量的材料之后，要对材料进行多层次、多角度的分析概括。要将各种材料一一铺展于桌面，反复锤炼、琢磨、归类、分离、梳理；运用教育学、心理学、逻辑学等知识，把各类材料联系起来分析、比较，并结合自己的体会反复思考、权衡、扬弃，形成自己的观点，最后尝试一言以蔽之。这就是立论。

我在撰写《既提倡真实，又允许虚构》一文时，就广泛收集了多年来关于真实与虚构的观点，经过反复思考、锤炼，最终形成了自己的新观点。立论必须注意做到以下几点。

（1）抓住本质，提炼精华。

（2）小题大做，以小见大。

（3）大中取小，集中一点。

（4）由此及彼，类比推理。

（5）解放思想，推陈出新。

4. **拉纲**

拉纲就是围绕中心论点，安排论据论证的纲目。纲如屋架，对成文至关重要。好纲是写好论文的基本保证。拉纲应做到以下几点。

（1）分类清晰。即分类需要有一个统一的标准。如有人把战争分为游击战争、正规战争、陆地战争、海洋战争、空中战争……因标准不一，混作一团。毛泽东把战争分为正义战争和非正义战争两类，逻辑就十分清楚。

（2）穷尽。即要尽量穷尽事物的各个方面，不遗漏，尤其不遗漏重要的方面。

（3）体系严密。一个好的提纲，就是一篇浓缩的论文，就是一个完美的体系。

下面是一些比较好的提纲。

| 论文题目 | 纲目 |
| --- | --- |
| 《解诗题　明诗意　悟诗情》 | 一、知诗人，解诗题<br>二、抓字眼，明诗意<br>三、想意境，悟诗情 |
| 《阅读教学要做到“四心”统一》 | 一、作者的心<br>二、编者的心<br>三、教者的心<br>四、学生的心 |
| 《作文前的“五想”》 | 一、写作范围往大处想<br>二、选择材料往新处想<br>三、确定中心往深处想<br>四、拟定题目往小处想<br>五、文章构思往妙处想 |
| 《教学〈琥珀〉抓“六巧”》 | 一、事发时间巧<br>二、两物相碰巧<br>三、松脂滴得巧<br>四、地壳变动巧<br>五、海浪推得巧<br>六、渔民父子碰得巧 |
| 《〈穷人〉教学建议》 | 一、渔家处境，讲透一个“穷”字<br>二、西蒙死去，突出一个“惨”字<br>三、收养孤儿，理解一个“熬”字 |
| 《喂奶的启示》 | 一、启示之一：“奶水要足”<br>二、启示之二：“奶质要好”<br>三、启示之三：“喂要得法”<br>四、启示之四：“断要及时” |

看了这些好提纲，你一定不觉得写作是一件难事了。

5. **拟稿**

有了论点与提纲，接下来就是行文了。这时作者的思维最为活跃，最为明晰。许多新的想法和原来的想法不免发生矛盾，这个想法和那个想法也许会接不上头，原来自以为明确的东西又会变得紊乱模糊，甚至是错误的。各种新的思想闪闪发亮，纷至沓来，并且重新调整顺序，有的从前跑到后，有的从后窜到中央；有的隐去，有的凸显，有的被重新修正。作者的酸甜苦辣交织在一起，投入时，会有一种忘我之感。拟稿时须注意以下几点。

（1）语言要严密

不严密的语言，如“我们反对传统教学那种填鸭式的教学方法”，难道传统的教学方法都是填鸭式的吗？如“我们反对过去不重视思想教育的方法”，过去都不重视思想教育吗？如“我们反对过去那种死记硬背的方法”，过去用的都是死记硬背的方法吗？言过其实了。

为了使语言更加严密，我们可以添加适当的修饰语与限制语，如“个别情况”“某种意义”“目前看”“迄今为止”“不完全统计”“笔者所知”“如果情况属实，那么……”等。

（2）注意构段要求

① 统一完整的规范段。一个段落表达一个意思，完整清楚。如《既提倡真实，又允许虚构》一文的第一个分论点，有论点、论据、论证，集中表达了一个意思：真实论只领会了大纲精神的一半，虚构并不违纲。规范段既有利于作者清楚表达自己的观点，也有利于读者阅读理解。

② 段中主句显示段旨。全段围绕表现该段主要意思的主句展开。这个主句通常在段首，如《既提倡真实，又允许虚构》一文的第三个分论点。也有的主句在段中，如《既提倡真实，又允许虚构》一文的序言主句为“应该说，既提倡真实，又应当允许虚构”。还有的主句在段末，如《既提倡真实，又允许虚构》一文的第二个分论点。

③ 叙议推进。就是叙述与议论相辅相成，叙议交替，融合推进。

6. **改定**

“两句三年得，一吟双泪流”“吟安一个字，捻断数根须”“文章不厌百回改”等都强调了修改的执着与重要性。修改论文可从以下几个方面入手。

（1）从论点上改。论点是统帅全文的灵魂。修改时主要看论点是否站得住脚，是否挖掘得深，是否存在片面或错误的认识，中心意思是否突出，分论点之间是否分类清楚，排列是否合理等。

（2）从材料上改。主要看材料中的观点是否统一，材料的数量是否足够，材料是否真实可靠，材料是否新颖典型等。

（3）从结构上改。主要看布局是否合理，文章是否完整，安排是否妥当，逻辑是否清楚，论述是否严密、连贯、通畅等。

（4）从语言上改。主要看用词是否准确，表意是否明白，句子是否规范，层次是否清晰，语言是否简洁，主句是否概括出了段旨等。

语言是思想的外衣，准确、生动、简洁、清新的语言能为文章锦上添花，切不可小视之。

第二章

# 教学特色的把握

# 第一节　把握焦点，构建特色课堂

自新课程实施以来，教学实践中的焦点问题不少，正确认识和处理这些焦点问题，是上好课、上出特色课的关键。

## 一、培养创新思维的途径与策略

**问**：新课程强调培养学生的创新意识、创新能力，发展学生的创新思维，然而由于学生的年龄、身心特点、思维水平相仿，所以其思维角度和思维结果也相近，容易形成思维定式。那么，在实际教学中有哪些具体途径与策略能有效地帮助学生打破思维定式，形成创新思维呢？

**答**：的确，基于年龄特点、思维习惯等原因，学生容易形成思维定式。打破思维定式，引导学生形成创新思维的方法是多种多样的，这里主要介绍三种方法。

一是限制。限制指教师通过设置限定条件，激发学生的创新思维。如用“跳”字组词，当第一位学生说出“跳高”后，其他学生会说出“跳远”“跳绳”“跳皮筋”等词。如果说组“跳高”尚有较高的思维价值，那么，组“跳远”则思维价值锐减，组“跳绳”“跳皮筋”则一减再减。这时教师可以要求学生不组意思为用脚跳的词。这一限制促使学生另辟蹊径，立即说出“心跳”“眼跳”“脉搏跳”等词。从“心跳”到“脉搏跳”，思维又从创新走向了从众。这时教师可以再次限制，问学生能否组与人无关的词，学生立刻会拓展出新的领地，说出“狗急跳墙”“跳板”“跳跳球”等词。

二是引导。引导指教师启发、点拨，引领学生不断拓宽思维领域、拓展思维空间，是培养学生创新能力的一种方法。举一简单例子，如教师出示“一（　　）水”，让学生填量词，学生脱口而出“杯”“瓶”“桶”“碗”。这时，教师这样引导：“这些都是常用的容器，有没有非常用的容器呢？于是，学生说出“缸”“锅”“瓢”“钵”。教师再引导：“这些容器的质地都比较坚硬，有没有质地较软的容器呢？”学生又说出“包”“袋”

“盒”等。教师又引导：“有没有比较特殊的自然些的容器?”学生说出“池”“潭”。教师又引导：“有没有不用容器而处于自然状态的呢?”学生说出“滴”“滩”“洼”“江”。教师再引导：“能否说些与人有关的呢?”学生兴奋地说出“口”“捧”“脸”。教师再一次引导：“能否说些与重量、体积有关的呢?”学生豁然开朗，争先恐后地说出“克”“千克”“吨”“升”“毫升”等。

引导，使学生有柳暗花明之感，使学生的思维之舟乘风破浪，驶向新的领地!

三是穷尽。穷尽就是完整周密地考虑事情的方方面面、各种可能，进行各种组合。它也是培养学生创新能力的有效途径。如谈论“开卷有益”，如果大部分学生只是举出一些事例说明读书的好处，就显得思维狭窄、单一、僵化了。教师可启发学生从卷、人、时间等方面去穷尽、组合。如卷有好坏深浅之分；人有好坏之分，水平也有高低之分；读书还得科学地选择时间。好人读好书，受益良多，好人读坏书未必变坏，因为毒草可以肥田；坏人读好书，有时未必受益，坏人读坏书，乃雪上加霜；高水平的人读太浅显的书，未必受益，低水平的人读太深奥的书，可能无益……诸如种种，只有穷尽各种可能，才能使学生的思维由单一变为发散，由平面变为立体，由一元变为多维。

穷尽，促使创新之花尽情绽放!

## 二、拓展延伸如何把握与实施

**问**：新课程倡导收集和利用各种信息，开发课程资源，倡导对课文内容、教学内容的前后联系和补白想象，教师们称之为“拓展延伸”。那么，进行拓展延伸时应注意和把握些什么呢?

**答**：拓展延伸的确是新课程倡导的一个理念，它对丰富课程资源、放飞学生的想象力、张扬学生的个性、培养学生的信息处理能力有积极的作用，教学时要注意以下三点。

一是寻觅“质地”。不是所有的课文、所有的教学内容、所有的课堂都要拓展延伸，都可以拓展延伸的。一定要看教材内容有无拓展延伸的必要，如果做了无益，甚至阻碍教学，就不要去做。这里重点强调的是，要分析教材内容的“质地”，看它是不是拓展延伸的那种“料”。

如一位教师教学《画家和牧童》一文时，在学生读懂课文的基础上出示“（　　）的戴嵩”“（　　）的牧童”，让学生小组讨论交流后进行填空，并从文中找出依据。学生思考后纷纷说：是“著名”的戴嵩，从“一会儿浓墨涂抹，一会儿轻笔细描，很快就画成了”可以看出；是“谦虚”的戴嵩，从“和蔼”等词可以看出；是“惭愧”的戴嵩、“粗心”的戴嵩、“大方”的戴嵩……。牧童呢？是“聪明”的牧童、“细心”的牧童、“大胆”的牧童、“不知天高地厚”的牧童……所有的观点均是从文中一一抽象出来的，所有的依据均来自课文中的语言材料。这里，画家和牧童是立体的人物，不同的词句表现了他们不同的特点，所以这篇文章具有多元理解、拓展延伸的“质地”。这种拓展延伸源于课文又高于课文，有利于促使学生细细地读书、思考，细细地品词析句，多维地拓展思维空间，也有利于学生扎扎实实地提高知识水平、发展语言能力。

只有准确地寻觅到拓展延伸的“质地”，找准拓展点，才能避免画蛇添足。

二是紧扣文本。一为紧扣文本的语言，以促进语言学习。如教学《画家和牧童》一文时可采用这样的方法。二为紧扣文章的主旨。如一位教师教学《浅水洼里的小鱼》一文，课末进行拓展：“此时，你想对小鱼说些什么?”学生纷纷指责：“小鱼不应贪玩，以致被海浪冲上浅水洼。”“小鱼不应乱跑，要遵守纪律。”“小鱼不应离开妈妈独自乱闯。”“小鱼不应不听妈妈的话……”课文的主人公是小男孩而非小鱼，课文的主旨是赞赏小男孩珍爱生命的举动与精神，而非小鱼的种种“不守规矩”。这样的拓展延伸偏离了课文的主旨，失去了意义。

三是收放适度。拓展延伸不是越多越好、越深越好，要依据学生的年龄特征与知识水平，依据教学内容的要求与程度，拓展有度，适可而止。否则，不仅超出学生的知识水平与能力，而且会占用大量的课堂时间，影响教学任务的完成。那种不加选择地从网上下载资料，把课堂变成资料展厅，因收集、交流课外资料而浪费大量宝贵时间的做法应当废止。

### 三、课堂表演有哪些形式

**问**：课堂表演因能活跃课堂气氛、激发学习兴趣、唤醒学生体验、展示学生个性，而为广大教师所喜爱，被教师们广泛应用。当前课堂表演有哪些形式？应如何看待和设计课堂表演呢？

**答**：语文新课标强调加强语文实践，强调让学生在感兴趣的自主活动中提高语文素养。为活跃课堂气氛，唤醒学生体验；为激发学习兴趣，展示学生个性，满足学生好动、好表现的心理需求；为培养学生的参与意识、合作意识、竞争意识，我们往往采用模拟表演这一学生喜闻乐见的形式。好的课堂表演充满生命活力，对兴趣的激发、内容的理解、情感的体验、认识的提升等具有积极的作用。

当前的课堂表演取得了良好效果，也出现了值得反思的问题。

综观课堂表演的形式，大致有以下几种。

1. **标签式表演**

只是给角色配上头饰等道具，让学生识字、读书，这近似于贴标签，主要起标明角色的作用。这种表演，对低年级学生适当采用，具有一定效果，若经常使用，则会使学生兴致索然。比起道具制作的“艰难”，其效益可谓事倍功半。

2. **技巧式表演**

根据课文内容、故事情节、角色形象进行表演，注重的是角色相似度和表演技巧熟练度。虽然这样的表演对理解课文、入境悟情有一定的促进作用，但如果处理不好，就会变成一种学习语文外在的“演员”式表演，像是上表演课，以表演为主要目的，而不是以学语文为主旨。

3. **无意义表演**

这种表演不合时宜，会破坏课文的本来意境和气氛，亵渎课文的情感格调，主要有以下几种情况。

(1) 演陶醉之形，有悖于陶醉之神

这种表演只顾形似而不求神似，只演了皮毛，而未触及本质，结果事与愿违。

如《全神贯注》一文中写法国大雕塑家罗丹全神贯注地修改雕塑时有这样几句话：“罗丹越干越有劲，情绪更加激动了。他像喝醉了酒一样，整个世界对他来讲好像已经消失了……对着女像痴痴地微笑。”

教学时，教师让学生表演“喝醉酒”和“痴笑”的样子。学生踉踉跄跄，摇头晃脑，又是打醉拳又是舞醉棒，还吐了满地“污物”，然后呆呆地傻笑。观看的学生嘻嘻哈哈，乐作一团。试想，这样的表演意义何在？此醉非彼醉啊！

（2）演悲愤之境，亵渎了悲愤之情

这种表演试图创设情境，引导学生入境出情。然而因其境难以通过表演而入，往往把令人动容之情变得滑稽可笑。

如《为中华之崛起而读书》一文，有一段内容大致是，一位衣衫褴褛的中国妇女的亲人被洋人的汽车轧死了，她无助地哭诉，洋人却得意扬扬地站在一旁。多么令人悲愤的场面啊！原因就是“中华不振”。

一位教师让学生穿着破烂的衣衫，坐在地上一把眼泪一把鼻涕地大喊大哭，荒诞的表演、滑稽的动作，引得其他学生哄笑不止，这样的表演，与课文中的气氛严重相悖。

（3）演对比想象，破坏了对比之境

想象往往高于现实。想象是无限的、美丽的、神奇的，若去表演那些不适合表演的想象，就会使想象变得十分蹩脚。

《一个中国孩子的呼声》一文中有这样两段内容——

①两年多来，我们全家沉浸在失去亲人的巨大悲痛中。我至今都忘不了，爸爸临上飞机前对我和妈妈那深情的目光。他说：“孩子，等爸爸回来，我一定送你一顶‘蓝盔’。”②我们与爸爸相约，等爸爸凯旋的那一天，我们要带着最美的鲜花迎接他。

③现在这顶蓝盔回来了，但它是钉在爸爸的灵柩上回来的。④我们如约捧着鲜花，接到的却是爸爸那覆盖着国旗的遗体。鲜血染红了他的征衣，腕上的手表浸满了凝固的血。爸爸的嘴张着，仿佛在呼唤着什么。

一位教师让两个男生分别扮演爸爸和孩子，让一个女生扮演妈妈，想象表演爸爸凯旋的情景：妈妈和孩子手捧鲜花，一家三口欢呼雀跃，热情拥抱……结果学生忸怩的表演、生硬的动作，惹得全场捧腹大笑，把前面悉心营造的悲情氛围全然断送，之后，学生再也进入不了文中的意境。

而另一位教师并未让学生表演，而是在学生深情朗读的基础上，出乎意料地引导学生变序为①③、②④连读，读着读着，学生无不动容，满堂呜咽……

（4）演高人妙招，贬低了高人绝技

一切的表演都必须服务于语文学习，表演必须选择合适的内容。课文中的一些情景和独特“绝活儿”是无法表演的，对此，可通过朗读、想象、类比、观看资料等方法来理解。如若不恰当地表演无法表演的内容，就会弄巧成拙。

《刷子李》一文中有这样一段描写刷子李绝活儿的话："只见师傅的手臂悠然摆来，悠然摆去，如同伴着鼓点，和着琴音，每一摆刷，那长长的带浆的毛刷便在墙面啪地清脆一响，极是好听。啪啪声里，一道道浆，衔接得天衣无缝，刷过去的墙面，真好比平平整整打开一面雪白的屏障。"

课堂上，教师让学生表演刷子李刷墙的绝招，只见学生始终伸直两只手臂，僵硬而机械地摆来摆去……不演倒好，一演则让刷子李的形象一下子跌入深谷——原来绝活儿不过如此！

试想，天下只有一个刷子李，那绝活儿也是他独有，若随便一个从未做过刷墙活儿的学生也能表演，那还算什么绝活儿？

（5）演简单动作，忽视了内涵体味

有的课文，虽然文字简单易懂，但是内涵丰富。这类课文，若进行表演或限于表演，就难以深入内里，体味内涵，就容易流于肤浅。

《最后一头战象》一文中有这样一段描写——

它（嘎羧）站在江滩的卵石上，久久凝望着清波荡漾的江面。然后，它踩着哗哗流淌的江水，走到一块龟形礁石上亲了又亲，许久，又昂起头来，向着天边那轮火红的朝阳，嗷——嗷——发出震耳欲聋的吼叫。这时，它身体膨胀起来，四条腿皮肤紧绷绷地发亮，一双眼睛炯炯有神，吼声激越悲壮……

一位教师让学生着重表演"久久凝望""亲了又亲""嗷嗷吼叫""身体膨胀""眼睛炯炯有神"等，而忽视了引导学生品味其中的深厚内涵，学生只是在文本表面走了一遭，收获的只是皮毛。

**4. 品读式表演**

这是理想的表演模式。这种表演设计时就把表演与理解课文内容、学习课文语言、体会角色情感、认识角色特点结合了起来，以学习语文、提升学生的语文素养、促进学生的发展为第一要务。

如一位教师在教学古诗《小儿垂钓》时，在学生基本读懂诗意的基础上，让全班学生扮演"小儿"，自己扮演"路人"。稚子侧坐垂钓，路人大声借问，稚子急遥招手、不应。然后师生互换角色表演。

通过表演，学生在兴趣盎然中进一步理解了"垂纶""侧坐""借问""招手""不应"等词语，理解了谁问、谁怎样招手、为什么不应，理解了诗中的倒装句式，取得了良好的效果。

如果在教学《狐狸和乌鸦》一文的重点段落时，运用模拟表演，则既能创设情境，又能突出语文学科的特点。

首先，由教师扮演狐狸，全体学生扮演乌鸦。“狐狸”说了两次好听的话，“乌鸦”均不作声，只是看了“狐狸”一眼。“狐狸”问：“你为何不作声，只是看我一眼？心里想些什么？”“乌鸦”答：“你说的都是假话，一作声，我嘴里的肉就掉了，我可不上当。看你一眼，是因为你问我的孩子好吗，说明你有点儿关心我的孩子。”

接着，在充分朗读狐狸第三次说的话的基础上，让学生小组合作分角色表演，然后从中推选优秀者上台表演，要求其他学生做“法官”，来评判“狐狸”和“乌鸦”的言行。示范表演结束，“法官”纷纷发言：“狐狸说的是假话，乌鸦的羽毛黑不溜秋的，一点儿也不比麻雀美。”“乌鸦的嗓子沙哑，叫声像号哭，挺难听的。”“狐狸的目的是吃到肉。”“乌鸦爱听好听的话，自作自受……”

然后，教师问“乌鸦”：“听了‘法官’的话，你心情怎样？”“乌鸦”悔恨地说：“我真后悔，也恨我自己爱听好听的话，丢了肉，让孩子挨饿。我真糊涂，真是后悔莫及……”这样，学生如身临其境，情绪高涨，加深了对语言文字的理解、思考、感悟，提高了语言表达能力。

## 四、生成性教学如何捕捉与催生

**问**：实施新课程，不仅需要预设，更需要生成。但生成往往是不可预见的。到底怎样的教学有利于生成？教师应如何引导学生生成？

**答**：预设与生成既是矛盾的，又是统一的。看似无法预见的生成往往寓于独具匠心的预设之中，没有精心的预设，肯定不会有好的生成；同时，紧抱教案，不善于把握生成点，同样不会有精彩的生成。促成有效生成的因素有很多，这里主要说三点：一是仔细倾听，二是相机引导，三是撞击火花。

作为学生学习的组织者、引导者、合作者，教师要真诚地倾听学生在课堂上的声音，尤其是谈见解、说感悟、答问题的声音；要善于察言观色，仔细观察学生在课堂上的言谈举止，尤其是心灵之窗——眼睛中蕴含的意味；要通过倾听与观察，及时、敏锐地捕捉学生奇异的反应、闪光的思维、独特的思想，恰到好处地引发、催生、助长，使其大放异彩。

如教学《狐狸和乌鸦》一文时，教师让学生自读课文，读着读着，一名学生目光一闪，欲言又止，教师觉察到学生的这一神情后及时地问："你有什么要说的吗?"这名学生站起来，激动地说："课文中说'乌鸦正站在树枝上，嘴里叼着一片肉'，既然乌鸦已经飞到窝旁的树枝上，为什么不到窝里去喂孩子，偏要等狐狸来骗自己?"这么一说，学生纷纷附和："对呀，小乌鸦一定会哇哇大叫，等着妈妈喂食，乌鸦妈妈怎么会有心思跟狐狸聊天呢?"在这一过程中，教师真诚地倾听，迅速地思考、判断、应对："说的还真有点儿道理，你们觉得课文内容不妥，那有没有更好的写法呢?"得到了鼓励，学生情绪更加高涨，小组讨论热烈而深入，最后形成一致意见，改为："乌鸦飞累了，停歇在半路的一棵树上，心里很高兴。一只狐狸跑过来……"

这一美妙的生成，就是教师敏锐观察、细心分辨、激励引发、相机诱导的结果。

## 五、"超标发展"却又美中不足怎么办

**问**：新课程提出"下要保底，上不封顶"的要求，我们发现有的学生"保底"处尚未达标，"不封顶"处却闪闪发光，十分精彩，对此当如何评价?

**答**：的确，学生是一个个活生生的个体，并非每个人都能整齐划一地先达到"保底"要求，再向"不封顶"方向发展。有的学生虽然达到了"保底"要求，却是低水平的；有的学生虽然未达到"保底"的硬性要求，但"不封顶"处有许多璀璨夺目的亮点，令人惊叹。

一年级有一道《小鸡吃虫子》的看图写话题，A生这样写道："春天，两只小鸡在吃虫子。"既无语病，又无错别字，也无标点问题，达到"保底"要求，教师给他满分。B生则这样写道："春风轻轻地吹着，两只小鸡告别鸡妈妈出门散步。走着走着，它们发现草丛中有一只蚯蚓。它们飞快地冲过去，一人刁住一头，拼命地你争我抢，都想独吞这蚯蚓。蚯蚓拼命挣扎，大声呼喊：求求你们放了我吧，我也是庄稼的好朋友啊……话还没说完，一下子被扯成两半，成了两只小鸡的美餐。"这段话，因为有几个错别字，标点也有几处错误，因此被扣了20%的分数。

分数的枷锁严重地制约了我们的课堂，捆绑了我们的教学，压抑了学生的思维，扼杀了学生的创造力。难怪学生年级越高，想象力越弱，写出的习作越缺乏童真童趣、灵性与个性。显然，B生在个性、想象、思维、

语言等各个方面都远远优于A生，其整体素质远远优于A生。

如果说一定要评分的话，B生写的话虽然在错别字、标点，甚至在逻辑层次等“保底”方面有些不足，但其在“超标发展”方面是应当得到赞赏的。

## 六、提倡个别朗读，传统的齐读还有必要吗

**问**：如今，朗读教学逐渐受到重视，课堂上朗读的时间越来越多。然而在新课堂中，齐读几乎成了语文课堂的忌讳。人们对齐读的指责颇多，诸如，将不同个性、不同水平、不同体验的学生捆在一条绳索上，一致的速度，整齐划一的音调，压抑个性，扼杀生机；不能读出个性，不能读出感情，不利于学生掌握朗读技巧，容易使学生鹦鹉学舌、滥竽充数……因此，很少有教师在课堂上让学生齐读，齐读几乎被撵出课堂。你对此有何看法？

**答**：与齐读相对的是散读和个别朗读（以下简称“个读”）。其实，它们只是朗读的不同形式，各有所长。它们适用于不同对象、不同场合、不同体裁、不同情境，有时单独运用为好，有时交替进行为佳，而且会时时变化。经过长时间的专项调研，我们认为齐读有独特功效，不可或缺，不可替代，是朗读训练的基本形式之一。

第一，齐读有利于扶优携差。齐读，顾名思义，就是全体学生整齐、等速地进行朗读。虽然学生之间存在差异，但总的来看，同一班级的学生年龄相仿，身心特点相似，已有经验相近，语文水平大致相当，朗读水平也比较接近。这使得他们在齐读时，主流上能够读通顺，甚至能把握节奏，悟出情感，读出意味。在齐读的过程中，中等及以上的学生（以下称“学优生”）唱主角，起着支撑和领导的作用，而中等以下的学生（以下称“学困生”）恰似演唱中的配乐，配乐对演唱具有重要的辅助作用。同样地，齐读对学困生具有重要的扶助、牵引作用。

可见，齐读为全体学生的朗读实践提供了机会，具有扶优携差、共同提高的作用。我们都有这样的经验，对于一首新歌，跟着哼下去，跟几遍也就会唱了。若一开始就让你单独唱，不是唱不下去，就是唱走调。朗读课文何尝不是如此？调查发现，学优生在齐读中唱主角，较有成就感；学困生在齐读中能将课文读通顺，时时受到情感和气氛的熏陶，同样具有成就感。可见，齐读不仅不会扼杀学生的个性，反而能促进学优生和学困生

在各自的基础上更上一层楼。

第二，齐读有利于面向全体。个读往往是一人读，众人听。虽然教师也布置听的任务，如听哪儿读得好，哪儿读得不好，或提出一些要求，如理解词句、内容、情感等，但相当部分的学生感觉自己只是听者，与朗读关系不大，不需要集中注意力。朗读者读得出色，听者虽然感觉不错，但因没有朗读的实践训练，自己还是读不好；若朗读者读得不好，听者更是白费时间。有时朗读者读的情况，与其说是让师生评价，不如说是让大家“挑刺”。在这种情况下，朗读者心理之弦紧绷，朗读水平往往不能正常发挥，无法得到有效的提高。难怪许多学困生不敢朗读，即使学优生，也有相当一部分不愿朗读，尤其是高年级学生。过多采用个读造成的结果是，个读的时间越长，多数学生读书的实践就越少；被动听读的学生越多，单位时间内的朗读效率就越低。

我曾做过统计，不少课堂上学生朗读的时间长达15～20分钟，遗憾的是，将近一半的课堂时间往往被三五个人霸占，而近90%的学生没有开口的机会，未读一字一句。仔细观察就会发现，只要齐读，全班学生立即就会振作起来，注意力特别集中，投入时声情并茂——因为全体都参与了朗读。

第三，齐读有利于入境悟情。有人说，歌声给人的记忆是永久的，尤其是那些自己熟稔于心的歌声；同样，朗读给人的震撼也是永久的，尤其是那些自己参与齐读产生的共鸣之声。齐读犹如大合唱。试想一下，一首优美的歌曲，是听别人唱难忘，还是自己参与合唱记忆深刻？同样，一篇优美的文章，听别人朗读与自己参与齐读，其投入程度、领悟的情感是完全不同的。我们曾精选30篇课文的精彩片段，如“董存瑞舍身炸暗堡英勇献身”片段、“战士们为邱少云报仇”片段、“黄继光挺身挡枪口”片段……分别让学生个读和齐读，静静观察全班学生的表情后发现，齐读时，那或浑厚或铿锵或深情的集体共鸣，那创设的独特情境，远比个读更具感染力。

此外，齐读是将个人的声音汇集成一种集体的心声，犹如涓涓细流涌入江河大海。齐读中那宏伟的气势、激昂的声音、一致的步调、特殊的意境，往往是个读无法比拟的。它使人觉得自己就是集体旋律中的一个音符，是集体的主人，从而达到一种从声音和谐到情感和谐再到心灵和谐的效果，有利于鼓舞集体士气，发扬团队精神。

## 七、张扬个性，偏离导向怎么办

**问**：语文新课标指出，阅读是学生的个性化行为，要尊重学生独特的感受、体验和理解，提倡多角度、有创意地阅读。课堂上，教师想方设法调动学生的积极性，打破学生的思维定式，鼓励学生多元体验，学生虽然思维活跃、富有创意、无拘无束，但时常偏离课文在一定背景下表达的情趣意旨，应该怎么引导？

**答**：教师要倡导、鼓励学生的个性化理解，但不可以信马由缰，需要有一定的价值导向。对学生不完整的体验、狭隘的理解，甚至错误的结论，应当在尊重的前提下相机诱导、巧妙点化。

《酸的和甜的》一文中，第1自然段狐狸的话："这葡萄是酸的，不能吃！"该用怎样的语气来朗读？学生的理解各异：有的说用着急的口气读，有的说用惋惜的口气读，有的说用骗人的口气读，有的说用惭愧的口气读。

显然，这几种理解有的仅有一点点合理的成分，有的基本是错误的。怎么办？若不置可否，学生会无所适从；若赞赏肯定，显然违背文旨；若断然否定，又会伤了学生的自尊心。于是教师板书"着急""惋惜""骗人""惭愧"，暂且搁置，待学习课文最后一段"小松鼠和小兔子真不明白，狐狸为什么硬说葡萄是酸的呢？"时，出示狐狸、松鼠、兔子、猴子四种动物的图片，问："小松鼠和小兔子不明白，你明白了吗？你想对它们说些什么？"学生议论纷纷："狐狸说葡萄酸是因为它吃不到。""狐狸吃不到就故意说它不好。""狐狸自己得不到，也不想让别人得到。""我想说：'小猴子，你真聪明！以后我做事也要像你那样敢于尝试。'""小松鼠、小兔子，盲从可不好哦！""狐狸，吃不到葡萄就说它酸，你这话更酸……"

这时，教师相机点拨："现在你们知道'硬说'的意思了吗？看看板书，想想课文第1自然段中狐狸的话该怎么读。"学生逐步悟出：应读出不屑的口气、嫉妒的口气、野蛮的口气、酸溜溜的口气……

通过引导学生理解"硬说"一词，以及探究该怎么朗读第1自然段中狐狸说的话，一方面使学生对狐狸的话有了正确的理解；另一方面将课文的开头和结尾相互联系起来，培养了学生的整体把握能力，避免了语文教学出现"只见树木，不见森林"的现象。

## 八、如何在语文教学中体现多媒体手段的特有功能

**问**：多媒体手段在教学中的运用越来越普及。教师们十分注意利用多媒体手段将知识变抽象为形象、变静态为动态、变隐性为直观，充分引起学生的注意，激发学生的想象力，提高学生学习的兴趣和积极性。在此基础上，如何进一步发挥多媒体手段在语文教学中的独特功效呢？

**答**：问得极好！这是一个十分普遍的问题，同时是一个亟待探讨、解决的问题。现代信息技术的迅速发展与普及给教育现代化带来了前所未有的机遇。随着经济的发展和课改的深入，多媒体手段在教学中的使用越来越普遍，其具有化抽象为具体、化隐性为直观、化远为近、化古为今、化静为动、化难为易等功能，能起到铺垫、导趣、激情、促进理解、帮助记忆等作用。这些功能和作用是语文教学所必需的，值得我们深入研究和充分利用。然而，这些功能和作用具有一般化、非学科性的特点。如果在语文教学中对多媒体手段的使用仅仅停留在这一层面上是远远不够的。在语文教学中，应当充分发挥多媒体手段对促进学生语言文字的分析理解、组织概括和积累表达的能力的发展的独特作用。

如教学《詹天佑》一文中“铁路经过青龙桥附近……火车上山就容易多了”一段时，可有两种使用多媒体手段的方法。

第一种：教师说：“詹天佑设计的“人”字形线路到底是什么样的呢？请看课件。”画面上出现火车从“人”字形的一边轰隆隆地运行到另一边的过程，教师问：“懂了没有？”学生回答：“懂了。”这种懂是假懂，即使有些学生真懂了，也是通过看课件弄懂的。这里没有对文本的阅读、思考、想象和感悟，学生根本没有进行语文学习。这种课件使用肢解了文字，失去了品读，省略了理解，抛弃了语感，对语文学习有百害而无一利。

第二种：详见第一章“话题一：关于说课”的“四、突出学科本质特点”部分，此处略。

## 九、口语交际与听话说话有何异同

**问**：为适应21世纪对人才素质的要求，语文新课标把听话、说话改为口语交际。那么，口语交际教学与听说教学在本质上有何异同呢？

**答**：其异同主要有以下几点。

一是叙他与直面。听说，尤其是看图说话具有明显的叙他性，即一般由学生叙述图中的内容——人物、景物如何，事情的前因后果怎样。学生完全置于图外，是旁观者、局外人，多以第三者的口气去叙述，是一个纯作者。而口语交际则具有直面性。学生一般置于活动之中，既是习作者，又是当局者、主人公。他们要面对面地与对方交流。如“我说你猜”听说训练的大致做法：学生先分别给图中的几个小朋友取名字，接着说××出了谜语“耳朵长，尾巴短，红眼睛，白毛衫，三瓣嘴儿胆子小，蹦蹦跳跳人喜欢”，然后描述小朋友们猜谜时的心理、动作、表情、语言，最后猜中了谜底——小白兔。而作为口语交际教材，则是让学生真正参与“我说你猜”的活动中，且猜谜的内容不限于教材。说与猜的双方在猜谜过程中思考、议论，面对面地进行交流。

二是单向与互动。听话、说话常常是单方面的，往往是一人说，众人听。作为学生个体，要么是比较单一的听者，要么是比较单一的说者，语言信息呈单向传递状态，缺乏相互交流和思维碰撞。而口语交际则是双向互动的语言实践，它强调信息的往来交互。作为交际的双方，必须具有交际的意识、能力和习惯。口语交际要求学生不仅要认真听，还要适时地对话，不断地应变、分辩、归纳、评价，更加注重训练思维的敏捷性、条理性和深刻性。双向互动是口语交际区别于听话、说话的最典型特征。

三是内容与引子。听说训练中的看图说话，画面是说话内容的载体。说什么，如何说，主要在画面内去发挥。口语交际则是把画面作为一个引子，由此生发开去，让学生在广阔的自由空间驰骋。如《找春天》的画面内容：教师带着学生到郊外去春游，看到了清清的小河、发芽的柳树、嫩绿的小草，还有各色的野花及飞鸟。说话练习时，只要把画面中的景物按一定顺序描述，加上一定的想象即可。而作为口语交际教材，则是以《找春天》这幅画为话题、引子，据此让学生亲自到大自然中去找春天、画春天，然后把自己找到的春天、画下来的春天带到课堂上与老师、同学交流，进行口语交际，而不是描述教材中《找春天》的画面内容。

四是聚敛与发散。以图为材料的说话教学，因为学生说的是同一画面中的人事物景，就会使思维向着同一方向聚敛。而在口语交际教学中，因为教材仅是个话题、引子，学生可以由此发挥，自选角度，自走线路，自定目标，由着各自意愿前进，思维具有灵活广阔的发散性。如《找春天》口语交际教学中，学生各自找到的春景不同、时间不同，勾勒的画面迥异，表达方式也大相径庭，个个闪烁着发散思维的火花。

## 十、如何体现语文学科特有的人文性

**问**：语文新课标强调，语文课程的基本特点是“工具性与人文性的统一”。语文课上，教师普遍重视运用多媒体手段，激发学生的学习兴趣；普遍尊重学生的个性和见解；不吝鼓励、赞赏，调动学生的积极性。这是否意味着体现了人文性，实现了语文学科人文性的理想境界？

**答**：什么是人文性？它主要关注人的兴趣、情感、态度和个性。与之相对的是科学性，科学注重事实，重视揭示规律，讲究实事求是，讲究逻辑、精确。人文性和科学性是人类文明之树上的两颗硕果。我们的教育既要讲究人文性，又要讲究科学性。教师上课时想方设法营造和谐的氛围，想方设法激励、赞赏学生，想方设法调动学生学习的积极性，这是不是人文性？当然是。但这只是一般的、大众化的、各学科共有的人文性，绝不是语文学科特有的人文性，不是语文学科的人文性的核心和理想境界。如果教师的教学设计、上课、评课总停留在鼓励学生、尊重学生的层面上，那就显得很一般了。语文学科特有的人文性是什么？是读书品味，通过语言文字的美感染、震撼学生的心灵；通过文章中的情节、人物形象、人物情感感染、震撼学生的心灵；通过教师的点拨诱导，使学生与课文中的人物同悲喜、共愤怒；通过读书感悟去净化心灵、启迪智慧；通过读书爱上读书，通过读书学会读书。

一位教师教学《圆明园的毁灭》一文，在学生充分感知圆明园建筑宏伟，是著称于世的博物馆、艺术馆，充满自豪之情时，把话锋一转：“可是，这举世无双的园林艺术的瑰宝，三天之内化为了灰烬。是谁使祖国这园林艺术的瑰宝、建筑艺术的精华毁于一旦？是谁使我们的祖国母亲遭受如此凌辱？是谁对我们中华民族犯下了滔天罪行？请看——”紧接着播放英法联军毁灭圆明园的录像，那不堪入目的强盗行径激起了学生仇恨的怒火。这时，教师大声斥问，学生铿锵长啸，课堂上出现了动人的一幕——

师：是谁使我国园林艺术的瑰宝、建筑艺术的精华毁于一旦？

生：是英法强盗！

师：是谁使我们的祖国母亲遭受如此凌辱？

生：是英法强盗！

师：是谁对我们中华民族犯下了滔天罪行？

生：是英法强盗！

至此，学生群情激愤，怒火中烧，此时，教师让学生大声齐读“1860年10月6日，英法联军侵入北京，闯进圆明园……”读着，读着，学生哽咽了，流泪了。还有什么能比得上这震撼人心的人文性呢？这一教学案例，较好地体现了语文学科特有的人文性。

## 十一、提倡“多认少写”，低年级学生为何会出现大量的“同音误用”

**问**：语文新课标对识字与写字教学提出了“多认少写”的要求，一、二年级的识字量猛增至1600个，其中一年级要求会认的约1000字，会写的仅350字。认字成了低年级语文教学的重中之重。同时发现，一、二年级学生别字的误用率也相当高，约占错别字总数的80%，而且大多是同音误用。请问是何原因，有何对策？

**答**：出现这样的情况，主要因为一、二年级学生的观察、知觉笼统不精确，加上缺乏学习方法，没有养成良好的学习习惯，所以常会写错别字。然而其特殊原因大致有三点。

一是识字的初始性。识字初始阶段，学生认识的字不多，对学生而言，每一个字的符号与其事物和意义大多是第一次结合，所以一个字表示何物，所示何义，用于何范围，学生还不清楚。

二是书面用字构词的初始性。学了一个字，可构成什么词，或会说、会用的一个口头语是由什么字构成，学生从未触及，所以常常以同音字去套词，以词去套同音字。

三是口语发展与识字滞后的矛盾性。幼儿期的孩子口语已经很丰富，至入小学时已有相当的发展。可是识字前，他们虽然能说，但从未想过也不知道口语中的那些词汇和句子是用什么字组成的，字形怎样。在他们的思维世界里，只有语音、事物、含义几者的联系，而未有字形符号介入。虽然语言发展了，识字却大大滞后，这就产生了口语与识字的矛盾，于是同音混用也就不足为奇了。

对策大致有以下几条。

一是积攒词语。这里的词语主要指书面词语。每学习一个字，都要启发学生，让他们知道用这个字可以组成什么词；如果组词涉及生字新词，应当尽量板书，让学生感知、积攒。如用“干”字组词，学生会说出“干净”“干脆”“竹干（竿）”“干（甘）蔗”等；如用“蓝”字组词，学生会说出“蓝色”“蓝天”“蓝（篮）子”“蓝（篮）球”等，其中“竹竿”“甘蔗”“篮子”“篮球”中的“竿”“甘”“篮”，学生没学过，也不要求学生掌握，不少教师便轻描淡写地说一句“‘竹竿’不是这个‘干’，‘篮球’的‘篮’我们还没学过”就过去了。

细细思考，“竹竿”“甘蔗”“篮球”是小学生常用的口头用语，学生早已熟悉，只是这些汉字学生还没学过，没有把事物与汉字结合过罢了。对此，教师可相机做适当的讲解，如“干”加个竹字头就是“竹竿”的“竿”。若不讲解或无暇讲解，最简单易行的办法就是板书。通过板书，一来可增强视觉效果，有利于学生矫正、区分。只听与既听又看的效果是截然不同的。二来可拓展识字资源。尽管不要求学生掌握，但有一部分学生看过后会产生深刻的印象。

一年级学生的记性好，如果在识字的最初阶段把字以词语的形式记下来，在今后的词语运用中就能少出差错。如果在识字的最初阶段便模糊不清，张冠李戴，今后用的错别字就可能更多。因此，一年级时把所学的基本词语“定格”在脑海中、烂熟于心十分重要，这是减少错别字的重要途径。

二是运用巩固。积攒了词语之后，还要在运用中巩固，在巩固中继续积攒，因为字词无法离开词句。如学了“青”“清”二字，让学生选择填空：“（　　）（　　）的小河边有许多（　　）（　　）的小草。”学了“自”“字”二字，让学生练习：“老师亲（　　）到我家教我写（　　）。”这类练习看似简单，但对刚开始识字的一年级学生来说，具有十分重要的意义，是减少错别字的一条重要渠道。

三是“先入为主”，正确引导。学生每新学一个字，教师都要告诉学生这个字可组成什么词，重要的是告诉学生“是什么”，而尽量少说“不是什么”。心理学研究表明，人脑接收信息具有“先入为主”的特性，即第一次闯入大脑的便先留下印痕，去之不易，且会干扰新信息的接收。因此，为贯彻“先入为主”这一正面性原则，必要时不妨多采用讲授法。

### 十二、自主探究，游离目标怎么引导

**问**：改变学习方式，让学生自主探究，自主发现知识的特点、学习的方法、事物的规律是新课程的一个重要任务。然而学生自主探究时往往在目标外面兜圈子，不能迅速有效地触及目标，该怎么引导？

**答**：在教学实践中，无论是识字还是阅读，无论是对课文的分析理解还是对内容的组织概括，由于采用探究的方式，没有了教师的限制，没有了问题的束缚，学生的思维由统一的聚敛转向了多维的发散，更活跃、更丰富。然而这种活跃、丰富的思维并不像传统“问题式”的教学那样迅速地指向目标，有时甚至久久地在目标之外游离。

如在学生认读了“蜻蜓”“蝴蝶”“蚯蚓”“蚂蚁”“蝌蚪”“蜘蛛”后，为了让学生发现形声字的特点，教师出示了“蜻”“蝴”两个字，问学生发现了什么，学生仔细观察，认真思考，纷纷发言：“我发现都是左右结构。”“我发现都是虫字旁。”“我发现都是一个偏旁加一个部首组成一个字。”……这些都没错，也有一定的价值，但未触及目标。教师启发说：“你们大声读读这两个字!”学生读后仍未领悟。教师又把虫字旁加上颜色，学生还是不解。这时，教师重笔给“青”和“胡”着色，引导学生大声认读，学生才认识到原来去掉虫字旁仍读“qīng”“hú”。教师进一步点拨：“你发现其他生字有什么特点?”学生自然会得出形声字形旁表义、声旁表音的特点。教师更进一步出示学生不认识的“蚯”“蚓”等字，学生运用形声字声旁表音的规律进行迁移，顺利地知晓了这些生字的读音。

在该教学案例中，教师恰当地进行铺垫，使学生接近目标，巧妙地进行引导，使学生发现目标，并运用规律使学生深化了理解。如果总是远离目标，一味地逼问：“你再看看?”“你还能发现什么?”可能会使学生一直在目标外兜圈子，费时而无效。如果急不可耐地抛出形声字的特点，那便是灌输，更是对学生自主探究的自信心的打击。

## 十三、质疑问难表面化、无意义，怎么办

**问**：新课程的实施，改变了传统的教师讲、学生听的局面，质疑问难往往被教师们作为一种重要的教学形式引入课堂。质疑问难对培养学生自主学习的意识、探究学习的能力、多元思维的品质有着不可或缺的作用。然而，在课堂实践中还存在不少质疑问难零碎、杂乱、表面化甚至毫无意义的问题，对此，怎么办?

**答**：这是一个非常普遍的现象。我曾听一位教师讲授《葡萄沟》一课，课上学生提出：“那里还出产杏子、梨、沙果等，为什么一定要叫葡萄沟？葡萄为什么一定在秋天成熟？人们坐在葡萄凉棚下面吃葡萄，下雨天不是会漏雨吗？那怎么办？那么好吃的葡萄，我能不能拿去喂蚂蚁呢?”

这就是典型的表面化、无意义的问题。

对此，首先要正确认识出现这种情况的客观性。它不是偶然的，也不是学生故意捣乱，这是由学生的思维具有形象性而缺乏抽象性和逻辑性所决定的，是因学生对问题缺乏经验导致的。有人曾做过实验：拿出“马”“狮子”“马车”“人”四张图片，让学生抽一张与其他三类不同的事物，不少学生会毫不犹豫地抽“狮子”，而很少有人抽“马车”。他们认为，人把马套在马车上行走便成，狮子不仅多余，而且会吃马伤人。同样，他们质疑问难时也常常以自己的生活经验为依据，而不以客观逻辑关系为依据，把实质性的问题降到了次要地位。

其次，要正确引导。一是多引导学生接触实际、接触生活，不断丰富其感性经验；二是循序渐进，不断加强学生的阅读实践，增加其阅读经验；三是注意利用学生以形象思维为主的特点，促使其逐步向逻辑思维方面发展；四是注意传授学生质疑问难的方法，引导学生把握重点，培养其整体把握能力。

## 十四、如何处理合作讨论与静思默想的关系

**问**：合作学习、讨论交流作为新课程倡导的新的学习方式，因有利于培养学生的合作意识与合作能力，有利于课堂信息的多向互动、高频往来，而深受教师们欢迎，迅速为教师们广泛采用，然而不少课堂似乎缺乏静思默想，应如何把握二者的关系？

**答**：事物总是一分为二的。合作讨论与静思默想是辩证统一的问题的两个方面，是相辅相成的。二者须因材而用，或合作讨论在前，或静思默想居先，或二者交替进行。

应改变频繁讨论，视合作交流无所不能的做法。以读书为例，教师指出读书要求、提出读书任务后，要引导学生自由地读、静静地读，这既能为每位学生赢得实实在在的读书实践、静静思考的机会，又能为合作讨论提供前提和保证。

于永正老师的教学，总是十分巧妙地处理了圈画批注、反复咀嚼、静静思辨与合作讨论的关系，舍得花时间和精力，引导学生有目的、有层次地一读再读，在此基础上引导学生适当地讨论交流。一次教学《圆明园的毁灭》，于老师要求学生“能把第 2 至第 4 自然段变成一句话的举手”，当十多位学生纷纷举手时，于老师只把它作为了解学情的一个信息，并不满

足于面对这少数学生，而是要求学生放下手继续思考，他继续巡视，并轻声与学生交谈。当于老师提出“读了第2自然段，你发现了什么”时，几位学生立即举手，于老师恳切并认真地说：“我不喜欢老师话音一落就举手的人，我喜欢老师话音一落就认真思考的人。而且这种思考还必须是看书后的思考，而不是空想、乱想。要边读边思，边思边读。”

于老师问罢，学生便纷纷举手，他明确地告诉学生，他不喜欢一提问题，学生立刻就举手，以此帮助学生克服浮躁的、浅尝辄止的读书心理，求是之风扑面来，扎实之功撼人深。这就是真正的读书、实在的品味。

## 十五、想象作文有哪些类型及训练方式

**问**：语文新课标“鼓励自由表达和有创意的表达，鼓励写想象中的事物”，那么，想象作文有哪些基本的类型及训练方式呢？

**答**：想象作文的类型大体有以下几种。

1. 童话式想象作文。这类想象大多采用拟人化的手法。学生根据自己喜爱动植物的特点，把动植物看作人，通过想象使静物能动、变活；使它们有思想、会行动、能言语、有情感。学生通过纯真美好的童心来表达自己的愿望，对诚实、勤劳、勇敢和乐于奉献等品质加以赞美；对说慌、懒惰、自私、贪婪等不良行为加以抨击。写这类作文时，学生凭借自己对生活的认识与思考，编织着一个个情节，描绘出一则则故事。

2. 畅想式想象作文。这类想象大多指向未来，一般时间跨度较大，是学生把美好的愿望和理想加以具体化的过程。学生既可写未来社会的喜人景象或某一领域的飞跃发展，也可写自己未来的职业、工作、成就。这类作文有时间、地点、人物，有事情的起因、发展、高潮和结果。用记叙现实生活的方法写未来的生活，如《20岁的我》《2020年我们再相会》等。

3. 反思式想象作文。这类想象大多由现实存在的问题引发，以解决问题为核心和线索，想方设法地采用超现实现象，寻找解决问题的理想途径。如一位学生的父亲脾气不好，这名学生就想象研制了“改换脾气药”；一位学生惋惜恐龙绝迹，他就想象了“恐龙再生”等。

4. 探索式想象作文。这类想象以科学知识为基础，往往以科幻的形式来表现。学生凭着对科学知识的认识、了解以及对科学规律的把握，以科学的思维形式表达自己的幻想，以幻想的形式表现人们对理性科学精神的尊崇。这类作文想象的时空更加广阔，任凭你的思想在天空中飞翔，在大

海中遨游，在历史长河中驻足，在无限未来中放飞，可以“随心所欲”“为所欲为”。想象的触角常常还伸向人类不可及的域外星空，如《难忘的火星夏令营》《体验可可星》等。

想象作文的训练方式很多，针对小学生实际，较为典型的有以下几种。

1. 添词想象。文章的篇由段组成，段由句组成，句由词组成，篇与词之间跳跃很大。教师可有意识地提供一些词语，让学生编故事，这具有很大的想象空间。特级教师贾志敏在“怎样写一件事”的作文课中，出示了“闷热”“冷饮”“青蛙”“一元钱”几个词语，先让学生说一句话、几句话，再让学生用上这几个看似风马牛不相及的词语编一个有情节、有内容的故事，学生思维活跃，想象力受到了有效的训练。

2. 添图想象。根据教师的描绘，师生共同作画或学生单独作画，教师逐步引导，画面愈生动，学生的想象也愈丰富，有利于写想象作文。如教师介绍游览路线“小路—石桥—竹林—村庄”，学生则在小路上添画青石板，在路旁添画青草，在草丛中添画野花，在花丛中添画蝴蝶，在石桥中添画桥洞，在桥下添画河水，在水中添画小鱼等。这样写出来的作文，内容具体，想象丰富，各具特色。

3. 听音想象。不同的物体会发出不同的声音，不同的声音表达不同的感情，反映不同的故事。平时留心收录各种声音：掌声、笑声、风雨声、呼喊声、惊叫声……习作时让学生通过听音想象画面，想象事情的前因后果，不失为一种有益的想象训练。

4. 观物想象。世间万物不停地运动着，千丝万缕地联系着。绝对孤立静止之物是不存在的。教学时，选择有特征的物件，让学生通过观察或想象它的来历、现在、未来，或想象它与周围事物的关系，或赋予其生命，可激发学生的想象力。如一次新概念作文大赛的题目就是在讲台上摆放一个红彤彤的缺口苹果，让学生写想象作文。

5. 换位想象。世界是丰富多彩的，同一事物，从不同的角度，用不同的视角去观察、思考，会有不同的感受。真可谓“横看成岭侧成峰，远近高低各不同”。一位教师教学《司马光》一文后，出示了这样一个习作题目——《假如我是……》，要求学生变换角色，把自己分别看作司马光、司马光砸缸的石头、司马光砸破的那口缸，来描述自己此时此刻的所见、所闻、所想。学生个个踊跃尝试，其想象令人拍案叫绝。

6. 情境想象。情境是想象的沃土和催化剂。在生动的情境中，想象与灵感会突发，记忆中的材料会忽然活跃起来，并且重新改换结构与顺序。有位教师在黑板上画了一条小溪、一片草地、一棵大树，然后在小溪中画了一只白兔，在草地上画了一只鸭子，在树上画了一只悬挂着的猴子，设置了一个看似矛盾、不合常规的情境。不少学生想象出了白兔溺水、鸭子呼救、猴子飞奔的惊险场面，闪烁着奇异想象的思维火花。著名特级教师李吉林的情境想象作文和于永正老师的言语交际表达训练，在创设情境、激发想象方面有许多独到之处，值得我们去玩味、总结。

7. 憧憬想象。憧憬想象包括对美好未来的想象，如《十八岁的我》；对完满解决问题的想象，如《太空治癌医院》；对科学超常发展的想象，如《寻找人体黑匣子》。憧憬想象极具创造性及挑战性。

## 第二节　遵循规律，提高释字实效

### 一、几点思考

1. 关于“武”字的思考

武：止＋戈＝武。有人说，止戈为武，停止运用兵器就是武？从文字学的角度看，这种说法是不符合“武”字的本义的。

实际上，“止”指脚，表示行走的意思。成群的人手持武器，有节奏地踩脚，同时齐声呼喊，是颇有气势的，那才是“武”。

2. 关于“碧”字的思考

课堂上，气氛热烈——

师：如何记住“碧”字？

生：幽静的夜晚，王先生和白小姐坐在一块石头上谈恋爱。

师：真会想象，太形象了，太巧妙了！多有情趣，多有诗意！

这样的教学，诗意是有了，但学生真正理解“碧”字的意思了吗？没有。

实际上，王（玉）、石为形，白为声符兼表意。碧，指青绿色的玉石，所以就有了“碧绿”“碧蓝”“碧波荡漾”“碧海蓝天”“一碧千里”等词语。这样的教学，基于汉字字理，能使学生的理解深刻而科学，对后续的学习颇有意义。

3. **关于几个词句的理解**

① 孟姜女哭长城。

哭长城的是孟家的女儿吗？非也。在古代，排行以“孟仲叔季”为序。姜家有四女，大女儿称孟姜，二女儿称仲姜，三女儿称叔姜，四女儿称季姜。“孟姜女哭长城”，此女姓姜不姓孟。

② 雄关漫道真如铁，而今迈步从头越。

忆秦娥·娄山关

毛泽东

西风烈，长空雁叫霜晨月。霜晨月，马蹄声碎，喇叭声咽。

雄关漫道真如铁，而今迈步从头越。从头越，苍山如海，残阳如血。

“漫道”是漫长之道，是征途漫漫吗？电视剧《雄关漫道》就是这样理解的，暗含的就是此意。人们对“漫道”的误读十分普遍。

实际上，“雄关”，雄壮的关隘，指娄山关。“漫道”，“道”是说的意思，“漫道”指莫说。“雄关漫道真如铁”，莫说娄山关坚固如铁。

雄关真如铁，虽实非浪语，而在红军面前，只是“漫道”而已。且看“而今迈步从头越”，是何等的气魄！真是行神如空，行气如虹，多么豪放劲健！读到这里，只觉得红军战士前进的步伐，每一踏足都踩得山头晃动。字里行间，不仅歌颂了红军的顽强意志，抒写了人民的胜利信心，而且对敌人的鄙夷与蔑视也溢于言表。

不要说雄关坚如钢铁，我们英勇的红军又一次将它跨越。登上娄山关关口，放眼远眺，起伏的山峦向远处铺展开去，犹如大海的波浪，壮阔无比；如血的残阳挂在西方天空，将万里河山浸染得更加壮丽。

③ 问渠那得清如许？为有源头活水来。

请问那水渠为什么那么清澈？因为有活水源源不断地流经呀！

此之误读也不在少数。

半亩方塘一鉴开，天光云影共徘徊。

问渠那得清如许？为有源头活水来。

此为朱熹力作。实际上，这里的“渠”指方塘、水塘。“鉴”指镜子。

半亩水塘像一面镜子一样被打开。将书比作半亩方塘。书是长方形的，所以说“半亩方塘”。“一鉴开”，以镜子作比，形容方塘极其清澈。

这是一首借景喻理的名诗。全诗以方塘作比，形象地表达了一种微妙难言的读书感受。池塘并不是一泓死水，而是常有活水注入，因此像明镜一样，清澈见底，映照着天光云影。这种情景，同一个人在读书中解决问题、获得新知、提高认识时的情形颇为相似。

这首诗所表现的读书有悟、有得时的那种灵气流动、思路明畅、清新活泼而自得自在的境界，正是作者的读书感受。

诗中所表达的这种感受虽然仅就读书而言，却寓意深刻，内涵丰富，可以做广泛的理解。特别是“问渠那得清如许？为有源头活水来”两句，借水之清澈，是因为有源头活水不断注入，暗喻人要心灵澄明，就要认真读书，时时补充新知。因此人们常常用这两句诗来比喻只有不断学习新知识，才能达到新境界，或用这两句诗来赞美一个人的学问或艺术的成就，自有其深厚的渊源。我们也可以从这首诗中得到启发：只有思想永远活跃，以开明、广阔的胸襟，接受不同的思想、鲜活的知识，广泛包容，方能才思不断。“问渠那得清如许？为有源头活水来。”这两句诗已凝缩为常用成语“源头活水”，用以比喻事物发展的源泉和动力。

汉字奥妙无穷。你知道“家大舍小令外人”的意思吗？你知道皇帝为什么称自己为“寡人”吗？个中意味，耐人寻味。因此，语文教师必须做到以下两点。

一要正本清源，补修汉字学基础课。要了解汉字的渊源、本义；要了解汉字的发展、引申义；要了解汉字的使用、语境义。

二要依据汉字音、形、义结合的性质，科学施教。

## 二、汉字具有独特的表意功能

汉字，作为音、形、义结合的语素文字，具有独特的表意功能，正确认识并科学利用汉字的这一特点，能提高识字效率。下面所举的例子不是很有意思吗？此之词义，一看便知。

贫：贝被瓜分。本义，贫穷。

劣：气小力弱。本义，弱小。

尘：小土飞扬。本义，尘土。

否：口中不愿。本义，不然。

卡：不上不下。本义，卡住。
间：日从门入。本义，门缝。
男：田中力士。本义，男子。
焚：火烧山林。本义，烧山。
睡：眼皮下垂。本义，瞌睡。
渔：水中捕捞。本义，捕鱼。
歪：不端不正。本义，不正。
鸣：鸟用口叫。本义，鸟叫。
解：刀分牛角。本义，宰牛。
从：两人相随。本义，跟随。
休：人倚树息。本义，休息。
信：人言可靠。本义，诚实。
位：人能立足。本义，位置。
伐：戈砍人头。本义，砍杀。
戍，人持戈守。本义，守卫。
相：在树上看。本义，察看。
美，羊大肥美。本义，味美。
飧：夕时而食。本义，晚饭。
囚，人被拘禁。本义，囚禁。
牢：牛关栏中。本义，牛圈。
初，剪刀裁衣。本义，起始。
分：用刀割开。本义，分离。
利，以刀断禾。本义，锋利。
料：用斗量米。本义，称量。
好，女子貌美。本义，貌美。
字：屋内生子。本义，生子。
安，女居室中。本义，安全。
突：犬从穴出。本义，冲破。
炎，上下大火。本义，火盛。
采：手在树上。本义，手摘。
束，捆紧木柴。本义，捆绑。
林：树木丛生。本义，丛林。

炙，火上烧肉。本义，烤肉。

功：用力做工。本义，功劳。

埋，藏在土里。本义，埋藏。

晶，三日光亮。本义，明亮。

杲，日在木上。本义，明亮。

杳：日落树下。本义，昏暗。

## 三、科学理解，正确解释汉字

识字解词，应当遵循汉字规律，科学理解，趣味理解。现举例如下。

1. 令

甲骨文　　金文　　小篆　　楷体

从甲骨文看，“令”像一个人张着大口正在发布命令，另一个人正跪着聆听。它的本义是发布命令。

关于“家父”与“令尊”，曾有过一个笑话：一位著名电视节目主持人采访一位嘉宾，该嘉宾的父亲去世不久，主持人冷不丁地冒出一句“对家父的去世表示深切哀悼”，让人大跌眼镜！

还有一个关于“令尊”的故事：从前，有个农夫，听人说“令尊”二字，心里不明白，便去请教邻村的一位秀才：“请问相公，这‘令尊’二字是什么意思?”秀才轻蔑地看了农夫一眼，心想：“这庄稼佬连令尊是对别人父亲的尊称都不懂，真傻!”于是便戏弄农夫说：“这‘令尊’二字，是称呼人家的儿子。”农夫信以为真，就同秀才客气起来：“相公家里有几个令尊呢?”秀才气得脸色发白，却又不好发作，只好说：“我家中没有令尊。”农夫看他那样子，以为他听了问话心里难过，就恳切地安慰道：“相公没有令尊千万不要伤心，我家里有四个儿子，你看中哪一个，就送你做令尊吧！”秀才听了，气得目瞪口呆，说不出话来。

“令尊”是对对方父亲的尊称，与此相关的还有很多，如称对方的母亲用“令堂”，称对方的弟弟、妹妹用“令弟”“令妹”，称对方的女儿用

"令爱"，称对方的儿子用"令郎"等。

所谓的"家大舍小令外人"，"令"指人家的家人；"家"是指自己家中比自己年龄大的人，如家父、家母、家兄；"舍"是指自己家中比自己年龄小的人，如舍弟、舍妹……

为什么加上一个"令"字就是对人表示尊敬呢？因为这个"令"字有善良、美好的意思。"令，发号也"，有个词叫"发号施令"。谁是经常发号施令的人呢？当然是做官的。所以"令"字由发布命令很容易就引申为发布命令的人，中国古代官吏有尚书令、郎中令、县令等。做官的人都是令人羡慕的人，应该是品学兼优的人。由此，"令"字又引申出善良、美好的意思。因此把"令"字加在称呼的前面，就有了尊敬的意思。

我们通常把"季节"叫"时令"，"时令"中的"令"字是"法令"的意思，只不过这个"法令"不是由人来制定的，而是由大自然来制定的。"时令"是季节的意思。

2. **寇、冠**

"寇"字的"宀"表示房子，左下的"元"表示人头，右下的"又"表示手，"又"的上面为棍棒，入室抢劫为"寇"。如房中有猪表示富足为"家"，房中女子为"安"，房中玉石为"宝"，房中失火为"灾"……

"冠"字的"冖"表示帽子，"寸"表示手，手拿布帛之类的制品加在人的头上，即为"冠"。

表示手的除了"寸""又"，还有"爪""扌""攵"等。

与手有关的字有取（古代打仗以割取敌人的左耳以计数献功）、寻、觅、射、抓、攀、拿、掰、孚、俘、孵、乳、收、攻、双、友等。

"寸"是一个指示符号，指示字义所在的位置。中医学上诊脉的位置，通常叫"寸口"。作为长度单位的"寸"，它的来源就在这里。因而"寸"字又用来形容极小或极短。比如，"鼠目寸光"就是指像老鼠一样只看眼前；"聊表寸心"就是表示一点儿小小的心意，带有谦虚的意味。我们经常用"一寸光阴一寸金"来形容时间的宝贵，告诫人们要珍惜时间。

有个故事叫"肝肠寸断"：东晋的桓温进入四川，经过三峡时，队伍里有人捉了一只幼猴放在船上，母猴沿岸一直跟着，哀鸣哭号，走了一百多里都不肯离去。最后母猴跳到船上，刚落甲板就气绝身亡。有人剖开母猴的肚子，看到肠子全断成一寸一寸的。桓温听到此事后大怒，下令把那个捉猴的人从军中开除了。

由“寸”又可联系到“尺”“咫尺”，古代以小臂长为一尺；周朝制八寸为“咫”，又有“天涯咫尺”之说。

3. 表

“表”是一个会意字。表，“上衣也。从衣从毛。古者衣裘，以毛为表。”“表”的本义和裘皮有关，裘皮有两面，一面有毛，一面没有毛，有毛的那一面就是“表”。

古人穿皮衣，往往让皮子有毛的那一面朝外，所以“表”字从毛。“表裘不入公门”，所谓“表裘”，就是指皮子有毛的一面在外面，用的正是“表”的本义。古代的礼仪规定，士大夫不可以穿着毛面儿朝外的裘皮衣服进入诸侯的大门。

“表”由指外衣又引申为泛指外表、外面，与“里”相对。古代汉语中称妓女为“表子”，“表子”即外面的女子。

“表”表示“外”的意思，还反映在中国人的亲属称谓上。在汉语里，凡是外姻，即女方的亲属，都属于表亲，如表哥、表妹、表嫂等。此外，“表面”“外表”“表象”“表情”等词语中的“表”也表示“外”的意思。

“表”由表示“外面”的意思，引申为“标志”“标记”。

此外，古人通过观察太阳下标杆影子的长短来掌握时间，这种标杆也叫“表”。现代人常用的手表，虽然样子已经完全不同于古代的标杆了，但是这个词里的“表”字正是从古代测量日影的标杆的“表”字发展而来的。

4. 毕

“毕”是一个会意字，上面是线绳织的网，下面是拴网的柄，所以“毕”字的本义是指打猎用的有长柄的网。

毕是一种长柄的小网，使用时用手拿着去套猎物，常用来捕捉兔子之类的小动物。引申开去，凡是捕猎用的网都可以叫“毕”。“鸳鸯于飞，毕之罗之”，这是说鸳鸯在空中飞，可以用网去网住它们。

用“毕”捕猎时将猎物套住，那么猎物就不能再奔跑了，所以“毕”字又有终止、终结、结束的意思。“毕其功于一役”的意思是一次行动就完成所有本应分期做完的事。“毕业”“毕生”这两个词语中的“毕”字也都是终结的意思。

"原形毕露"，指本来面目完全暴露了。

5. **雌、雄**

"雌""雄"是形声字，形旁为"隹"。曾有左翅膀在下，右翅膀覆盖在上的是公鸟，反之就是母鸟之说。

由"雌""雄"又可联系到"阴""阳"。飞禽走兽雌为"阴"，雄为"阳"。"阴阳"的最初意义是指阳光的向背，背日为"阴"，向日为"阳"。所以，山的北面称"阴"，如华阴，在华山北面；山的南面称"阳"，如衡阳，在衡山的南面；水的南面称"阴"，如江阴，在长江南岸；水的北面称"阳"，如洛阳，在洛水北岸。

人们一般认为，男人代表阳刚之气，女人则代表阴柔之美。因此，"雄"字就有了雄壮、宏伟、威武、有力的意义。"行色旌旗动，军声鼓角雄"，这里的"雄"就是雄壮的意思。此外，"雄"还指胜利者，"雌"则指失败者。"一决雌雄"就是分出胜负的意思。

"雌""雄"的褒贬意义非常明显。说一个人胸怀大志，有所作为，叫"雄飞"；而比喻一个人胸无大志，遇事退缩，则叫"雌伏"。故有"大丈夫当雄飞，安能雌伏?"之说。

把男人叫作"雄儿"，是一种赞赏的口气。所以在各种比赛中，如果是男子比赛，就用"力挫群雄"来形容胜利者；如果是女子比赛，对胜利者却不能说"力挫群雄"，一定要换一个说法，说成"技压群芳"。这种做法，是对"雌"字的贬义加以避讳，改用"芳"字，也是对女运动员的尊重和赞赏。

6. **寡**

据说，有一个姓贾的老师，不管是词语、成语还是典故，只要学生向他请教，他马上就能回答。有一次上课，有个学生问："贾老师，什么叫'众寡悬殊'啊?"贾老师想了两秒钟，立刻解说道："众者，人多也；寡，就是寡妇；悬，是挂起来的意思；殊，就是死了。'众寡悬殊'，就是许多寡妇上吊死了。"

这当然是一个笑话，这位误人子弟的贾老师不学无术，只知道"寡"字是寡妇的意思，不知道"寡"还有其他的意思。

关于词语"曲高和寡"有这样一则故事：有人到楚国唱歌，起初唱"下里巴人"，跟唱者数千人；后唱"阳春白雪"时，能跟唱者仅有几十人。“《阳春》之曲，和者必寡”，意思是说曲调高雅的《阳春》曲，能够跟着唱的人一定很少。

“寡”为少，含有舍弃、丧失之意。所以，失去丈夫的妇女叫“寡妇”。本来男子无妻也可以叫“寡”，但在一夫多妻制的封建社会，男子可以有三妻四妾，妻子死了还可以续娶，而女子必须从一而终，所以世上多寡妇而少“寡男”。当然，男子无妻还另有一个称呼，叫作“鳏夫”。

皇帝为什么自称“寡人”？其实这是个简称，它的全称是“寡德之人”。但如果把“寡德之人”按照现代汉语的意思理解成“缺德的人”，就要闹笑话了。堂堂一国之君怎么能说自己是缺德的人呢？所以这个“寡德”应该理解成“在仁德方面做得还不够”，是古代帝王的谦称。

7. 寒

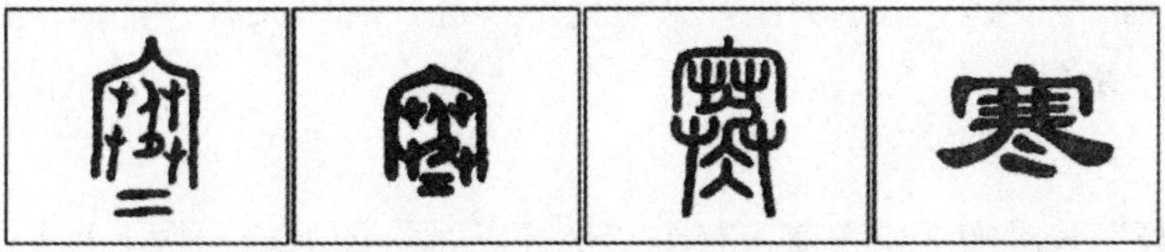

金文　金文大篆　小篆　隶书

“寒”在古文字中是一个会意字。金文中的“寒”字，外面的宝盖头代表房屋，屋子里有一个人，人脚下的两点代表冰块，表示寒气从脚下冒起的意思，人四周的草，是用来御寒保暖的。整个字就像一个人住在一间堆满干草的屋子里以避寒冷的形状，以表示天寒地冻之意。

“寒”字的本义就是寒冷。我们常把御寒用的衣服称为寒衣，把冷落寂静的荒山称为寒山，把耐寒不凋的树木（如松柏等）叫作寒木，把清凉的泉水或井水称为寒泉。

在中国的传统节日中，有一个节日叫作寒食节，时间为农历清明节前一天或两天。据说寒食节是为了纪念介之推。相传春秋时，晋国大夫介之推跟从晋献公的儿子重耳流亡列国，在极其艰难的时候，曾割下自己的肉给重耳充饥。重耳即位后（即为晋文公），奖赏众大臣，唯独忘了介之推，后来想起来时，介之推已带着老母隐居山中。晋文公后悔莫及，请他下山，但介之推根本不把利禄放在眼中，拒绝出山。为了逼他出来受赏，晋文公下令放火烧山，不料介之推坚决不从，结果与其母亲被火烧死。晋文公悲恸万分，为了悼念介之推，下令在介之推被烧死的那一天禁止烟火，只准吃冷食。因此叫作“寒食”。

“寒”又指寒天，即秋冬季节，与“暑”相对。如“寒林”是指秋冬时节的树林；“寒柯”是指冬季的树木；“寒花”是指寒冷时节开放的花，多指菊花；“寒蝉”则指天冷时不再叫或叫声低微的蝉，故把人有所顾虑而默不作声比作寒蝉。成语“噤若寒蝉”，用的便是这个意思。

还有一个词叫“寒暄”。“寒”即寒冷，指冬季；“暄”即暄热，指夏季。古人相见时总是先以天气冷暖做话题，嘘寒问暖，以作为应酬话。因此，后来称一般的应酬交谈为“寒暄”。

“寒”也可做动词，意为冷却。成语“一曝十寒”中的“曝”，是指晒；“寒”，是冷却的意思。

寒冷能使人颤抖，而忧惧也能使人颤抖，因此，“寒”又有战栗恐惧之义，如“胆寒”。人遇穷困，未免受冷挨冻，所以又有“贫寒”“寒酸”“寒舍”等说法。

8. **怀**

“怀”表示胸部或胸前。有个“坐怀不乱”的典故：柳下惠是春秋时鲁国的大夫，有一次他夜宿城门，遇到一个没有住处的年轻女子来求助。柳下惠怕她受冻，就用自己的衣服裹住她，抱在怀里坐了一夜，自始至终没有非分之想，没有发生非礼行为。后人视柳下惠为礼节之士的典范，而用“坐怀不乱”这个成语来形容男子作风正派。

“怀”还有怀念之义，如“怀旧”“怀乡”等。

“怀”还有胸怀的意思，如“乃知鸿鹄怀，燕雀安能伴”。

带“怀”字的词语有“怀瑾握瑜”“怀孕”“怀疑”“关怀”“怀才不遇”“心怀鬼胎”等。

9. **灰**

“灰”是个会意字。“死火余烬也。从火从又。又，手也。火既灭，可以执持。”“灰”指用手拿火。火很炽热，是无法用手直接去拿的，但火熄灭了，温度也就慢慢地降了下来，这时便可用手去拿。

成语“死灰复燃”出自《史记》：“死灰独不复燃乎？”现在用来比喻已经停息的事物又重新活动起来（多指坏事）。“心如死灰”，形容意志消沉。

火烧完了，剩下的便是灰烬。“春蚕到死丝方尽，蜡炬成灰泪始干”，比喻倾注全部心血和生命，现在人们常用来赞颂那些奉献者。

古人用热火化为冷灰来比喻消沉冷漠。“形固可使如槁木，而心固可使如死灰乎”，“灰心”一词便源于此，因而就有了“灰心丧气”“心灰意懒”“万念俱灰”等成语。

诗人还爱用“灰”做比喻。杜甫诗有“白发千茎雪，丹心一寸灰”。李商隐诗有“春心莫共花争发，一寸相思一寸灰”。“灰”还比喻颓废失望，如“灰色人生”“灰溜溜”等。

近年兴起的“灰色收入”一词，则指腐败干部利用手中的权力谋取不合法收入。

灰质轻，颗粒极微小，受振动极易飞扬，俗语有“不费吹灰之力”一说。于是“灰飞”又成了骤然消失的形象比喻。苏轼词“谈笑间，樯橹灰飞烟灭”就属此用。

“灰”亦指颜色，如“银灰”“灰白”“灰暗”等。

10. **突**

“突”字由上面的“穴”字和下面的“犬”字组合而成，是个会意字，本义是犬从洞穴中突然冲出来。“突”和“冲”意义相近。“冲突”是个同义复合词，此外还有“突击”“突破”“突进”“突出”“突围”等词。“突出重围”，就是指冲出重围。“突将无前”，“突将”是指敢于冲锋陷阵的猛将。“唐突”，指冲撞，有横冲直撞的意思，如“来得唐突”“言语唐突”等。

“突”字引申有洞穴的含义。古代城门旁的小门与狗洞相似，所以也称“突门”。相传晏子出使楚国，楚人因晏子身材矮小，便在城门旁另开了个小门，请晏子从小门入，借此侮辱晏子。晏子当然不进小门，说只有访问“狗国”的人，才从狗门进。楚人自取侮辱，只好请晏子从城门进。

“突”的另外一个常用意义是突然。“突如其来”，意思为事先没有准备，事情突然发生。“异军突起”，表示新的派别或新的力量突然兴起。“突飞猛进”，形容事业、学问等进展非常迅速。毛泽东词“风云突变，军阀重开战”，表示形势的急骤变化。这些词句中的“突”字都含有突然的意思。

“突”在古代还有个特殊的意义叫“灶突”，指灶上的烟囱。烟囱和狗洞似乎毫不相干，其实也是有联系的。狗从洞穴里冲出来，与烟从烟囱里冒出来有相似之处，这叫作相似引申。

古代还有一个广为流传、发人深省的故事：有位客人到主人家拜访，看到主人家的烟囱竖直，旁边堆满了柴草，便建议主人把烟囱改成弯的，并把柴草移开，不然就会发生火灾。主人不以为然。没过多久，这家果然失火了，邻居奋勇抢救，把火扑灭了。主人杀牛摆酒酬谢众人，被火烧伤的人坐在上席，其余的人按功劳依次入席，唯独不请那位提建议的人。当场有人批评主人说："假如你早听了那位客人的话，就不会发生火灾，也不必费牛酒。现在论功请客人，怎能把提建议的人排除在外?"这就是人们常说的"曲突徙薪无恩泽，焦头烂额为上客"，这句话是用来批评不重视预防，只注重灾后抢救的做法的。

11. 项

项，"头后也"。它的形旁是"页"，"页"的本义就是"人头"，所以凡是和头有关的字，形旁都是"页"。比如，"题"的本义就是额头，"颇"的本义就是头偏等。

从字的本义看，"项"是指脖子的后部，脖子的前部叫"颈"，整个脖子叫"领"。我们通常说的"刎颈自杀"，"刎颈"就是用刀抹脖子，也只能抹脖子的前部，而不能抹脖子的后部。"引领"就是伸长脖子，当然伸长的是整个脖子。

唐代诗人项斯在没有考中进士之前，曾经拿着自己作的诗去拜见当时有名的诗人杨敬之。杨敬之回赠"平生不解藏人善，到处逢人说项斯"的诗句，意思是我平生不懂得隐藏别人的长处，无论到哪里见人都会推荐你项斯。后来，人们就把替人说好话或说情叫作"说项"。

有一个关于"强项"的故事：东汉光武帝刘秀的姐姐湖阳公主的一个家奴行凶杀人，县令董宣便把这个家奴杀了。公主状告董宣，光武帝令人强使董宣低头认罪，董宣宁死不屈，光武帝甚为感动，于是命令："强项令出!"不低头，关键是后脖子要硬，后来"强项"指刚强不肯屈服。

此外，下面几个词语也颇有意思。

小时：古人将一天分为子、丑、寅、卯、辰、巳、午、未、申、酉、戌、亥这12个时辰，现在人们将时辰的一半叫小时。

浴血奋战：唐代开国功臣李勣的孙子李敬业有奇才，但有反叛武则天之心。李勣担心连累家族，于是想除掉孙子。李勣好打猎，一次他让孙子到水中驱赶野兽并趁机放火，想把李敬业烧死。李敬业知道无路可逃，于是杀死自己的马，掏空马腹，钻进去，等火势过后才从马腹中爬出来，由于浑身沾满鲜血，“浴血而立”，后用“浴血奋战”表示战斗激烈。

升堂入室，寿终正寝：古代房屋的结构分前堂后室，室的两边是西房、东房。房屋一般建在高台上，地位不同，台的高度也不同。从庭院到堂中须上台阶，即“升堂”，升堂后方能入室。房有正房、偏房（妾居），临终老人须居正室，曰“寿终正寝”。

匹夫有责：古代权贵可一夫多妻，普通百姓不能娶妾。庶人被称为“匹夫”，是因为他们只能与自己的妻子配成双，平民只能夫妇相配。

英勇牺牲：“牺牲”，指供祭祀用的纯色的、没有受到任何损伤的牲畜。古人认为，杂色的或是受过伤的牲畜是不能用来祭祀的。“牺牲”自然是杀死了才奉献的，所以人们把为正义的事业献出生命称为“牺牲”。

司空见惯：唐代诗人李绅做司空时，刘禹锡担任和州刺史。李绅仰慕刘禹锡的才华，请他到家中饮酒。席中，李绅让一位美丽的歌妓献歌，歌声打动了刘禹锡。刘禹锡作诗“……司空见惯浑闲事，断尽江南刺史肠”，意为李司空见多了这样的歌女，听惯了这样的歌声，觉得再平常不过了，而我深受感染，有一种肝肠寸断的感觉。后来人们就用“司空见惯”来比喻习以为常，毫不奇怪。

（部分材料来自中央电视台国际频道《语林趣话》栏目）

## 第三节　理清思路，培养概括能力

### 一、作者思有路，遵路识斯真

在目前的语文教学中，对思路的研究被忽视了，理清文脉的教学被隐去了，对文章逻辑的理解被淡化了，整体把握的训练被削弱了，引导学生一头埋进文本一叶障目的教学过头了，抓住一词一句无节制地挖掘感悟红火了，支离破碎的讲解分析风行了，导致“只见树木，不见森林”的教学比比皆是，学生往往能走进一篇课文，却走不出来，“不识庐山真面目，只缘身在此山中”，理清思路有必要重新提上议事日程。

1. 理清思路是传统语文教学的精髓

什么是思路？叶圣陶先生有个形象的解释：“思路，是个比喻的说法，把一番话一篇文章比作思想走的一条路。思想从什么地方出发，怎样一步一步往前走，最后达到这条路的终点。”一番话一篇文章的最终目的是为了表达一定的思想，而思想的表达需要一个过程，走过一段路径，体现着一定的内在逻辑。据此，我们可以把思路理解为作者在构思活动中经过反复思考之后形成并表现在文章中的指向表达目的的思维轨迹。理清思路，就是要透过文章表面的语言形式，弄清文章各个意义单元（通常以句或段或意义段为其形式上的标志）是怎样相互联系，组成一个整体，从而有效地表达主旨的，并弄清这样组织的道理。

叶圣陶在《语文教学二十韵》中指出：“作者思有路，遵路识斯真。”他强调，只有理清作者的思路，读者才能正确理解作者对事物的真切认识，体验作者所表达的真情实感，领会作者写文章的真正意图。在他看来，阅读理解要从理清思路入手。他甚至认为：“能够引导学生把一篇文章的思路摸清楚，就是最好的语文老师。善于看文章的人一定要把作者的思路摸清楚。”张志公先生也曾经指出：“结构不是个单纯的方法技巧问题……方法当然需要讲，然而那还不是根本的。根本的问题在思路，在写作要有明确的目的。特别是思路，这是关乎文章结构的最根本的东西。”

在《评〈读和写〉，兼论读和写的关系》一文中，叶圣陶先生进一步指出：“希望大家在练习读和写的时候，自觉地注意思路的开展。下一句跟上一句怎么连上的，后一段跟前一段怎么连上的，某一句跟前面哪一句有关系，某几段从前面哪一段分派出来的，诸如此类，全都辨一辨、想一想，这就是所谓自觉地注意思路的开展的具体办法。”“我相信用这个办法练习读和写，练就这样一项基本功，将会一辈子受用不尽。”

可见，理清思路是理解文章的枢纽，是形成阅读能力的根本，是开展阅读教学的一个突破口，是我们传统语文教学的精髓。

2. 理清思路是语文新课标的基本追求

语文新课标指出，“在阅读中了解文章的表达顺序”；“阅读说明性文章，能抓住要点”；“阅读叙事性作品，了解事件梗概”；“在通读课文的基础上，理清思路，理解、分析主要内容”。

显然，其核心就是要理清思路。一是在阅读中要理清文脉，懂得作者先说什么，后说什么，总体上说什么。要了解作者为了表达某一思想，运用了什么材料，是怎么组织表达的。要了解文章表达的层次、逻辑，能顺着作者的思路披文入情，领悟情感。二是懂得不同的文体有不同的思路。说明性文章一般是抓住要点分类叙述的，要点与要点间的组织，类别与类别间的安排，就是此类文体的思路，教师必须引导学生领悟。我们的教学不能陷在某一要点或某一类别中原地转圈，始终出不来。叙事性作品一般都有事件的经过，作者是怎么叙述这一事件的，按照什么顺序，遵循什么逻辑，有一条怎样的思路，必须引导学生摸清楚。学生走进文章，必须前能见头，后能见尾，而且明白自己所处的位置。这样才能高屋建瓴，认清整篇文章的面目，才能理清头绪而不迷失方向，才能真正理解作者表达了什么，是怎么表达的。

语文新课标的这一要求，值得我们细细品味、深入思考、悉心实践，这就要求我们在教学中关注理清思路，真正把语文新课标的要求落到实处。

3. **理清思路是读懂一篇文章的必然要求**

怎样才算读懂了一篇文章？从细处看，就是要理解字、词、句、段的意思；从整体看，就是要知道文章先说了什么，后说了什么，总体上说了什么，表达的主旨与情感是什么，是怎么表达的。

目前的教学从细处着眼的多，从细处着力的多，有的甚至只关注细处。好比一个人低着头走路，只看脚下，没有方向感，只看到一小处的风景。这样的阅读教学，学生是不可能真正读懂一篇文章的，因为这样得到的至多只是一些散落的珠子。散落的珠子没有贯串起来，没有按一定的思路组成一定的意义体，即使珠子再漂亮，也没有太大的价值。同理，对字词理解得再透，对含义挖掘得再深，如果没有思路来贯串，对整篇文章的理解也是受限的。

我们都有这样的感受，在读懂一篇文章之前，总是找不着头绪，理不清脉络层次，把握不了文章的重点，无法真正明白文章的主旨，更难领悟文章的表达特点。一句话，没有理清文章的思路，就不可能真正读懂一篇文章。

要读懂一篇文章，一定得边读边思考边概括边梳理，想想每一部分分别讲了什么，各部分是怎么联系起来的，重点在哪里，有一条什么主线贯串其中，是按什么思路行进的。这实际上就是在梳理文章的思路。一旦理清了思路，文章各部分的内容就会动起来、活起来、亮起来——原先模糊的东西就会变得清晰，原先看似孤立的东西就会变得有关联，原先看似暗淡的就会变得明亮，原先不理解的就会豁然开朗。一旦理清了思路，文章的主线就会明朗，文章的重点就会凸显，文章的情感就容易领悟，文章的主旨就容易把握。一句话，要真正读懂一篇文章，必须理清文章的思路。反之，如若思路都没理清，就根本无法读懂一篇文章。

4. **理清思路是培养理解能力与概括能力的必然要求**

要深入理解文章的内容，一定得边读边理解并概括文章各部分的内容，要理解和概括内容，就要理清文章的思路与层次结构。

如《凡卡》一课有这样一段话——

“昨天晚上我挨了一顿毒打，因为我给他们的小崽子摇摇篮的时候，不知不觉睡着了。老板揪着我的头发，把我拖到院子里，拿皮带揍了我一顿。这个礼拜，老板娘叫我收拾一条青鱼，我从尾巴上弄起，她就捞起那条青鱼，拿鱼嘴直戳我的脸。伙计们捉弄我，他们打发我上酒店去打酒。吃的呢，简直没有。早晨吃一点儿面包，午饭是稀粥，晚上又是一点儿面包；至于菜啦，茶啦，只有老板自己才大吃大喝。他们叫我睡在过道里，他们的小崽子一哭，我就别想睡觉，只好摇那个摇篮。亲爱的爷爷，发发慈悲吧，带我离开这儿回家，回到我们村子里去吧！我再也受不住了！……我给您跪下了，我会永远为您祷告上帝。带我离开这儿吧，要不，我就要死了！……”

这段话写了什么？学生往往回答：写了凡卡挨打受苦的悲惨遭遇。再追问，从哪些方面写了凡卡的悲惨遭遇？学生往往挂一漏万。原因何在？思路没有理清！思路不清，阅读就不会深、透，难以对文章有全面、准确的理解与概括。

对于这段话，可这样引导学生理清思路——

第一步：如果将这段话分成两部分，应怎么划分？引导学生在“只好摇那个摇篮”后划开，前一部分写凡卡的悲惨遭遇，后一部分写凡卡对爷爷的恳求。

第二步：第一部分从哪些方面具体写了凡卡的悲惨遭遇？重点写了哪一个方面？引导学生理清是从“挨打”“吃的”“睡的”三个方面具体来写

的。其中“挨打”是重点，写了“摇摇篮时挨打”“收拾青鱼时挨打”。

这样教学，学生从整体上理清了段落的两大部分，并认识了“悲惨”的三个层次，了解了“挨打”的两个方面。思路理清了，理解深入了，文意明白了，概括就能水到渠成。

5. ***理清思路是提高整体把握能力的必然要求***

阅读一篇文章，应当整体把握它的框架，明白作者的写作意图，弄清文意。要从整体上把握一篇文章，培养学生的整体把握能力，理清思路至关重要。

还是以《凡卡》为例，这篇文章的结构比较特殊，教材中主要提了三个问题。

（1）想一想课文写了哪几方面的内容。

（2）把凡卡信中的内容找出来，有感情地读一读，再说一说凡卡的学徒生活是怎样的。

（3）你发现本课在表达上有哪些特点？

三个问题涉及了对文章的整体把握，这就要求学生必须理清思路。理清下面几条思路，有利于学生整体把握文旨。

（1）这篇文章主要分三个部分来写：一是趁机偷偷开始写信；二是写信过程；三是寄信与梦想。

（2）写信部分又包含两个内容：一是信的原文，集中痛诉了悲惨的学徒生活；二是信内容以外的插叙，主要回忆了爷爷守夜与砍圣诞树的情景，插叙是表达上的突出特点。

（3）课文以凡卡的三次叹气为经线，以写信和插叙为纬线来推进。

“一叹”：凡卡叹了一口气开始写信，刚写了个称呼和开头，眼前就浮现出了过去爷爷守夜的情景，并想象了现在爷爷是怎样守夜的。“一叹”以回忆与想象为主，这一部分内容主要是插叙。

“二叹”：凡卡叹了口气，接着写下去。凡卡在信中倾诉了悲惨的学徒生活，希望能回到爷爷身边。这一部分内容主要是信本身。

“三叹”：凡卡伤心地叹口气，又呆呆地望着窗口。他想起了与爷爷一起砍圣诞树的快乐时光，并乞求爷爷带他离开。在这一部分内容中，插叙与信的内容平分秋色。

一位优秀的读者，应该既是一位战略家，又是一位战术家。如果理清了上述思路，就能像战略家一样眼观六路，耳听八方，掌握全局的主动权，从整体上把握文意。同时，无论深入到哪部分内容细细咀嚼，又都是在全局统领下的局部战术，决不会因一城一池的恋战而贻误整个战局，在寻求文意的过程中就能做到轻重有致，适度而准确。反之，如若思路不清，就像战场上的士卒，只见眼前，难观全局，在文意的把握上往往以偏概全、挂一漏万。

6. **理清思路是培养写作能力的必然要求**

天津师范大学田本娜老师指出，小学语文阅读课需要解决两个问题：一是理解作者在文章中写了什么；二是理解作者是怎么写的。

阅读教学不能只停留在理解文章内容上，必须完成两个过程：一是从语言到思想内容；二是从思想内容到语言表达。前一过程解决理解作者在文章中写了什么这个问题，后一过程解决理解作者是怎么写的这个问题。

阅读是作文的基础，作文是阅读的发展。阅读教学重视理解字、词、句，理解段意、文意，揭示中心，这是极为重要和必要的。但教学仅仅停留在这一步是远远不够的，应当在教学过程中抓住教材特点，不失时机地从读的理解转向写的感悟，使学生理解、领会作者为了表达文章主旨，选择了什么材料，分几层来叙述，是按什么思路组织的，先说什么，后说什么，详说什么，略说什么，为什么这样说，等等。这一过程，实际上是在理清文章思路，促使教学从怎样读的旧有定式跳到了如何写的崭新角度，使学生从感知语言文字、理解表象这种从形式到内容、从部分到整体的心理过程，转向了从思想出发，感悟作者怎样选材、组织、布局、遣词造句再造表象这种从内容到形式、从整体到部分的心理过程，完成了读中学写、读中悟写、读中孕写的良好训练，提高了写作能力。

7. **理清思路是领悟作者情感的必然要求**

作者在写一篇文章的时候，总有一条清晰的思路，他要通过这条思路表达自己的感情和感悟。我们在阅读文章的时候，只要遵循这条思路，就能够准确地把握文章的情感脉络。

如《月光曲》一文，生动地记叙了德国著名音乐家贝多芬谱写《月光曲》的传说。文章有三条思路，一是事情发展之思路：走近茅屋—进屋弹一曲—再弹一曲；二是发展缘由之思路：径幽心闲琴声—兄穷妹慰情深—知音佳境巧合；三是情感变化之思路：深深触动—万分感动—激情勃发。

教学时潜心梳理这三条思路，就能切实体味人物的情感。

（1）径幽心闲琴声——贝多芬被深深触动，情不自禁地走近茅屋。

秋高气爽，月色皎洁，银光普洒，小路幽幽，满野宁静，莱茵河畔，流水潺潺。演出之余，贝多芬在幽静的小路上散步。正巧此时茅屋里传出了断断续续的琴声，职业的敏感使贝多芬兴致顿高，何况，弹的正是他的曲子呢！一般来说，知道自己的作品被认可，无论是谁，心里都会格外兴奋。身在异地，听到琴声，贝多芬的情感猛地被深深触动，喜爱音乐的缕缕情丝牵动着他，使他不由自主地迈向茅屋。

“深深触动”是贝多芬情感的萌生阶段。教学时可在学生阅读课文的基础上这样引导：贝多芬为什么走近茅屋？想象一下当时的环境和贝多芬的心情。

（2）兄穷妹慰情深——贝多芬万分感动，忍不住进屋弹了一曲。

在屋外，贝多芬听到兄妹俩的谈话——姑娘说，要是能听一听贝多芬亲自演奏该多好！哥哥十分关心妹妹，但因无钱买票而惋惜、内疚；妹妹体贴哥哥，为安慰哥哥，急忙掩饰自己不慎流露的内心渴求，装作随便说说罢了。兄妹俩的纯朴善良、手足深情使贝多芬身不由己地推门进屋。屋内情景怎样呢？酷爱音乐的姑娘竟是个盲人！面对此情此景，贝多芬万分感动，他要用音乐安慰这对兄妹，以亲自演奏满足姑娘的渴望，于是满怀深情地弹了一曲。

“万分感动”是贝多芬情感的升温阶段。教学时可主要抓住这样几个问题：①姑娘开始说了一句什么话？是随便说的吗？为什么她说是“随便说说”呢？②贝多芬为什么走进茅屋？此时他的感情是怎样的？

（3）知音佳境巧合——贝多芬激情勃发，巨作顿成。

一曲终了，盲姑娘听音知人，竟脱口而出：“您，您就是贝多芬先生吧？”她不仅爱音乐，而且非常懂音乐，对音乐有着极强的理解能力和感受能力。贝多芬路逢知己，巧遇知音。在这样贫穷的茅屋里，双目失明的姑娘这般地酷爱音乐。强大的反差使贝多芬浮想联翩，他的心灵深处被猛然震动，于是忍不住为姑娘再弹一曲。恰巧此时风吹烛灭，月泻屋里，屋里屋外成了银色的清幽世界，宛若仙境。知音佳境巧合，贝多芬感情陡然勃发，闸门全开，创作的激情喷泻而出，手随心意，钢琴便流淌出迷人的乐章——《月光曲》。

“激情勃发”是贝多芬情感的高潮和升华。课文将《月光曲》化为文字，通过兄妹俩的联想，描绘了两幅画面：一幅是皓月初升，海面轻轻晃动，微波把月亮的清辉分成万点银光，跳跃不定；另一幅是月升云游，海面上狂风骤起，巨浪顿涌，雪亮的浪花翻滚奔腾……画面景色由宁静到波涛汹涌，曲调由平缓变得急切，忽而变得高昂激越。它向我们展示的不仅是大自然的美丽风光，还是贝多芬对劳动人民的深切同情。

情感寓于思路中，理清思路，就能领悟情感。

## 二、致力语言，学会概括

从某种意义上说，阅读就是把长的文章读短，把多的文字读少。阅读教学不仅要引导学生感受、体验、感悟，更重要的是要在此基础上引导学生梳理文章的思路，捕捉文章的要点，抽象出文章的意思，能用一个词、一个句子来表达一段话、几段话或一部分内容，这就是概括能力。培养学生的概括能力是阅读教学的高级目标。应如何培养呢？

### 1. 层层拓词，培养概括能力

用一个字、一个词、一个短语或一个句子来概括某部分的内容，其概括的详尽程度是不同的。怎样做到惜墨如金又准确概括？主要意思和次要意思怎么处理？一层意思与几层意思如何取舍？这些训练能十分有效地培养学生的概括能力。

如《普罗米修斯》一课，有这样两段话——

普罗米修斯的双手和双脚戴着铁环，被死死地锁在高高的悬崖上。他既不能动弹，也不能睡觉，日夜遭受着风吹雨淋的痛苦。尽管如此，普罗米修斯就是不向宙斯屈服。

狠心的宙斯又派了一只凶恶的鹫鹰，每天站在普罗米修斯的双膝上，用它尖利的嘴巴，啄食他的肝脏。白天，他的肝脏被吃光了，可是一到晚上，肝脏又重新长了起来。这样，普罗米修斯所承受的痛苦，永远没有尽头了。

宙斯是从哪两方面惩罚普罗米修斯的呢？

第一段话，如果只用一个字来概括，你会用什么字？学生大多说用“锁”。如果用两个字呢？学生大多说用“死锁”。

如果用四个字呢？学生议论纷纷：“死死地锁”“死锁手脚”“死锁悬崖”……概括能力的强弱立见高低。

这时引导学生讨论，启发学生感悟："死死地锁"与"死锁"表达的意思并无太大区别，"死锁"表明控制了手脚。只有"死锁悬崖"既表明控制了手脚，又表明控制在险要地，最为恰当。

如果用八个字呢？学生纷纷举手："死锁悬崖，不能动弹""死锁悬崖，不能睡觉""死锁悬崖，日夜风吹""死锁悬崖，遭受痛苦""死锁悬崖，永不屈服""死锁悬崖，风吹雨淋"……概括能力的高下更见分晓。

这时引导学生讨论，启发学生渐渐领悟："死锁悬崖，不能动弹""死锁悬崖，不能睡觉"之类，都是说普罗米修斯被"死锁"，属同一层意思；"永不屈服"并非惩罚；"死锁悬崖，风吹雨淋"在"死锁"之外还包含了另外一层意思，概括的内涵更为丰富、全面。

第二段话，如果分别用一个字、两个字、四个字、八个字概括，你会用什么字？至此，学生逐渐领悟：啄；啄食；鹰啄肝脏；鹰啄肝脏，苦无尽头……

如此训练，学生深刻领会了"文意要点梳理"与"用词精确表意"的奥妙，久而久之，学生的概括能力一定会有质的飞跃。

2. **前勾后联，培养概括能力**

一篇文章就是一个有机整体，其结构严谨，逻辑严密，前后一体。利用文章的这种联系，前勾后联，有利于培养学生的概括能力。

如《桃花心木》一文，种树人在回答"我"的疑问时说，他浇水是模仿老天下雨，目的在于使树形成在不确定中找水源、深扎根的本领。在课文中具体写种树人浇水有这样几段话——

树苗种下以后，他常来浇水。奇怪的是，他来得并没有规律，有时隔三天，有时隔五天，有时十几天才来一次；浇水的量也不一定，有时浇得多，有时浇得少。

我住在乡下时，天天都会在桃花心木苗旁的小路上散步，种树苗的人偶尔会来家里喝茶。他有时早上来，有时下午来，时间也不一定。

我越来越感到奇怪。

许多教师这样教学：先让学生指出写"我"感到奇怪的句子，然后让学生用多种方式读出感到奇怪的语气，然后教学便进入下一个环节。可以想象，这种教学只是训练了学生找句子、读句子的能力，却忽视了对非常重要的概括能力的培养。教师可在此基础上进一步点拨：种树人浇水让人感到奇怪，有几个“不一定”，请概括。从而引导学生得出：一是浇水间隔的天数不一定；二是浇水的量不一定；三是浇水时间不一定。

这样一方面培养了学生的概括能力；另一方面，前勾后联，为学生理解文旨“在不确定中生活的人，能比较经得起生活的考验，会锻炼出一颗独立自主的心”起到了铺垫作用。

**3. 捕捉要点，培养概括能力**

培养概括能力，实际上就是培养捕捉要点的能力。一段文字或一篇文章，围绕一个意思展开叙述，在叙述时涉及哪些要点，将之猎取，便是训练概括能力。如《燕子专列》一文有这样一段文字——

事情是这样的：这年春天，成千上万只燕子从南方飞回北方时，在瑞士境内遇到了麻烦。当地气温骤降，风雪不止，几乎所有昆虫都被冻死了。燕子经过长途跋涉，已经非常疲劳，再加上找不到食物，饥寒交迫，濒临死亡。瑞士政府知道了这个情况，决定用火车把这些燕子送到温暖的地方。

这段话主要是围绕“遇到麻烦”这一主旨展开的。如果学生只是找到具体写“遇到麻烦”的句子，然后朗读体味，是远远不够的。教师应引导学生用简洁的语言说说遇到了什么麻烦，要求学生把要点都概括进去。

通过引导，学生能抓住“气温骤降”“长途跋涉”“饥寒交迫”“濒临死亡”这几个要点进行介绍，才是真正读懂了文意——因为这几个词语把燕子遇到的麻烦都囊括了进去。

概括要点，关键是择其精要，能简则简，不要交叉重复，如“气温骤降”“风雪不止”“几乎冻死”，只要抓住“气温骤降”即可。

**4. 巧理层次，培养概括能力**

巧分层次，着力概括，既是对阅读能力的训练，也是培养写作能力的良方。

如《临死前的严监生》一文有这样一段话——

严监生喉咙里痰响得一进一出，一声不倒一声的，总不得断气，还把手从被单里拿出来，伸着两个指头。大侄子走上前来问道：“二叔，你莫不是还有两个亲人不曾见面？”他就把头摇了两三摇。二侄子走上前来问道：“二叔，莫不是还有两笔银子在那里，不曾吩咐明白？”他把两眼睁的滴溜圆，把头又狠狠摇了几摇，越发指得紧了。奶妈抱着哥子插口道：

“老爷想是因两位舅爷不在跟前，故此记念。”他听了这话，把眼闭着摇头，那手只是指着不动。赵氏慌忙揩揩眼泪，走近上前道：“爷，别人都说的不相干，只有我能知道你的意思！……你是为那灯盏里点的是两茎灯草，不放心，恐费了油。我如今挑掉一茎就是了。”说罢，忙走去挑掉一茎。众人看严监生时，点一点头，把手垂下，登时就没了气。

这段话被称为人物特点、人物细节描写的杰作。如果读后学生只留下通过临死前不忘挑掉一根灯芯说明严监生爱财这样的印象，那无论对发展学生读的能力还是写的能力都没有多大益处。

教师教学时可从巧理层次入手，引导学生思考：严监生伸出的两个指头表示什么意思？作者描写了哪几个镜头？用简练的词句概括地说一说。通过讨论，使学生抓住四个镜头：

两个亲人？——把头摇了两三摇。

两笔银子？——把头又狠狠摇了几摇。

两位舅爷？——把眼闭着摇头。

两茎灯草！——点一点头，登时就没了气。

这样，文章的层次便得到了很好的梳理，要点得到了有效的概括。从写的角度看，又能使学生很好地体会如何抓住要点写具体，可谓一箭双雕。

5. **抓关键词，培养概括能力**

猎取关键词，运用关键词，以关键词来把握文意是培养学生概括能力的重要举措。如《生命　生命》一文，生命是什么？作者选用三件小事来诠释。第一件事，原文如下——

夜晚，我在灯下写稿，一只飞蛾不停地在我头顶上飞来飞去，骚扰着我。趁它停下的时候，我一伸手捉住了它。只要我的手指稍一用力，它就不能动弹了。但它挣扎着，极力鼓动双翅，我感到一股生命的力量在我手中跃动，那样强烈！那样鲜明！飞蛾那种求生的欲望令我震惊，我忍不住放了它！

怎么概括这件事呢？可根据“谁”“做什么”“怎么做”引导学生抓住文中的关键词——“飞蛾”“挣扎”“求生的欲望”等，概括为“飞蛾极力求生”。

同理，运用这一句式，抓住重点词语，学生便能将第二、第三件事分别概括为“瓜苗不屈生长”“心脏沉稳跳动”。

这样概括，简练而准确。

6. **回环照应，培养概括能力**

教学中，围绕某些内容或某种意思首尾照应，有利于培养学生的整体把握能力。

下面是《火烧云》的教学片段——

师：同学们边听边想，《火烧云》这篇课文主要写了什么？

（教师绘声绘色地范读一遍，又要求学生自读一遍，读后回答。）

生：写火烧云的颜色、形状变化极多。

师：能否简练些？

生：写火烧云的变化极多。

师：课文哪些地方写火烧云的变化极多？能读出来吗？看谁读得最好。

（学生找出写火烧云的颜色和形状的第3至第6自然段并朗读。）

师：这几个自然段写了什么？（变化极多）先写什么？（颜色）后写什么？（形状）谁读一读写颜色的部分？谁读一读写形状的部分？

师：看看写颜色的部分，想想作者是怎样写颜色变化极多的。

（分析："一会儿……一会儿……一会儿……一会儿……"说明变化快，"葡萄灰、梨黄、茄子紫"表示颜色多；然后要求学生看着板书复述这段内容，最后教师小结。）

师：刚才学习的这一自然段写了什么？（颜色变化极多）

（接着学习写形状的第4至第6自然段，然后问：第3至第6自然段写了什么？先写什么？后写什么？至此，学生已是成竹在胸：第3到第6自然段写火烧云的变化极多，先写颜色，后写形状。）

教学片段中，标"～～"的四处是总述内容，是对"变化极多"的四次不同层面上的照应；标"____"的三处是分述内容，是对颜色的照应。此外，还蕴含着不同层次、不同角度的听和说、读与写的照应，体现了照应的多维性。

这样教学，日积月累，学生的整体把握能力与语言概括能力便受到了扎实有效的训练。

# 第四节　改变习作方式，培植活语言

## 一、写作，语文素养的核心

写作是运用语言文字进行表达和交流的重要方式，是认识世界、认识自我、进行创造性表达的过程。写作能力是语文素养的综合体现。

### 1. 写作基于阅读又促进阅读

一方面，写作需要阅读的积淀、语言的积累，需要从阅读中汲取营养。正如叶圣陶先生所说："单说写作程度如何是没有根的，要有根，得追问那难以捉摸的阅读程度。"通过阅读可以汲取知识，充实头脑，可以学习语言的运用和表达的技巧。

另一方面，写作对阅读有巨大的促进作用，不可忽视，尤其是以写作为目的，为写作而开展的阅读更是功效显著。"为阅读而阅读"与"为写作而阅读"，其意义、作用是千差万别的。

一个纯粹的读者总是显得动力、功力不足。仅以读者的身份去阅读，往往会出现"不识庐山真面目，只缘身在此山中"之感。这种阅读不免时常"昏昏然"。而一个作者必定是一个有心的读者、一个具有不竭动力的读者、一个高效率的读者。以作者的身份去阅读，犹如庖丁解牛，能够透视阅读的一切秘密和本质，从而迅速提高写作与阅读的能力。

### 2. 写作基于阅读又高于阅读

人们通常把阅读看作吸收，把写作看作倾吐。阅读吸收侧重于分析理解，写作倾吐侧重于组织表达。

能够分析、理解一篇文章的人，未必能够写出一篇同样水平的文章；能够写出一篇文章的人，必定能够理解一篇相同水平的文章。在现实生活中，读多少，懂多少，往往无人苛求，而写则不然。文句是否通顺，遣词是否得当，表意是否贴切，逻辑是否清楚，文理是否通达，人们往往是很较真的。所以，能够读文章的人居多，能够写文章的人较少。

阅读能力强的人，写作能力不一定高；而写作能力强的人，阅读水平必然高。

写作能力强的人，能迅速地捕捉把握阅读材料、整合加工阅读材料、感悟提升阅读材料、内化使用阅读材料。写作较阅读更能使人理清思路，更能培养人的分析理解能力、语言组织概括能力以及眼观全局的语文整体把握能力和从细微处入手的语文实践能力。从这个意义上说，写作是高于阅读的。

写作水平的高低是一个人语文水平高低的标志。说一个人语文水平高，往往是说这个人文笔优美，文采飞扬，即写作水平高。一个不会写作的人，恐怕没有人会认为他的语文水平高。几乎没人说一个人语文水平高，是说他很能阅读，善于阅读，读了许多书。

从读与写的关系看，阅读是看别人说话，而写作则是自己在说话，在说自己的话。写作是阅读的发展与提升，是语文学习的高级目标。写能融合听、说、读，而读则往往难以融合听、说、写。读与写之间不存在“眼高手低”之说。“手低”的，不会写，他的眼力也不可能高到哪里去；只有“手高”会写，才能“眼高”会读。从这个意义上说，写作基于阅读又高于阅读。

3. **写作基于认识又基于语言**

写作是一个人的认识水平与表达能力的综合体现。只有表达能力而缺乏认识水平，是写不出好文章的。

因此，我们要引导学生多接触社会、接触自然、了解生活，指导他们通过关注和观察社会、自然、生活，提高思想认识，陶冶情操，提高审美能力。

新课程不再是单纯地看重在规定时间内写出符合规定文体的文章，不再是将作文课看作教给学生按一定的写作章法了解写作过程。现代教育改革的趋势昭示我们：教育要以人为本，写作教学更应使学生勇于表达真我；要更加关注人文素养的生成，将“人”与“文”统一起来，为做人而作文，以做人促作文，又以作文促做人，“人”“文”共进，把作文能力的培养融入人的生存和发展之中，融入做人的知、情、意、行之中。

同时，作文是一门语言艺术，它基于语言，一刻也离不开语言。认识要通过语言来表达。缺乏了语言，美好的思想将永远掩藏于心中，永远不会发芽生长，永远无法展现。

美好的情感、痛苦的经历、执着的追求、美妙的憧憬……这是许多人都有的切身感受，都可以作为作文材料，但能据此写出文章的人较少，能写出好文章的人就更少了。走出家门，走进大自然，美丽的山水风光，可爱的动物、植物，瞬间的心灵感受，也可以是作文材料，但同样有许多人没能写出文章来。同样去游黄山，作家能够妙笔生花，动人心魄，而普通游客往往只能是心动一下，口头赞叹几句，其中的关键是语言素养不同。

写作，需要用眼观、用心品，在日常生活中发现美、认识美、辨别美，不断提升认识水平，同时要关注语言基本功的夯实与提升，让认识水平与表达能力“比翼齐飞”。

4. 写作基于模仿更富于创造

孩子要学步，习字要描红。模仿是人类乃至一切动物在学习中必须经历的阶段。写作当然也需要模仿，教师在写作教学中应当允许学生模仿，正确对待模仿，潜心研究模仿，要注意从多仿到少仿，从形仿到神仿。

语文新课标提倡“有创意的表达”，鼓励学生放开身心和手脚，由“模仿文”及早过渡到“放胆文”，引导学生入乎其内出乎其外，逐步做到由仿而创。

学生要敢想敢写，写出自己的个性，要放飞思维，展开想象，创造性地运用语言文字进行表达：创造性地表现世界、描写世界，创造性地表现社会、描写社会，创造性地表现自己、描写自己。有创意是写作的关键。

创新是一个民族的灵魂，科学精神的精髓是求实创新。以培养创新精神、发展学生个性为重点，让学生学会正确而流畅地表达，有利于学生健全人格的养成。写作是一个人心灵的展现和人格的体现，更是充满创造性的心智活动，带有强烈的个性化色彩。积极主动、全身心投入地写作是一种创造过程。

写作，集认识水平、创造能力于一体，融字、词、句、段、篇于一体，融对语言文字的理解、积累、运用于一体。写作，是一个人语文素养的综合体现和语文水平的根本标志，是现代和未来的公民必须具备的基本能力。对青少年而言，学会写作极为重要。

## 二、创生，作文教学的活道

### （一）创生作文的内涵

什么是创生作文？我们认为，“创”即创造、创意；“生”即动态生成。“创生”即富有创意的动态生成。它包括两个方面：一是作文兴趣、作文情境、作文素材等的生成；二是学生写作过程中动态的、现场的、现实的生成。

创生作文有哪些类型？依类别大体可分为这几种：①实验探究作文：这类作文以学生感兴趣的小实验为基本情境；②生活纪实作文：这类作文以实地观察感受为基本情境；③童话故事作文：这类作文以某一凭借为基点引发情境；④虚拟生活作文：这类作文以表演为基本情境；⑤现场描摹作文：这类作文以现场素描为主；⑥游戏活动作文：这类作文以游戏活动为写作对象；⑦音画想象作文：这类作文以声音、图画为引子，故事随声音或图画推进……依过程大体可分为这几种：①作文情境的创生；②作文欲望的创生；③作文内容的创生；④作文指导的创生；⑤作文评改的创生。

创生作文是一种归纳作文，它与传统作文的教学方式正好相反。

传统作文教学提倡“先讲后作”，是一种演绎作文，基本程式大体为“出示题目、写作要求—审题，明确题意—联系阅读，范文引路—学生辨析写作素材的是与非—学生忆往事、交流—学生‘依葫芦画瓢’，课外练写”。如写《一件令我难忘的事》，总是先审题，“是一件不能是两件”“是我不能是别人”“是写事不是写人”“要体现‘难忘’二字”等，然后学生根据教师的要求和指导去“忆昔”，去演绎思路、演绎材料、演绎文章。

演绎作文写的大多是“过去时”。这种写作从理性开始，从抽象处入手，严重违背了小学生的思维特性，是一种由抽象到具体、由一般到个别的过程。实践证明，这类作文激不起学生的兴趣，限制了学生的思路，压抑了学生的个性。

创生作文教学提倡“先作后讲”，它反演绎作文之道而行之。其基本程式是“创情境—写现场—现场写—当堂评”。它写的大多是“现在进行时”，是一种由具体到抽象、由个别到一般的过程，是一种归纳作文。

**1. 创情境**

主要解决“写什么”的问题，创设妙趣横生的，学生易于动笔、乐于表达的作文演练场。这个演练场融作文演练的情境与情趣、内容与形式、知识与实践、过程与方法于一体。它既符合学生身心发展的特点，又符合作文教学的规律；既具有现实而显著的效果，又符合可持续发展的要求。这个演练场是富有创意的、引人入胜的，是具有针对性和操作性的，适用于日常化教学。

2. 写现场

主要写课堂上的“现在进行时”，当然也包括一些最近的、课前的“刚刚发生时”。放手让学生去写作文情境中的观察、操作、体验、感受。这样，从内容入手，可以引导学生说真话、抒真情，避免说假话、空话、套话。

3. 现场写

主要指在现场的情境中写，现场及时进行练笔。作文是动笔而非动口的功夫。现场的“趁热打铁”，有利于学生捕捉写作内容，训练写作水平，同时避免了作文教学的“课上满堂讲，课后放任自流写”的弊端。

4. 当堂评

主要指当堂讲评作文。在学生写现场、现场写的实践过程中，引导学生在充分的自改、互改实践中去交流碰撞，去学习写作知识和写作技巧，去体味写作过程中的遣词造句、布局谋篇，去领悟写作过程中的审题、立意、取材、构思、起草、加工、修改等，让学生在写和评中，从自己或同伴习作的“具体形象化”中归纳出写作之道。

（二）创生作文的理想愿景

近几年来，我们在广泛借鉴全国许多名师经验的基础上，通过扎实的课堂实践，大体形成了“五步式”的创生作文教学愿景。

1. 创设乐写情境

创设乐写情境是创生作文教学的难点与关键。创生的活动内容有趣，学生的体验有趣，写作时自然兴致高涨，不吐不快。下面是一位教师在课前实验的基础上展开的作文教学片段——

师：昨天，老师给大家布置了什么任务？

生：把熟鸡蛋从四楼扔下去，有什么办法能让鸡蛋不破？

师：你当时的第一感觉是什么？

生：不太可能。

生：很刺激。

师：现在的感觉怎样？

生：这么有难度的问题，我都能解决，我觉得很自豪。

生：我觉得很轻松，仿佛心里的一块石头落地了。

师：大家都想到了哪些办法？

（一位学生上前展示：在空花篮里垫上海绵，把鸡蛋装在一个小布袋里，再将小布袋拴在花篮的提手上；另一位学生上前展示：将花篮系在自制的小降落伞上。）

师：说说你们是怎么做的？

生：第一次实验时，我们用两块海绵将鸡蛋包起来，用线捆住，扔到地上时，线松开了，鸡蛋破了。后来，我们用油纸袋做了个降落伞，将鸡蛋用海绵包好后系在降落伞上，给它增加阻力，扔下去，鸡蛋没有破。

师：不仅动了脑子，还动手实践了。这是他们两次实验的结果。今天我们班里那么多同学都想出了办法，你有什么感觉？

生：很高兴。

生：很激动。

这里，教师创设了“把熟鸡蛋从四楼扔下去，有什么办法能让鸡蛋不破”这样一个扣人心弦的情境，学生亲身实践后，交流自己进行实验的过程和感受，自然是跃跃欲试，说得有模有样。

2. **表达真情实感**

让学生在情境中操作实践，观察思考，感受体验。学生亲身实践了，心灵被震撼了，就能富有创意地、兴致勃勃地倾诉肺腑之言，抒发由衷之情，表达独特个性。请看下面这个教学片段——

师：昨天你们感到很难，很刺激；今天感到很自豪，很开心。捕捉你在这一过程中最真实的感受，用10分钟的时间把它写下来。

生1：我写的是第一次听到要求时的真实想法——

听到老师说，要把一个熟鸡蛋从四楼往下扔，还得让鸡蛋不破，我觉得简直不可想象！老师是在开玩笑吗？这又不是铁蛋，怎么可能不破呢？除非它是个鸟蛋，在空气中遇到一股热气流，孵出一只小鸟飞走了，这倒是可能的。（掌声）

师：很有创意！鸡蛋变成鸟蛋，鸟蛋变成小鸟飞走了。

生1：如果不是这样，对我来说，就三个字：不可能。（热烈掌声）

师：这位同学的想象大胆。其实只要敢于去想，你们的想象力都是很丰富的。

生2：哎，这个办法又失败了。

师："哎"这个字，把当时的什么感觉给写了出来？

众生：难！

生2：我烦躁极了，因为老师给我们布置了一个任务：把一个熟鸡蛋从四楼扔下去，有什么办法能让鸡蛋不破？我的第一个想法是往塑料袋里装沙子，将鸡蛋放在沙子里，然后从1米高的地方扔下去。可是落地时，沙子散开了，鸡蛋也破了。把鸡蛋从1米高的地方扔下去都破了，更何况从四楼扔下去呢？

**3. 多元自主拟题**

对于同一情境，由于学生的经历、个性、知识背景不同，感受、体验必然不同，他们关注的侧重点不同，写作的思路、重点和感悟自然就会各异。如同样针对一个扔鸡蛋的实验，学生拟题各不相同：有《鸡蛋历险记》《一堂有趣的作文课》《有趣的实验》，有《"铁"鸡蛋》《鸡蛋里飞出了"小鸟"》《不可能的任务》，有《到底难不难》《大胆的实验》《啊，成功了》，有《鸡蛋的故事》《鸡蛋要有安全感》《鸡蛋的末日》等。有的侧重写课，有的侧重写实验，有的侧重写老师，有的侧重写实验成功……

多元的体验，催生了多元的内容；多元的内容，催生了多元的题目；多元的题目，体现了多元的个性。

**4. 不拘形式作文**

多元的题目，学生可以自由选择，可以写别人拟写的题目，也可以写自己新拟的题目。就体裁而言，可以是记叙文，可以是讨论文，可以是说明文，也可以是小说……自由写作，显然避免了传统演绎作文趋同的弊端，给学生独立思考、自由表达提供了广阔的天地。

师：这么多题目，大家可以自由选择，可以写别人拟写的题目，也可以写自己新拟的题目。给你们10分钟的时间，写你最有把握、最想写的一段。要求写具体，写你看到的、听到的、想到的、说的、做的。

（学生写作，教师巡视。）

生1：我的作文题目是《我——鸡蛋》——

一天，我被小主人塞进一幢海绵做的小房子里，房子外面还套了一个塑料袋，系在一个降落伞上。我想：该不会把我当作跳伞运动员，让我从几十米高的地方跳下去吧？哎，我还不想死呢！于是，我撞撞海绵，乞求小主人说："不要把我从高空扔下去。"可小主人装作没听见。于是，我又喊："救人一命，胜造七级浮屠。"（众生笑）可是，我呼来喊去，就是没有用。

生2：我的作文题目是《鸡蛋实验之失败》——

扔鸡蛋实验其实很简单，至少开始我是这么认为的，不就是把熟鸡蛋从四楼扔下去，使鸡蛋不破吗？晚饭以后，我就开始了实验。一会儿，一团报纸包着的鸡蛋便被我从四楼扔了下去。"咔嚓"一声，告诉我答案——失败也。

师："咔嚓"一声，告诉我答案，她用了一个"失败也"，很浅显，很诙谐。

生2：我急匆匆地跑下楼，找了半天，才找到鸡蛋。一看，已经四分五裂，只能剥了壳吃进肚子里。我终于发现，这个任务原来这么难，说它是一个不可能的任务，一点儿也不夸张。只好再煮一个。

这里，教师创设了扔鸡蛋的情境，打开了学生的思路，学生的思维活跃，在写作实践中发展了语言，感悟了写作规律，提高了写作能力。

**5. 评改中提升语言**

写作的根本目的是发展语言。教师要点拨、引导、矫正，使学生得到扎实的训练，有效地提升语言能力。

创生作文教学倡导让学生在当堂评改的过程中去认识、体会、感悟写作之道。因为有了亲身的体验和感受，写具体的实践体会会比较容易，听到与自己有相同经历的同伴的作品，也会感到特别亲切，并能从中得到启发。

如创生作文训练中，一位学生在前文中写"我沉沉地进入了梦乡"，后文中写"我猛地一跃，'哐'的一脚踢到床板上，'哎哟'一声从梦中醒来"。教师大加赞赏："这位同学已经学会了前后照应的写法，文章浑然一体。"学生顿悟："原来这就叫'前后照应'！"这样，全班学生都掌握了这一写法，学生很快就灵活地运用到自己的习作之中了。

（三）创生作文的依据与注意事项

**1. 创生作文的依据**

（1）创生，重在体现新课标理念

语文新课标理念可简单概括为三句话。

第一，易于动笔，乐于表达，写真情实感。易于动笔，要从内容入手，有东西可写；乐于表达，要喜欢写，有兴趣，欲望强；写真情实感，要情动于衷，情动而辞发。

第二，减少束缚，自主拟题，有创意表达。减少束缚，就是教师要少限制，多鼓励，多赞赏；自主拟题，就是让学生打开思路，放开手脚，放飞心灵；有创意表达，就是让学生展示个性，包括文体、结构、表达形式以及个性化的语言。

第三，在实践中练写，在自改互改中提高。作文是笔头上的功夫。要让学生在课堂上多练笔，在写作中学写作。写作中的许多知识、技巧都是在“前车之鉴”的启示中获得的，都是在自己修改作文的过程中、在品评他人文章的过程中感悟到的。

富有创意、动态生成的创生作文为落实新课标理念找到了理想之路。

（2）创生，重在创设动人情境

创生作文的第一步，也是关键的一步，是要创设一个生动的情境。这个情境必须是学生喜闻乐见的，是融写作兴趣、要点、内容于一体的。它必须具备以下几个特性。

一是简单性。创设的情境应该场面简洁，准备简单，用具简单，易于操作，经济实惠。

二是全员性。创设的情境应该面向全体，全员参与，最好是全员都能亲身实践的，或动脑，或动手，或动口，或脑、手、口并用。切忌那种少数体验、多数旁观的情境。

三是可感性。创设的情境必须给人以新意、刺激、情趣、启示、沉思、震撼，让人在情境中有所触动、有所思考、有所感悟。

四是可写性。一切为写作服务。创设的情境必须蕴含写作要点，生成写作抓手，丰富写作内容，激活写作动机，孕育写作生命。

如《逗笑“木头人”》，情境创设简单易行，无须做太多的准备；同桌相互逗笑，做到人人参与；逗笑招数千奇百怪，令人忍俊不禁，学生个个兴趣盎然；教师围绕“你用什么招，我有何反映”这一抓手，引导学生将有趣的动态画面变为文字，因为有了抓手，学生写得得心应手，描绘得栩栩如生。

（3）创生，重在获得深刻体验

体验，是写好作文的关键。体验，必须有一个独具一格的“体验场”。

这个场应当是相对完整的、相对集中的，具有强大的磁场引力。

如“撕纸体验”，教师设置了两个相对完整的“体验场”。一个是上课伊始，教师神秘而认真地将一张白纸不断地撕裂，好久才说：“看到我在撕纸，你心里想些什么?”学生纷纷举手，教师轻轻摆手：“不用说，把你刚才想的写下来，写得越长越好。”因为有了生动的“体验场”，短短几分钟，学生就把自己的心理活动刻画得惟妙惟肖。

另一个是，教师同样默不作声，而是让学生一板一眼地跟着老师撕纸、揉乱，然后要求学生拼接复原，学生大多无法复原。这时，教师说：“刚才在撕纸、揉乱、复原的过程中你想了些什么，如果让你再来一次，你会怎么做?”学生纷纷举手，教师再次摆手，让学生把自己的心理活动写下来。

这就是引人入胜的“体验场”。经历了这一体验，在描述了体验过程后，学生顿悟，惊呼：“若再来一次，我一定会在白纸上用铅笔画上一棵小树、一只蜻蜓，写上一个大大的“妙”字……这样复原起来就容易多了。看来，盲目跟进的人，是很糊涂的人。”

(4) 创生，重在训练真实表达

作文最忌专说别人的话，最忌假话、大话、空话、套话。因为这些话完全是鹦鹉学舌，没有具体的语言土壤，没有具体的情境植根，是没有生命的话。只说这些话，遇到具体情境，遇到变化的、具体的描述对象时，就会词穷。

创生作文提倡在情境中写现场、现实的、可观可感的眼前事物，提倡真实表达。众所周知，画人尤其是画眼前的真人很难，因为那需要作画的真本事、硬功夫。创生作文教学就重在训练学生这种“素描”的真本事、硬功夫。

只在情境中看、体验、心动，产生“愤悱”的心理状态，是远远不够的，重要的是要将看到的、体验到的、心动的、想要说出来的变为文字，变为形象生动的、活灵活现的文字。

这样的文字，才是有根的文字，才是有生命力的文字，才是能够生长的文字，才是能够以不变应万变的文字。这样的文字，才是有血有肉、有个性的文字，才是独特的、有灵性的文字。

(5) 创生，重在实行现场练写

创生作文提倡写现场、现实的事物。即使是写想象，也要基于现场，源于现场，由现场生发。

进行创生作文教学，教师要尽量少地进行关于写作知识的抽象说教，尽量在学生写作前少讲关于写作的审题、选材、布局等技法，要改变那种课上教师滔滔不绝地讲，学生默默地听，一堂课下来很少动笔，甚至未写一字一句的局面。

我们在实践中进行了这样的尝试：一堂作文课，学生现场练写的时间至少占 1/2，情境创设、教师讲解指导最多占 1/4 的时间，习作评改占 1/4 的时间。

学生练写时，教师应充分发挥指导作用，重视巡视过程中的个别指导，捕捉特殊案例和普遍情况，发现学生习作的典型，选择具有讲评意义的习作，为讲评奠基。

（6）创生，重在当堂评中提升

作文练写要避免课后放任自流；作文评改同样不能只是教师在“辛勤劳动”。教师花一两周的时间辛辛苦苦批完习作，学生的写作热情早已冷却，有关作文的记忆早已烟消云散，作文评改的反馈、调节、矫正、提高功能必然大打折扣。

创生作文提倡及时反馈，及时矫正，当堂评改，评中悟写。

写作的基本技巧，如开门见山、前后照应、篇末点题、修辞运用等，如若在写作前生硬授予，学生一般难以真正掌握，效果必然甚微。学生只有在写作实践中通过教师的指导与点拨，才能感受、体会并掌握。

当堂讲评，一方面有利于学生相互启发思路，相互学习怎样在情境中选择角度，怎样用贴切的语言描述“正在进行时”的所见、所闻、所思、所感；另一方面有利于对比感悟，能发现人家是怎样“能言”，怎样“文采飞扬”的，从而修改、调整、完善自己的习作，提高自己的语言表达能力。

### 2. 创生作文的注意事项

（1）学会适当记录

教师要提醒学生倾情投入，在学生兴趣盎然时引导其拿起笔来适当地做些记录。因为观察对象瞬间流逝，学生在情境中的思维火花、形成的内部语言往往也是稍纵即逝的。在情境高潮时、在不吐不快时，一定要让学生学会自由地、迅速地在纸上运用简洁的关键词留下思维的痕迹。这样，学生在进入练写环节时就能有所凭借，就会避免“抬头看时激情涌动，低头写时烟消云散”的尴尬。

（2）学会把握写作要点

要根据写作意图、写作重点，恰当地把握写作要点。一位教师要求学生写“市场上的商品真丰富”这一主旨，却花大气力引导学生描写香蕉和鸡蛋的形状、颜色、新鲜度。试问，这些能说明“商品丰富”吗？

（3）学会连贯表述

写作的根本目的是提高学生的语言表达能力。教师要引导学生连贯表述，围绕一个意思有序表达，并尽量把话说得清楚明白、通俗易懂、形象生动。作文课上要避免让学生杂乱无章地说、随意地说。

（4）善于捕捉当堂评的“契点”

教师当堂评，重要的是要做到有备而来、心中有数。当堂评要求教师在学生练写时仔细巡视，迅速浏览学生的作文，捕捉有价值的信息。必要时，还要适当做些记录。同时，教师心中必须明确此次作文训练的重点。只要把学生的写作状况与教师心中的教学目标有机整合，就能确保当堂评的针对性和实效性。

## 三、“心文”，作文教学的航标

所谓“心文”，就是教师要做到“心中有文”。

不管是什么内容、什么题材、什么体裁、什么形式的作文，也不管作文的理念多么先进、多么开放，不管作文教学多么“放胆”、多么自由，教师对所指导的作文均要做到胸有成竹、“心中有文”。

针对某一作文的题目、要求、材料、范围，如果教师自己不知道要写什么，不知如何写，心中没有文章的轮廓，“昏昏”之师必然无法培养“昭昭”之生。“心中无文”的教师，必然会像无头苍蝇一样到处乱撞，漫无目标，脚踩西瓜皮，滑到哪儿算哪儿。

教师最好能写“下水文”。不亲自到河中去蹚一蹚，就不知水的深浅，就不知涉水的辛劳，就不会有涉水的体验，也就无缘享受涉水的快乐。退一步说，作文指导如果做不到一字一句成文，至少也要在脑海中形成几种作文的清晰概貌，这样才能在引导学生写作时胸有目标、行有路线、导有规矩、有的放矢。

一位教师指导学生写漫画作文《假文盲》时，在这几个方面花费了许多气力：一是用多媒体手段浓墨重彩地渲染天气——千里冰封，万里雪飘，天寒地冻；二是让学生说说从哪里看出漫画中的人物感到十分寒冷，并想象寒冷的种种表现；三是展示2008年“春运”期间我国遭遇特大雪灾的场面和抗灾的感人事迹；四是让学生讨论从哪里看出他们是假文盲。上述几个环节用了近30分钟。

试问，《假文盲》这篇习作要写什么，怎么写，写成的文章是什么样子，这位教师心中有数吗？天冷、人冻、雪灾、如何体现假文盲等内容是漫画的主旨吗？这样的引导对写好作文有何意义？目的何在？欲将学生引向何处？

这篇习作应如何指导？

漫画赫然凸显四个汉子安然挤占“母子上车处”通道，一对母子被挤靠边站，题为《假文盲》，点明为“一九八四年一月　华君武”画。这就是画面的内容。无论你写成什么样的文章，简要说明画面内容是最基本的。这是其一。

其二，应写由画面想到的内容。学生可能想到生活中类似的事情，如公交车上不让座，不顾提示践踏花草，在公共场合吸烟，高声喧哗等；可能想到与画面截然相反的美好情景；可能想到自己也曾有过类似的经历及当时的心态；可能想到现象的成因，治理的方法、策略……这也是文章必不可少的基本内容。不同的只是事例、角度、侧重点、感受、写法和语言而已。

教师如果没有把握上述两个要点，恐怕就难以对学生进行正确、有效的指导；学生如果不明确要写上述两个要点，恐怕很难写出好的文章来。如果离开了这两个要点去任意生发，只会本末倒置，偏离写作方向。

## 四、多元，作文教学的烂漫

这里的多元，主要指开阔的思路。制约写作的因素有很多，其中最主要的有两个：一是思路，二是语言。二者相比，思路是根本，起决定性的作用。

开阔思路，首先要从阅读中汲取思想方法。面对“眼睛”这样的命题，我们会想到什么写作材料？不少人想到的是“老师会说话的眼睛”“关键时刻老师期盼的眼睛”“患病时父母焦虑怜爱的眼睛”等，思维定式，思路狭隘，思维僵化。北师大版小学语文四年级下册的“眼睛”单元中，首篇写了渴望读书的“大眼睛”，接着用诗歌写了抗击“非典”的医护人员那美丽动人的眼睛，再写了琳达一家三代捐献角膜那“永生的眼睛”，最后展示了食肉动物、水生动物、夜行动物、飞行动物等各种各样奇妙的眼睛。读后不禁掩卷长思，思路何其开阔！

选择什么材料写“礼物”？生日礼物、学习奖赏、友谊礼物、分别相赠等是我们的惯性思维。北师大版小学语文五年级下册的“礼物”单元中，《献你一束花》写的是把鲜花送给失败者；诗歌《微笑》写的是“没有人富，富到对它不需要；也没有人穷，穷到给不出一个微笑”；《礼物》写的是女儿为了不让穷困的父亲送给她自行车而故意隐瞒成绩，让父亲无限感慨的动人一幕；《奇怪的圣诞包裹》则写了一位海外赤子对山河故土的百般眷恋；《千里送鹅毛》传颂的是“礼轻情意重”的千古美谈。不同的体裁、各异的内容、多元的思维，是我们在阅读教学中必须引导学生细细体悟、深深内化的着力点。

一方面，要竭力做到读中悟写，读中孕写；另一方面，要注意以写促进读，以写巩固读，以写升华读。

教师尤其应注意在写作中引导学生的思路，使之开阔多元。打开思路的方法有很多，这里着重谈谈“穷尽开发”。穷尽开发，就是立体发散，穷尽事物的方方面面、各种可能。

以苹果为例，除了传统的“雨中帮着捡苹果”“八位志愿军战士分吃一个苹果”“探望病人送苹果”之类的内容，还可选择什么材料？可这样穷尽：

从苹果的功用看：最常见的是当水果食用，是否还可写药用？食用有无最佳搭档？有无禁忌？最佳食用也好，禁忌误食也罢，有何效果？能否用童话形式写其在“肚中大战”？最常见的是生食，是否能熟食？

从苹果的生长过程看：播种、发芽、嫁接、管护、防虫、治病、采摘、收获，在这一过程中该有多少可能发生的故事！

从苹果的地域种类看：不同的种类，不同的地域，有着太多的变数。

从人的角度看：或司空见惯，或首次所见，或异地观感，有着太多的发现与感悟。

从实验探究看：如何分切，在液体中的沉浮状态，如何保鲜保质，该有多少值得书写的话题！

从果艺装饰看：如何点缀，如何雕饰，怎样搭配，有着太多的发挥空间！

从体裁看：诗歌、童话、小说……可各尽所能，童话《苹果奇遇记》，不知能蕴含多少离奇情节，让你大胆发挥想象，足以写成一部巨作！

有一届新概念作文大赛的题目不是就展示了一个被咬了一口的苹果，让参赛者去放飞思维，任意驰骋吗？

苹果与这个千丝万缕的世界有着太多的牵扯、太多的联系。切不可一叶障目，从头到尾都是一个角度、一种思维、一个模式。

记叙类文章是这样，议论类文章也是如此。

人教版小学语文五年级上册的“口语交际·习作一”出示了一道有关“开卷是否有益”的辩论题，如果只是一味地阐述“多读书就一定有好处”，那就未免太单一、太绝对化了。就书而言，有好书与坏书之分，有深奥之作与浅显之册之分；就人而言，有好人与坏人之分，有高水平之人与低水平之人之分；就读而言，有专心致志与马马虎虎之别；还有读书时间的选择问题。这样一穷尽，就会有许多立体的排列组合，就会产生多维的关系、多向的可能。

穷尽，让思路发散；穷尽，让思维焕彩；穷尽，让习作烂漫！

## 在情境习作中培植活语言

——“鲤鱼跳龙门”教学片段及评析

、简介游戏，描写心理

上课伊始，教师从创设情境入手。

师：今天我们来玩一个“鲤鱼跳龙门”的游戏，所谓“鲤鱼”就是一枚一角的硬币，所谓“龙门”就是一支笔。谁有办法不用身体的任何部位接触硬币，就能使“鲤鱼”跳过“龙门”？

（学生有的满脸疑惑，有的低头沉思，有的比画着动作……一些学生缓缓举手。）

师：（示意学生放下手）刚刚老师是怎么要求的，你们心里是怎么想的？请写一两段连贯的话。

（学生奋笔疾书，教师请学生朗读自己的习作。）

生：上课了，老师说让我们做个游戏，我们都乐了：耶！爽！

只听老师说，这个游戏的名称叫“鲤鱼跳龙门”。什么是鲤鱼？怎么跳龙门呢？原来，“鲤鱼”是一枚硬币，“龙门”是一支笔。老师又说：“谁有办法不用身体的任何部位接触硬币，就能使‘鲤鱼’跳过‘龙门’？”

不接触硬币，就连摸一摸、碰一碰都不行，怎么可能让它跳过“龙门”呢？这不可能。思来想去，我说：“把硬币放在纸上，掀一掀纸，手不碰到硬币，让‘鲤鱼’跳过‘龙门’。”可话音刚落，老师说：“掀纸算是用手接触硬币了。”

我大惑不解，那还能有什么办法呢？

师：这位同学写了几段？主要写了什么？

生：写了四段，主要写了游戏的玩法和自己的想法，而且写得很清楚、很具体。

师：是的。第一，要说清楚老师是怎么说的，游戏是怎么玩的；第二，听了要求以后，每个人想的都不一样，要把自己的心理活动写清楚、写具体。

【评析：这个游戏有什么要求，如何将这一点转化为书面语言并说清楚，这是一个训练点。教师创设了一个生动的情境，这个游戏到底怎么玩呢？每个学生都会有很多想法，会有很多对玩法的猜想，这就为写作提供了丰富的、个性化的内容，这又是一个训练点。指导和讲评时，教师始终围绕写清楚、写具体这两个要点，引导学生用不同的方法、语言来表达，学生这种真实表达内心的语言就是一种有生命力的活语言。因为有了语言生长、发展的“沃土”，训练目标又十分明确，绝大多数学生都能清楚地表达中心意思。此外，教师有意识地引导学生分段表述，这一点也很值得借鉴。】

**二、操作体验，说明玩法**

**教师重点引导学生尝试体验，学写玩法。**

师：我告诉同学们一种方法，那就是用嘴吹，你们试试看，怎样把硬币吹过“龙门”？

（学生积极尝试吹硬币，课堂气氛异常热烈。之后学生将这一过程写下来。）

师：谁来说说你是怎么吹的？把硬币吹过“龙门”了没有？

生：开始，我把硬币放在课桌边上，憋足力气使劲吹，可硬币纹丝不动，原来我大部分的力气投向了桌面下，怎么能吹动呢？

于是，我把硬币往前推了推，使它靠近笔，然后深呼吸，“呼——呼——”使气流猛地射出，只见硬币刚腾起便紧贴在笔上，根本无法跳过去，吹了两三次都是同样的结果。哦，原来硬币离笔太近了，刚一翻动就被笔死死地挡住了。

后来，我又试了几次，发现硬币离笔三四厘米是最佳位置，吹气要集中，出气要迅速、短促，形成爆发力，强气流要对准紧贴硬币前的桌面，这样，就十有八九能使硬币轻松跳过“龙门”……

师：这位同学写了两种失败的情况，清楚明白地介绍了他总结的最佳方法。大家按照他的方法试一试，再看看有没有更好的方法，然后把自己的作文改一改。

【评析：这一片段，在学生体验吹硬币的基础上，教师重点指导学生如何把活动过程写下来。

教师让学生在听完他人写吹硬币方法的基础上，再次尝试吹硬币，并修改自己的作文，使学生经历了“体验—写作—评价提升—再体验—修改提高”的过程。

从某种意义上说，写作就是把画面变成文字的过程。把亲身体验的过程用自己的语言表达出来，这种语言就是“有根”的语言，就是有生命力的活语言；反之，如果人云亦云，说空话、假话、套话，犹如鹦鹉学舌，那就是“无根”的语言，是飘浮在半空中的无生命力的死语言。成功的作文教学就是要培植活语言，摒弃死语言。】

三、多元思维，创新玩法

在描述基本玩法的基础上，教师进一步启迪学生思维，引导玩法创新。

师：刚才许多同学都轻松地完成了“鲤鱼跳龙门”的游戏，想一想，试一试，还有什么新的玩法，譬如，如何增加难度，如何增加趣味等。

（学生边玩边小组讨论，教师巡视指导。）

师：把你的创新玩法与大家一同分享。

生：我用了两根标杆，增加了高度……

生：我将两支笔拉开三四厘米的距离，增加宽度，让硬币远距离飞翔……

生：我先后用了五角、一元的硬币，不断增加硬币的重量……

生：我把一角、五角、一元的硬币排成一行，让它们依次跳“龙门”……

生：我把一元、五角、一角的硬币叠在一起，使劲一吹，它们竟然都跳过了“龙门”……

师：你们的玩法可真多，选一个最感兴趣的写下来。

【评析：在学生学会了描写玩法的基础上，教师引导学生不断创新，使学生豁然开朗、兴趣高涨，教学又进入了新的高潮。教师放手让学生自由表达，学生鲜活的个性跃然纸上，十分令人欣喜。】

四、自拟题目，布局谋篇（略）

【总评：第一，创生了写作过程。首先，教师创设了生动的情境，丰富了写作内容；其次，让学生现场练写，给了学生充分的写作时间；再次，当堂讲评，及时对学生的作文进行反馈、修改、提高。

第二，教师心有目标。一是创设的情境有写作要点，游戏规则、“我”的心理、硬币吹法、玩法创新几个情境的写作要点很明确；二是“心中有文”，这几个写作要点，可变成什么样的文字，组织成什么样的文章，对此，教师心中有数，成竹在胸，指导起来得心应手。

第三，基本与多元融合。游戏规则的说明，“我”的心理的描写、基本玩法的描写是写作中较为基本的要求，而玩法的创新、题目的拟写以及布局谋篇则体现了多元思维，充分展示了学生的个性，体现了写作教学的基础性和发展性。

第四，培植了活的语言。作文有情境，写作有内容，文字有沃土，语言有根基，文章就有生命活力。】

（执教教师：夏爱平）

## 第五节　整体把握综合性学习的特点

如何准确地认识和把握小学各年级的语文综合性学习的要求、特点，相机利用、动态生成综合性学习资源，凸显综合性学习的本色，落实综合性学习，是我们必须认真研究的课题。

### 一、把握联系，明确要求，领会综合性学习的编排意图

语文新课标强调，“综合性学习主要体现为语文知识的综合运用、听说读写能力的整体发展、语文课程与其他课程的沟通、书本学习与生活实践的紧密结合”。为落实语文新课标的这一要求，人教版小学语文综合性学习的推进大体上可分为三个阶段，正确认识、整体把握这三个阶段及其

要求，是做好综合性学习的前提。

**第一阶段：一、二年级，隐性的综合性学习——隐含性、渗透性。**

这一阶段的综合性学习主要渗透在语文练习中。一年级上册，以“读读说说”“读读画画”等栏目呈现；一年级下册、二年级上册通过“展示台”栏目呈现；二年级下册则通过“宽带网”的形式呈现。

**第二阶段：三、四年级，小综合性学习——单元性、联系性。**

这一阶段，每学期安排两次综合性学习，一般前半学期一次，后半学期一次，每次贯串一个单元。三年级与四年级的综合性学习的呈现方式又略有不同。

三年级的综合性学习，分三次呈现。

先在单元首篇精读课文篇末的“综合性学习”中提出学习要求。如三年级下册中的第一次综合性学习，出现在第二单元首篇课文《翠鸟》后，提出了“调查家乡环境”的要求：调查空气和水是否受到了污染，花草树木是增多还是减少，人们为环境保护做了些什么；调查时要分组商定活动计划，选择合适的方式，合理分工，分头行动。

再在本单元最后一篇精读课文后的“综合性学习”中做一个承前启后的提醒，要求学生总结前一阶段的情况，筹划下一阶段的活动。如在三年级下册第二单元最后一篇精读课文《一个村庄的故事》后提示：交流、整理前一阶段调查家乡环境的情况，并确定用什么方式反映这次综合性学习的成果。

最后在本单元语文园地的“展示台”栏目中交流展示学习成果。如三年级下册第二单元的语文园地的“展示台”栏目中提示：用设计标语牌、办手抄报、写建议书等形式展现学习收获。

四年级的综合性学习也分三次呈现。

先在单元导语中提示。如四年级下册的第三单元导语中提示：围绕“大自然的启示”，开展一次综合性学习，做到对大自然有新的发现，在语文学习上有新的收获。

再在本单元首篇精读课文后的“综合性学习”中提出具体要求、做法。如四年级下册第三单元的“大自然的启示”活动，在首篇《自然之道》后提出：我们可以走进大自然，去观察动物、植物的生长或其他自然现象，看看有什么发现，受到什么启发；也可以去搜集资料或调查访问，了解人类从大自然中受到过哪些启发，有什么发明创造；还可以自己动动手，做做实验或搞搞小发明。

最后在本单元语文园地的“展示台”栏目中交流展示。如四年级下册第三单元的语文园地的“展示台”栏目中通过手抄报、小发明、书目推荐等形式展示了该单元的综合性学习成果。

从上面的例子中我们可以看出，教材中综合性学习的安排及教学具有以下特点。

一是紧扣单元主题。如三年级下册第二单元的《翠鸟》《燕子专列》《一个小村庄的故事》《路旁的橡树》四篇课文均体现环保这一主题，与综合性学习的“环保”专题吻合。

二是紧扣语文园地。如三年级下册第二单元的语文园地中的“口语交际”栏目——我们能做点什么；“习作”栏目——写环境调查情况、调查中的趣事、理想中的环境，都与综合性学习有机融合；甚至连“我的发现”“日积月累”栏目中的内容也与综合性学习内容密切相关。

三是统筹安排活动过程。在单元教学之初，教师就要细细琢磨单元主题，细细琢磨单元教学，细细琢磨综合性学习的三次安排要求，真正做到着眼全局，小处入手，胸有成竹。一定要避免要求归要求，提示归提示，展示归展示，“铁路警察，各管一段”的分割局面。

**第三阶段：五、六年级，“小＋大”综合性学习——专题性、集中性。**

五、六年级前三个学期，每学期安排一次小综合性学习、一次大综合性学习，最后一个学期仅安排一次大综合性学习。小综合性学习的呈现方式及要求与四年级相同；大综合性学习每次为一整个单元，它将以往以课文为主体的单元结构的综合性学习改为围绕专题、任务驱动、活动贯串始终的编排方式，一般包括一个专题，专题分为两个紧密相连、逐步提升的板块。

三个阶段既有自己的特点，又相互依存。低年级隐性的综合性学习是中年级小综合性学习的准备，中年级小综合性学习是高年级大综合性学习的基础。明确各阶段的编排意图、特点要求，是做好语文综合性学习的重要一环。

## 二、缘课施教，有序推进，务求综合性学习的全程落实

从教学过程看，综合性学习的课可分为三种。

1. **活动指导课**

主要是阅读材料，明确任务，确定专题，组建小组。就中年级而言，应当在开展活动之初，整体上阅读本次综合性学习的相关材料。如四年级下册第六单元，先看导语，知道结合单元主题要开展一次“走进田园、热爱乡村”综合性学习活动；再看“综合性学习”中的要求，农村的同学可以怎么做，城里的同学可以怎么做；最后阅读“展示台”栏目，知道可以通过办“农村风光”图片展、讲农村儿童生活的故事、写描写乡村景色的小诗、用麦秸编蝈蝈笼子等方式表现和体验乡村生活。实际上，“展示台”栏目中的提示为学生开展活动、明确任务、确定专题、组建小组提供了十分有益的思路，为学生开展活动指明了方向。

2. **过程探究课**

主要是阶段的推进，重在获取材料，修正计划，分析问题，寻求对策。如三年级下册“调查家乡环境”的活动中，对于空气是否受到了污染的调查，学生感到无从下手，于是教师组织学生进行专题讨论，引导学生分组进行调查：有的到气象台了解空气质量数据及其监测方法，亲身感受空气质量监测情况；有的专门到城市公交站点观察、感受汽车尾气带来的污染，用文字描述人们面对这一情况的反应；有的到化工厂集中的地区了解居民对空气状况的反映，撰写调查报告；有的到小餐饮店较多的小区调查油烟扰民的情况，向报社反映群众的呼声；有的到城市公园、海上小岛感受清新的空气，畅想未来空气改善后的样子……这使探究过程中的“山穷水尽”变得“柳暗花明”，通过多地点、多角度、多人群的接触，学生对周围的空气有了较为清楚、全面和客观的认识。

探究过程有着太多的不确定因素，面临着各种困难。活动顺畅，大家兴高采烈；活动受阻，不得不改变原有方案；活动时碰了一鼻子灰，难免灰心丧气。学生的语文综合素养就是在这样的磨砺中提高的。

探究课有时在课堂，有时在课外；有时是课余的小组交流，有时是课外的个别辅导。可以说活动指导课是完成综合性学习的关键，而过程探究课是综合性学习的核心和根本。

3. **展示汇报课**

主要是阶段的交流、汇报、展示，重在展示成果，盘点收获，总结评价。

我们不仅重视过程，也关注结果。如上述“调查家乡环境”的活动，学生写的调查报告、反映油烟扰民问题的新闻稿以及“展示台”栏目中提示的标语牌、手抄报、建议书等的质量，同样需要我们重视。

我们反对展示汇报课上纯粹的表演，我们需要高质量的展示。如在三年级上册“感受中华传统文化”综合性学习汇报课上，“对联组”的学生介绍了不少有关对联的知识、趣闻，并现场写了上联，其他学生对出了一定水平的下联，该组学生还颇有韵味地背诵出几十副古今名联。这看似表演，实则是艰苦磨砺的结果。试想，上述这些“表演”不正是语文综合素质的体现吗?

从活动类型看，中年级的每一次综合性学习都各有侧重，如三年级下册的“调查家乡环境”属于专题调查型；“回报父母爱”属于实践操作型；四年级下册的“大自然的启发”属于主题探究型；“走进田园、热爱乡村”属于体验生活型。

活动指导课、过程探究课、展示汇报课，处于不同阶段，有着不同的任务、目的，有着自己的特点，教学时应当缘课而教，扎实做好每一个环节，做到综合性学习的全程落实。

## 三、捕捉契机，适度拓展，促进综合性学习的动态生成

语文综合性学习光靠教材要求的训练是不够的，应在教学过程中充分利用各种资源，适度拓展，相机生成。

### 1. 利用课文资源生成

四年级下册第五单元的主题是“珍爱生命”，其中《触摸春天》一课讲述了盲童安静整天在小区的花香中流连，一天清晨，安静将手准确地伸向一朵沾着露珠的月季花，悄然合拢手指，竟然拢住了一只蝴蝶！这一画面让学生大为感动，师生沉浸在美丽的遐想之中。

为此，教师相机组织了一次体验失明的综合性学习活动。一是家校合作，给学生蒙上眼睛，分别体验室内行走、做事和户外生活，然后写一篇《我“失明”了》的习作。由于体验深刻，学生把刚“失明”那一刹那的感觉，怎么摸索着行走，怎么摸索着洗脸、吃饭等写得活灵活现，把“重获光明”的感悟写得入木三分。二是采访中国残疾人联合会、残疾人，了解残疾人的生活，了解无障碍通道等社会为残疾人所做的努力，从而培养

学生关爱他人的情感。三是开展“我为残疾人做一件事”活动，以自己的微薄之力表达一份爱心。四是观看有关残疾人奥林匹克运动会的图片、视频，开展主题为“我心中的残疾人”的座谈会、演讲会，抒发自己对身残志坚者的敬佩之情。

2. 利用教学资源生成

在一次主题为“趣谈名字”的口语交际课上，教师意外发现本校师生名字中带“梅”字的特别多，而且十分有趣：有叫红梅、梅红的，有叫英梅、梅英的，有叫芳梅、梅芳的……

于是教师设计了关于“梅”的语文综合性学习活动，让学生对他们想知道或了解的有关梅花的知识进行探究，在活动中培养学生从多角度研究问题的能力，陶冶学生良好的道德情操。

活动主要分为“知梅—赏梅—赞梅”三大板块，学生依据自己的兴趣、爱好、特长，自由组成小组，进行探究。

知梅组：制作幻灯片展示收集到的关于梅花的知识，包括梅的产地、千年古梅介绍，梅花图片展示、分类；采访名字中带有“梅”字的老师、同学、家长。

赏梅组：与大家分享“梅花组图”，诸如“喜上梅（眉）梢”图、凌霜傲雪图，欣赏以“梅”为主题的对联、格言、书法作品。

赞梅组：交流赞颂梅花的好词、佳句，吟诵描写梅花的诗句，赞扬有梅花秉性的中国人……

在悠扬的《踏雪寻梅》歌声中，在琅琅的古诗吟诵中，学生通过歌曲、书法、绘画、诗歌等与梅花进行零距离接触，深入品味并体验了梅花独步早春、傲雪凌霜的可贵品格。

3. 利用地域资源生成

不同的地方具有不同的地域特色，这是综合性学习的独特资源。

厦门与台湾隔海相望，闽台同根同祖，血脉相连。而“海上花园”鼓浪屿融历史、人文和自然景观于一体，岛上中外建筑物极具特色，有“万国建筑博物馆”之美誉；小岛氤氲在悦耳的音乐之中，是举世闻名的钢琴之岛、音乐之乡。

我们利用这一资源，结合地方课程的学习，引领学生就鼓浪屿的建筑、音乐、街巷、园林以及鼓浪屿与郑成功等专题进行探究，开展语文综合性学习，收到了意想不到的效果。

4. **利用地方文化生成**

中秋的厦门，大街小巷，家家户户，博饼之声此起彼伏，男女老少乐此不疲，前前后后持续整整一月，其热闹程度远远胜过厦门的春节。厦门是郑成功收复台湾的前沿基地。据说，中秋佳节，郑成功的将士们望月思乡，为转移将士们的思乡之情，郑成功发明了博饼这一独特活动。

厦门的不少学校都围绕中秋博饼开展了语文综合性学习，主题有博饼的起源探究、博饼的规则介绍、博饼的拾趣、博饼的厦（门）金（门）对赛、博饼的世界遗产申报等。这一富有浓厚地方文化特色的活动，为语文综合性学习提供了很好的资源，使学生在亲身参与、喜闻乐见的情境中提高了语文综合素养。

利用各种资源相机生成的语文综合性学习，既有利于学生开阔视野、增长知识、陶冶情操，又有利于学生增强探究问题的意识，激发学习兴趣，提高小组合作能力与探究能力。

## 四、综合融合，凸显主旨，体现综合性学习的语文本色

语文新课标明确提出语文综合性学习，要求软化学科边缘，将语文学习与科学、艺术及其他学科整合起来、融合起来，全面提高学生的语文素养。然而在教学中，我们又必须避免语文综合性学习与综合实践活动、与其他学科综合性学习混为一谈的现象，避免语文综合性活动中竟无语文影子的现象。

一位教师带领学生实地观看赛马会，学生很少见到真马，对马产生了浓厚的兴趣。为此，教师组织学生开展了一次关于“马”的语文综合性学习，活动分以下几步进行。

1. 让学生观看《西游记》视频，听关于“马”的歌曲，初步激发学生的兴趣。

2. 学生交流有关马的知识。学生有的说小马一出生就会站立，能行走；有的说马是六畜之首；有的说马分为热血马、冷血马；有的说看马的牙齿就能知道马的年龄；等等。

3. 问学生从哪里可找到马的“影子”，学生有的说汉字、电影、诗歌，有的说雕塑、歌曲、十二生肖，有的说成语、星座、美术作品。

4. 师生讨论，把关于马的“影子”归为四类，即汉字类、成语类、文学类和艺术类。

汉字组：展示了汉字“马”由“甲骨文—金文—篆书—隶书—楷书”的演变过程；展示了“驷”“驶”“驯”“骑”“驰”等与马有关的汉字并叙述了其含义。

成语组：找到了92个关于马的成语，其中88个是褒义的，只有“马失前蹄”“害群之马”“马马虎虎”“万马齐喑”4个是贬义的；交流了“一马平川”“马到成功”“万马奔腾”等成语的意思，运用“一马当先”“车水马龙”“马不停蹄”等成语造句；进行了“幸运搭档，你演说我来猜”游戏：一位学生表演或语言提示，另一位学生猜带“马”字的成语。

文学组：背诵有关马的古诗，出示了“嘴阔脸长大尾巴，打仗拉车都靠它，铁板鞋垫嗒嗒嗒，驰骋千里本领大”等谜语，并自编自创了不少有关马的儿歌、诗歌。

艺术组：展示了各类剪纸马；表演了“塞翁失马”“田忌赛马”等历史故事；展示了“马踏飞燕”“唐三彩马”“青铜器马”“八骏图”等工艺美术品；演唱了歌曲《草原上升起不落的太阳》《美丽的草原我的家》《我是草原小骑手》等。

整节课紧紧围绕语文学习，将有关马的汉字、成语、古诗、谜语、工艺美术品等贯串起来；将观看影视作品、演唱歌曲、想象创编、欣赏艺术品等综合起来；将语文学习的理解、体验、感悟和表达整合起来；将课前收集资料、课上交流展示、课后拓展延伸有机联系起来，既培养了学生的兴趣，陶冶了学生的情操，张扬了学生的个性，又充分体现了学科手段的综合与融合，无处不凸显综合性学习的语文本色。

## 第六节　以读为本，创新朗读方法

读，尤其是朗读，是语文教学的根本之法，是阅读教学最重要、最常用的训练方法之一，是理解内容、激发情感的基本途径，是培养语感、发展语言能力的重要手段，也是语文学科工具性与人文性相统一的最佳结合点。尤其是新课改以来，朗读教学受到了前所未有的重视，逐渐成为不少课堂教学的“主戏”。教师们不断实践，潜心总结，创造出不少新方法、新策略，现整理如下。

## 一、评价暗示，读出意境

一位教师引导学生朗读《少年闰土》中“深蓝的天空中挂着一轮金黄的圆月，下面是海边的沙地，都种着一望无际的碧绿的西瓜……反从他的胯下逃走了”这一自然段时，由于这段话描绘的情景离学生的实际生活较远，学生难以入境。这时，一位学生仅比其他学生读得稍好点，这位教师就满怀欣喜并以极其赞赏的口气说“前面的部分读出了宁静的场景，后面的部分读出了紧张的气氛”“你读出了鲜亮的色彩”，并用课件依次演示“深蓝的天空”“金黄的圆月”“海边的沙地”，演示“少年刺猹，猹反窜”的画面，然后要求学生读出感受来。结果，学生果真读出了“宁静”，读出了“紧张”，读出了“鲜亮”。

这里，学生对“宁静”“紧张”“鲜亮”的意境的深刻感悟，完全是教师巧妙地暗示、讲解、提升的结果，也是教学所必须达到的目标。如果学生尽全力却仍无法有更深刻的感悟时，教师只是一味地让学生反复朗读，而不做讲解、暗示、提升，学生就只能在原地兜圈子，必定费时而低效。

## 二、两相争辩，读出韵味

王崧舟老师教学《两小儿辩日》时，为让学生理解“辩斗”一词，读出“辩斗”的韵味，在学生熟读课文的基础上独具匠心地设计了这样一种朗读情境——

先让同桌二人各扮演一小儿，进行“辩斗”，再请两位学生上台表演“辩斗”。见学生仍未读出韵味，王老师自己便扮演一小儿，请一位大胆的学生扮演另一小儿，两人开始“辩斗”。

师：（做辩斗状）我以日始出时去人近，而日中时远也！

生：（亦做辩斗状）我以日初出远，而日中时近也！

师：日初出大如车盖，及日中则如盘盂，此不为远者小而近者大乎？

生：日初出沧沧凉凉，及其日中如探汤，此不为近者热而远者凉乎？

师：此言差矣！

生：尔言更差矣！

师：日初出大如车盖，及日中则如盘盂，此不为远者小而近者大乎？

生：日初出沧沧凉凉，及其日中如探汤，此不为近者热而远者凉乎？

师：非然也，非然也！

生：非也，非也，非也！

师：（做辩斗夸张状）远者小而近者大！远者小而近者大！

生：（亦做辩斗夸张状）近者热而远者凉！近者热而远者凉！

师（快速地）：晨时近而午时远！晨时近而午时远！晨时近而午时远！

生（更快速地）：午时近而晨时远！午时近而晨时远！午时近而晨时远！

这样一读，课堂情趣横生，学生兴致盎然，场上掌声雷动，教学效果绝佳。

### 三、补白引读，读出深沉

有些课文的留白蕴含着广阔的内容与情感空间，恰当地利用这一空间引导学生补白想象，教师倾情以补白描绘促进朗读，促进情感升华，有时会产生特别好的效果。请看《最后一头战象》教学案例。

第一步：引导学生想象补白——

师：你们在读“它站在江滩的卵石上，久久凝望着清波荡漾的江面。然后，它踩着哗哗流淌的江水，走到一块龟形礁石上亲了又亲，许久，又昂起头来，向着天边那轮火红的朝阳，嗷——嗷——发出震耳欲聋的吼叫”这些语句时都想象了哪些情景？

生：嘎羧站在卵石上，仿佛留恋着这曾经浴血搏杀的战场；它对礁石亲了又亲，好像在感谢那些救过它的人们；发出吼叫，似乎想说“再见了，村民们，我要去找我的战友了”。

生：嘎羧站在卵石上，仿佛看到了与自己一起浴血搏杀的战友和四处逃窜的日寇；它对礁石亲了又亲，好像听到战友在战场上搏斗时的吼叫声；发出吼叫，似乎想说“您好，我又回来了，战场……”。

第二步：教师补白描绘，激情引读——

师：同学们的回答说明你们已经进入了嘎羧的内心世界，那么，你们能把这个片段朗读一下吗？

（学生朗读。）

师：你们的朗读深深打动了老师，我也想象了当时动人的情景，现在我填补想象，你们与我一起合作朗读。

（配乐，教师描绘，学生朗读。）

生：它站在江滩的卵石上，久久凝望着清波荡漾的江面。

师：它一定又看到了二十六年前惊天地、泣鬼神的一幕幕，一定又看到了战友们奋勇搏杀，在枪林弹雨中排山倒海地冲向敌人的场景！

生：然后，它踩着哗哗流淌的江水，走到一块龟形礁石上亲了又亲。

师：那也许是嘎羧曾经奋力杀敌的一处战场，那也许是曾洒满战友鲜血的一处伤心之地！

生：许久，又昂起头来，向着天边那轮火红的朝阳，嗷——嗷——发出震耳欲聋的吼叫。

师：那是嘎羧在深情地呼唤，呼唤着战友的灵魂，那是在告诉战友："我将要来陪伴你们了！"

师：同学们，这仅仅是一头战象吗？

生：不！这是一位英雄！

生：我觉得嘎羧是一位令人敬佩的军人！

生：他更是一位垂暮的军人！

两个步骤，尤其是第二步，教师描绘，学生朗读，"一唱一和"，撩人心扉，激情涌动，出神入化。

## 四、巧悟节奏，读出美感

教学《搭石》一文时，王玲湘老师通过对朗读节奏的巧妙把握，将课文改成小诗的形式，促使学生理解"协调有序"的韵味和乡村的画面美、人情美，其朗读引导富有创意，值得借鉴。

师：你们是从哪儿体会到"协调有序"的画面美的呢？让我们加入走搭石的人群中。（指一组学生）咱们合作着读一读。

师：（指这组学生）你们现在走在哪儿？

生：搭石上。

师：（引读）每当上工、下工，一行人走搭石的时候，动作是那么协调有序！前面的——

生1：抬起脚来。

师：后面的——

生2：紧跟上去。

师：（速度渐快）前面的——

生3：抬起脚来。

师：后面的——

生4：紧跟上去。

师：（速度再快）前面的——

生5：抬起脚来。

师：后面的——

生6：紧跟上去。

师：抬起脚来，紧跟上去；抬起脚来，紧跟上去；抬起脚来，紧跟上去，踏踏的声音，像——

生：（齐）轻快的音乐。

（按慢读、渐快、再快的形式分小组再读三遍。）

师：没有人踩脚，没有人跌入水中，该是有人指挥吧？

（学生摇头。）

师：对，其实没有人指挥，那么默契，那么有序，这样的动作就叫作——

生：协调有序。

师：真美！这既像一幅美丽的画，又像一首清丽的小诗。你们看（点击该段变成诗行，音乐起）——

每当/上工/下工/一行人/走搭石的时候/动作/是那么协调有序/前面的/抬起脚来/后面的/紧跟上去/踏踏的声音/像轻快的音乐/清波漾漾/人影绰绰/给人/画一般的美感/

师：谁来读？要读出诗一般的韵律美。来，咱们推荐一位同学吧。

这样引导，学生既领悟了词义，又读出了美感，他们兴致勃勃，读得津津有味。

## 五、巧讲妙导，读出深情

教师适时恰当的讲解、相机适度的引领是使学生朗读入味的催化剂。教学《那深情的一跪》一文，引导朗读第2自然段时，学生边读，孙建锋老师边讲解（括号内为教师讲解）。

生：（读）击中小鸟的运动员立即中止比赛（这是超越功利的情怀），箭步向前（这是第一反应的情怀），当着那么多观众的面（这是不顾脸面的情怀），为自己的这一过失，虔诚跪倒在这只小鸟的前面（这是真心实意的情怀），同时伸手画了个十字（这是圣洁的情怀），以示深深的忏悔之情（这是深情赎罪的情怀）……

学生朗读，教师讲解，配合默契，渐入佳境。

引导朗读第 8 自然段时，学生边读，孙老师边讲解（括号内为教师讲解）——

生：（读）奇怪的是，藏羚羊非但没有逃遁（一怪），反而冲着他前行两步（二怪），并用乞求的眼神望着他，望着他（三怪），竟然两条前腿一软，“扑通”一声跪了下来（四怪），与此同时两行长泪从它的眼里流了出来（五怪）……

接着，孙老师引导学生理解初读是怪，细读不怪，再读是爱，引导学生想象读，想象怀有羊崽的母羊那无奈的举动、乞求的神情、长流的热泪；引导学生体验读，体验自己就是那只身怀爱子、面对黑洞洞的枪口无法逃生的母藏羚羊；引导学生怀着崇敬的心情读……这样引导，学生如身临其境，深情领悟，真情涌动，如痴如醉。

## 六、对比感悟，读出语境

教学《“精彩极了”和“糟糕透了”》一文时，为引导学生读出语气，进一步体会母亲对巴迪的爱，一位教师设计了两相对比的朗读训练，取得了良好的教学效果。

先出示两个句子：

1. “亲爱的，我真不懂你是什么意思!”母亲（　　）嚷着，“这不是在你的公司里。巴迪还是个孩子，这是他写的第一首诗，他需要鼓励。”

2. 母亲（兴奋地）嚷着：“巴迪，真是你写的吗？多美的诗啊！精彩极了!”

首先引导学生在第一句中填上“生气”“责备”“愤怒”“火冒三丈”等合适的词语，再要求学生读出母亲生气、责备、愤怒、火冒三丈等的语气。

接着，创设生活情境，教师扮演父亲，学生扮演母亲，分角色读父母的对话，配上眼神、动作，体会母亲的责备、愤怒都源于对孩子的爱。

再引导学生对比读两处母亲“嚷着”的语句，深刻体会人物内心情感的变化，引导学生深入领会母亲无论是愤怒的语言还是兴奋的语言都是出自一颗爱子之心。

一个相同的“嚷”字，体现了两种截然不同的心情。个性化解读文本，体验式的表演朗读，对比式的情感升华诵读，实现了语文的人文性和工具性的和谐统一。

## 七、层层推进，读出意味

一位教师引导学生朗读《长城》一文的第3自然段的后半部分时，先运用陡峭的山岭的图片启发情感，接着引导学生体验“空手爬行的艰难”，然后用三个排比式的句子激发情感，最后想象“血迹斑斑的肩膀”和“痛苦的呻吟”。这样层层推进教学，取得了不错的效果。

师：要知道，那可是两三千斤重的条石！没有火车、汽车、起重机，就靠着无数的肩膀无数的手，他们是怎样一步一步地抬上这陡峭的山岭的呢？（出示陡峭的山岭的图片，学生发出一片惊讶声，教师也惊讶地仰头观看）

师：看，这就是当年修筑长城的工地。别说让你抬着石头上山，就是让你空手爬上去也难啊！更何况他们抬的是两三千斤重的条石！谁来读一读这句话？

（一位学生读，读得一般。）

师：抬着两三千斤重的条石，他们靠的可不是现代化的机械，而是无数的肩膀无数的手；他们走的也不是平坦大道，而是这陡峭的山岭；他们更不可能大步流星地走，而是一步一步地抬。谁再读一读这句话？

（一位学生读，读得很投入；另一位学生读，读得更好。）

师：我仿佛看到了那血迹斑斑的肩膀，仿佛看到了那豆大的汗珠一滴一滴地滚落。谁再来读一读这句话？

（一位学生读，读得极好。）

师：我们似乎听到了那沉重的脚步声，听到了那痛苦的呻吟。全班一起读。

（学生齐读，读得出神入化。）

这里，强烈的视觉冲击，动人的语言引导，推波助澜，激发着学生的情感。最后，学生于情感至高处激情诵读，情感的闸门大开，真情勃然喷发。这层层推进的朗读引导，既是对文本的深度解读，更是对学生情感的深度陶冶。

## 八、选择内容，读出整体

巧妙地选取内容朗读，可以通过朗读帮助学生理解课文，实现教学目标。

一位教师教学《小蝌蚪找妈妈》一文后，极具艺术地要求学生把前四个自然段的第一句和最后一个自然段连起来朗读：“池塘里有一群小蝌蚪，大大的脑袋，黑灰色的身子，甩着长长的尾巴，快活地游来游去。小蝌蚪游哇游，过了几天，长出两条后腿。小蝌蚪游哇游，过了几天，长出两条前腿。小蝌蚪游哇游，过了几天，尾巴变短了。不知什么时候，小青蛙的尾巴已经不见了。他们跟着妈妈，天天去捉害虫。”

这样一读，学生很快就从整体上把握了蝌蚪变成青蛙的生长全过程。

## 九、变化重组，读悟要点

一位教师引导学生朗读《盘古开天地》一文的第 4 自然段时，采用了不断变换、重组课文内容的形式，使学生清晰地感受到了盘古的身体各部分与所变成物的联系。

师：请大家读一读课文的第 4 自然段，边读边画出盘古的身体发生变化的句子。咱们来合作读一读。

师：这里的每个句子都有着丰富的画面，让我们一起来读一读这些短语——

四季的风

飘动的云

隆隆的雷声

……

滋润万物的雨露

师：读着这些短语，我们似乎看到了盘古用他的整个身体创造的美丽的宇宙（多媒体展示世界各地美丽的风景图，教师配乐解说）。我们再来读一读——

四季的风和飘动的云是他呼出的气息；

隆隆的雷声是他发出的声音；

……

滋润万物的雨露是他的汗水。

师：如果没有盘古，就没有我们这个美丽的世界。让我们用深情的朗读来表达对盘古的敬意！

他呼出的气息，变成了四季的风和飘动的云；

他发出的声音，化作了隆隆的雷声。

他的双眼变成了太阳和月亮；

他的四肢，变成了大地上的东、西、南、北四极；

他的肌肤，变成了辽阔的大地；

他的血液，变成了奔流不息的江河；

他的汗毛，变成了茂盛的花草树木；

他的汗水，变成了滋润万物的雨露……

这样富有变化，层层推进，学生甚觉新异，兴致颇高。

## 第七节　相机生成，运用教学艺术

有位名人说：教学是一门科学，更是一门艺术。的确如此。教学艺术的核心就是恰如其分地运用教学方法、教学手段，对教学内容做恰到好处的、本质的、全面的、形象的反映，使学生在一种兴致勃勃、情绪高涨、思维闪光的情境中受到熏陶和感染。他们或静思，或苦想，或惊异，或共鸣，或探究，或顿悟，在整个教学过程中，不仅获得了知识，发展了能力，更使身心愉悦并发展了个性。教学艺术是异彩纷呈的，现在从以下几个方面来谈。

### 一、开讲——引人入胜

俗话说，良好的开端是成功的一半。由此可见开讲的重要。又说，万事开头难。看来，欲使开讲具有艺术性并非易事，很值得我们去探讨。这里谈几种形式。

**1. 描绘画面**

用艺术的语言描绘生动的画面，可一下子抓住学生的注意力，使他们如身临其境，从而激起其强烈的学习欲望。

一位教师教学《少年闰土》一文时，让学生闭眼想象并描述：30 年前，“我”脑子里留下了这么一幅美好的画面——深蓝的天空中挂着一轮金黄的圆月，下面是海边的沙地，都种着一望无际的碧绿的西瓜。其间有一个十一二岁的少年，项带银圈，手捏一柄钢叉，向一匹猹尽力地刺去。那猹却将身一扭，反从他的胯下逃走了。这少年便是闰土。如今，整整 30 年过去了，那美好的记忆却依然清晰。当时，“我”是怎样与闰土相识和交往的呢？请看课文……学生个个兴致勃然，跃跃欲试。

2. **测试竞赛**

恰当地运用测试竞赛这种形式，能极大地激发学生的学习热情，使学生迅速进入最佳的思维状态。一位教师为强化对学生听说能力的训练，这样开讲：我听说同学们很聪明，聪明有什么标志呢？那就是过目不忘、过耳不忘。我现在说三句话，看谁听得最清楚，而且能够复述一遍——

第一句：我愿化作一杯清茶，去滋润老师干渴的喉咙。

（学生试说，教师纠正，学生兴趣大增。）

第二句：我愿化作一条毛巾，去擦干老师额头的汗水。

（学生试说，教师让学生把两句话连起来说，难度增大，学生兴趣陡增。）

第三句：我却化作了一条皱纹，悄悄地爬上了老师的眼角。

（学生试说，把三句话连起来说，群情激奋。）

这样由易到难，学生兴趣盎然，情绪十分高涨。

3. **活跃气氛**

一次公开课，支玉恒老师这样开讲——

师：同学们，我来上课，你们最想知道我的什么情况？

生：老师，您姓什么？

师：我姓“支”，你们知道是什么“支”吗？

生：知识的“知”。

生：芝麻的“芝”。

生：支持的“支”。

师：对了，我是支持的“支”，我可不是芝麻呀！谁能把我的姓写出来？

（学生板演“支”字，但把一捺写得特别长。）

师：这样写我高兴吗？我长得有那么难看吗？（随即比画一个很不匀

称的动作，学生忍俊不禁）

师：你们刚才都笑得很开心，我们大家都来表演一下微笑—开怀大笑—冷笑—皮笑肉不笑。

（课堂气氛十分活跃，连平时很少发言、参与的学生也乐不可支。）

4. **差异对比**

利用人物、景物等的差异进行对比，能给学生以刺激，使他们产生矛盾心理，从而激发探求动机。如教学《曼谷的小象》一文时可这样开讲：海风轻轻地吹，海水湛蓝湛蓝的，绿油油的禾田和点缀着野花的草地一直延伸到海边。在这美景中，“我”却遇到了一件倒霉事——车轮陷进泥坑里了。这时，远处传来了悦耳的铜铃声（边说边演示），谁来了呢？继续学习课文……这里，海边美景与“我”的倒霉形成了强烈反差，学生顿觉“美中不足”，心中滋生丝丝遗憾，探求心理随之产生。

5. **规定句式**

有时提点要求，给点规定，反倒是对学生的一种良好而扎实的训练。教学《白杨》一文时，教师可这样要求：《白杨》主要写了什么？请用“先……接着……然后……最后……”的句式说一说。这样要求明确，目标集中，课始就紧紧抓住了学生的注意力。

6. **抓住课题**

有些课题别致、独特，如果能抓住其与众不同的特点细细进行探究，则意味无穷。教学《爬山虎的脚》一文时，一位教师在黑板上板书“脚”字后问：“同学们知道什么东西有脚？（人和动物）人和动物的脚主要有什么作用？”接着出示爬山虎的图片，问：“这种植物叫什么？为什么叫爬山虎？人和动物靠脚行走，爬山虎爬墙靠什么？原来它也有脚。植物的脚长在哪儿？是什么样子的？是怎么爬的？”所涉及的问题恰好是课文的重要内容。这样引入，颇具特色。

7. **巧设悬念**

巧设问题情境，抓住学生好奇心强的心理特征，能使教学紧紧扣住学生的心弦。如教学《称象》一文时，教师可这样引入：“同学们，老师这儿有一个疑难问题，谁能帮助老师解决一下？古时候，有人送给曹操一头大象，曹操很想知道它有多重，可是既没有那么大的秤，又不能把大象宰了，割成一块一块的再称。大臣们议论纷纷，都想不出好办法，你们说这事难不难办呀？当时有一个7岁的孩子想出了一个巧妙的办法，称出了大象的重量，你们知道他是谁吗？他是怎样称的呢？让我们一起到课文中去寻找答案吧。”一个悬念，很好地把学生参与探究的积极性调动了起来。

## 二、点拨——激活思维

《学记》上说：“道而弗牵，强而弗抑，开而弗达。”这句话强调的是点拨的重要性。点拨就是点化、启发、诱导之意。点拨的目的是促使领悟，它是有效调动学生思维的积极性和主动性的基本手段，有以下几种常见的方式。

### 1. 限制点拨

水流可疏不可堵，但堵一堵思维定式之流往往能开辟出新路子，闪现出美丽的思维火花。如用“跳”字组词，当学生组出“跳高”“跳远”“跳绳”“跳皮筋”后，教师说：“下面继续组词，但有个要求，不许用脚跳。”一石激起千层浪，这一限制，促使学生另辟蹊径，立即组出“心跳”“眼跳”“脉搏跳”。这时教师再次限制：“能否不要人跳？”学生立刻又拓展出新的领地，说出“狗急跳墙”“跳跳球”……处处闪烁着发散思维的火花。

### 2. 实例点拨

恰当地利用学生已有经验中的实例，有时能起到意想不到的效果。一位教师教学寓言《滥竽充数》一文时，在学生明白了“滥竽充数”比喻没有真才实学的人混在行家中充数，属贬义词后，别出心裁地举了一个实例：我们班李力擅长打羽毛球，当同学们推选他参加校队比赛时，他说：“我只不过是滥竽充数罢了。”这个“滥竽充数”说明了什么？学生答：“谦虚！”于是学生准确理解了“滥竽充数”的褒贬两重性。

### 3. 动作点拨

有时，一举手、一投足乃是最好的点拨手段，用起来方便、高效。一节说话课上，于永正老师分步启发学生说出不正确的写字姿势后，又让学生自己总结。学生说：“有的跪在椅子上写，有的趴在桌子上写，有的用手扶着头写，有的……”学生说不下去了。于老师接过话茬：“有的——”随即做了个眼睛离本子很近的动作，学生马上领会，说：“有的眼睛离本子很近，鼻子都快碰到本子上了。”

4. **假设点拨**

如果学生理解问题时顾此失彼，以偏概全，教师可让学生对所忽视的问题进行假设，让其在变更条件的推理中顿悟。如教学《田忌赛马》一文时，教师问："这个故事告诉我们什么？"不少学生都说："无论做什么事，只要运用巧妙的办法就能成功。"这显然忽视了课文中的一个重要条件——齐威王每个等级的马比田忌的马快不了多少。对此，教师进行假设："如果田忌最好的马也不如齐威王最差的马呢？"学生豁然开朗：要是这样，即使方法再好，田忌也绝不会取胜。从而明白：只有从实际出发，运用巧妙方法，才能使事情成功。

5. **发散点拨**

模糊发散，让学生各自发表意见，争个不可开交，这时教师稍一点拨，便可事半功倍。如教学《凡卡》一文时，有学生提出："为什么凡卡收拾青鱼时从尾巴上弄起，老板娘就拿鱼嘴直戳他的脸？"正确理解这一点，对理解老板娘的凶恶毒辣、凡卡的悲惨命运颇为重要。这时，教师不直接点明，而是这样引导："你认为该从哪里弄起，为什么？"学生有的说该从肚子弄起，有的说该从尾巴弄起，有的说该从鱼背弄起……大家各抒己见，争持不下。教师又问："真的有规定吗？"学生一下明白了：收拾鱼无论从哪里弄起均可，老板娘这样做完全是无事生非，从而深刻理解了老板娘的凶残本性。

6. **顺歧点拨**

受认识、理解力的限制，有时学生理解问题的思路会与正确思路背道而驰，其思维与目标落差过大。对此，教师可"推波助澜"，促使学生在歧路上越走越远，以激化与正确答案之间的矛盾，并使矛盾逐步暴露，进而使学生有所醒悟。如《卖火柴的小女孩》一文中，描写小女孩最后一次擦燃火柴的情景的句子该如何读？针对这一问题，有的学生认为该用高兴的心情读，因为小女孩被奶奶带到了"没有寒冷，没有饥饿，也没有痛苦的地方去了"。这明显是错误的。这时教师佯装赞许："是呀，小女孩这下可以过什么生活了？为什么？"学生回答后，教师追问："既然这样，奶奶为什么不及早带她走呢？"到此时，学生刚才的答案不攻自破，开始醒悟：奶奶已经死了，不可能将她带走。即使奶奶在世，在资本主义社会里，想过上幸福生活也是不可能的。用什么感情读，学生自然清楚了。

7. **矛盾点拨**

于永正老师在教学《草》一诗时，故意制造矛盾，他让学生把他当成一位老奶奶。当学生背出“一岁一枯荣”时，“她”假装听不清：“什么？一岁一‘窟窿’？”这样一来，学生兴致倍增，为了让“老奶奶”听明白，便争先恐后地介绍“枯荣”的意思和写法，大有不吐不快之情状，收到了出奇制胜的效果。

8. **类比点拨**

如果问题偏难，学生无从着手，教师可将问题暂搁一边，而用与之相类似的事情进行类比，巧妙引渡，促其明悟。如教学《将相和》一文时，学生提出：“蔺相如曾答应完璧归赵，为何在秦王面前竟然要与璧同归于尽呢？”为帮助学生理解，一位教师进行了这样的类比：弟弟买了个大气球，哥哥想看一看，可弟弟怎么也不肯，哥哥大喊一声：“再不放手，我就将气球捏爆啦！”这可真灵，弟弟立即放了手。学生感到茫然，教师便提示道：“这事与课文内容有相似之处吗？”学生恍然大悟：蔺相如这样做，正是抓住秦王爱璧如命的心理吓唬秦王，迫其就范。这样讲解，甚为自如。

9. **追问点拨**

学生回答问题时，往往过于笼统，不够精确，此时教师可用圈缩追问的方法，步步为营，把学生引向目标。如对“就义”一词，学生理解错了，教师不是简单纠正，而是追问点拨。

师：你知道“就义”是什么意思吗？

生：（不假思索）是死了的意思。

师：那有人病死也是“就义”？

生：（察觉自己说错了）“就义”是被人杀死的意思。

师：被人杀死？如果有人因吵架被人杀了，算不算“就义”呢？

生：（不好意思）不能算。

师：为什么呢？能说说理由吗？

生：“就义”是被敌人杀死，好人牺牲在坏人手里。

师：照你说，战士们在战场上牺牲，也算“就义”了？

生：那不一样，“就义”指为正义事业而被杀害。

至此，水到渠成，答案十分清楚。

10. **激趣点拨**

兴趣是最好的老师，是有效地点燃学生思维的导火索。一位教师为引导学生读课外书，在教完《记金华的双龙洞》后这样启发学生："出了洞，叶圣陶爷爷干什么去了？"学生议论纷纷：有的说坐在洞口休息，因为很累了；有的说在做笔记，因为他是作家；有的说在向导游了解情况；有的说回金华小学视察去了……教师说："不，他顺着台阶上了冰壶洞。"接着拿出《冰壶洞传说》一书。学生兴致空前高涨，急欲先睹为快。这样点拨，效果绝佳。

## 三、朗读——入境出情

朗读是阅读教学中最经常采用且最重要的训练手段之一，是理解内容、培养语感的基本途径，是积累语言、发展语言、培养写作能力的重要手段，是激发学生情感的必要前提。

朗读的形式多种多样：有散读、齐读，有试读、范读，有分组读、个别读，有分角色读，有边表演边读等。

朗读的目的不一：有的是为了读通读顺，理解语言；有的是为了读熟背诵，积累语言；有的是为了摹声摹调，感受形象；有的是为了以读代讲，入境悟情；有的是为了通过有感情的朗读激发丰富的想象；有的是为了通过反复揣摩掌握朗读技巧。下面举几个朗读指导艺术的教学案例。

1. **创设意境，帮助朗读**

一位教师教学《白杨》一文的第 1 自然段时这样安排：先出示一幅荒无人烟，狂风呼啸，白杨却顽强挺立的戈壁荒滩图，接着绘声绘色地描述："车窗外是茫茫的大戈壁，没有山，没有水，也没有人烟。天和地的界限并不那么清晰，都是浑黄一体。"然后问学生："你有何感觉？"学生说："荒凉、空旷。"教师问："能读出来吗？"然后让学生带着这种感情去读，效果颇佳。

2. **抓重点词句，帮助朗读**

一位教师教学《曼谷的小象》的第 5、第 6 自然段后这样引导：阿玲有些什么动作？小象呢？教师富有感情地描绘"拍拍""贴贴""指了指""东一掀""西一撬"等动作，问学生："你感觉怎样？"学生答："非常亲热，非常灵活。"教师问："怎么读出这种感觉？"结果学生把阿玲的亲切之情与小象的灵活动作读得出神入化。

3. **摹声演示，帮助朗读**

教学《植物妈妈有办法》中“啪的一声，豆荚炸开”一句时，一位教师运用实物演示，话筒扩音，学生如身临其境，把“啪的一声”读得清脆而短促，令人难忘。

4. **感情延伸，帮助朗读**

一位教师教学《难忘的一课》的最后一段时，在学生已被撩起浓浓情怀的基础上，极其动情地说：“在教室里，我被台湾师生那强烈的民族精神深深感动；在礼堂里，我为台湾师生那深厚的爱国情意激动不已。此时此刻，我眼睛湿润了，我还能说什么呢！请朗读‘我紧紧地握着这位年轻的台湾教师的手，激动地重复着他刚才教给孩子们的那句话……’。”课文中蕴含的感情和教师的感情深深地感染着学生，读着读着，学生哽咽了。

5. **扮演角色，帮助朗读**

一位教师教学古诗《小儿垂钓》时，在学生生动地描绘垂钓的情景及小儿的心情后，让学生扮演诗人，学着诗人的样子摇头晃脑地吟诵，妙趣横生。

## 四、讲评——评中悟写

任何人的写作都离不开写作的内容和表达的技能，学生作文也是如此。那么，写作的一些基本之道，如拟写题目、把握题意、选择内容、布局谋篇、遣词造句等，如何让学生感受、理解、体悟、掌握并运用于写作实践呢？目前存在两种不同的教学方法：一种主要是写作前教师抽象说教，理性讲解，要求学生根据题意及教师的讲授去演绎写作，试图通过写作前的指导来使学生掌握写作技能，我们称之为演绎法；另一种是写作前尽量少提要求，少给学生限制，减少束缚，而在习作讲评中引导学生从具体的习作中去体悟、归纳写作的方法技能，即评中悟写，我们称之为归纳法。

实践证明，演绎法从抽象到具体，从一般到个别，不符合小学生的形象思维特点，教师过多的讲解往往成了一种低效的说教、无形的束缚。对这种方法学生一般难以感悟，难以产生写作的兴趣。归纳法从具体到抽象，从个别到一般，符合小学生的心理特点，学生容易感悟，容易上手，乐于接受。

作文讲评是提高学生写作能力的一个极为重要的环节。如何运用归纳法引导学生在评改的实践中领悟写作方法，发展语言，提高写作素养呢？下面以具体的案例来诠释。

1. **文章层次**

一位教师在讲评学生作文《爷爷真糊涂》的片段——

生：爷爷60岁开外，身子还算硬朗，就是脑子有点儿不听使唤，常常闹出笑话来，所以大家都说爷爷真糊涂。

师：有原因，年龄大，脑子不好使，顺理成章。

生：有一次，他把我的近视眼镜当作自己的老花眼镜，扣在了自己的鼻梁上，什么也看不清，还说："我怎么感到头有点儿晕？"

师：举拿错眼镜的例子，简单几句话，好！

生：有时，他竟连儿孙的名字也叫不上来。

师：又是一个例子，糊涂得可以。不过，我建议把这句话放在前面，作为第一个例子。因为这个例子短，把短的例子放在前面，把长的例子放在后面，效果更好。不信你试试。

围绕一个意思，用两个例子来说明的时候，例子的顺序实际上就是文章的层次。这里，对文章的层次这一抽象概念，教师凭借一个形象的实例进行归纳引导，使学生豁然开朗。

2. **准确表义**

接着上例，学生继续——

生：更可笑的是，有一天晚上，他回家认错了门。他拿着自家的钥匙想开邻居的门，差点儿被人家以为是小偷呢。

师：想想，这句话是否有问题？

（学生感到有些茫然。）

师：我看那位邻居是神仙呢！再想一想。

生：（顿悟）"想开"说明还没去开，邻居是不知道的，应该改为"去开"，去开门了，邻居才能听得到，才会以为是小偷。

师：（大喜并郑重板书"想开—去开"——准确表义）"想开"说明动作还未发生，"去开"说明动作已经发生。这叫"准确表义"。

《神秘的箱子》讲评课上，学生在朗读自己的作文——

生：老师点了汪倩的名字上来的时候，她战战兢兢地把手伸进去，紧咬着嘴，只一摸，“啊”的一声，又迅速地把手伸了出来，然后说了她的感觉。

在学生独立修改和合作修改的基础上，师生一起梳理：“老师点了汪倩的名字上来的时候”应改为“老师请汪倩上来”，“紧咬着嘴”应改为“紧咬着牙”或“紧闭嘴唇”，“把手伸了出来”应改为“把手缩了回来”。这就叫准确表义。

试想，如果写作前教师就要求学生写作时要做到准确表义，学生能深刻理解什么是准确表义吗？这里，在讲评学生作文的过程中，教师采用具体实例，使“准确表义”形象可感，胜过千言万语，学生一定会记忆深刻。

3. **得体表达**

作文讲评课上，学生讲述一家人急着找手机——

生：我、爸爸妈妈、爷爷奶奶都很着急。

师：慢，你是晚辈，只能排在最后。（众笑）

生：（醒悟）爷爷奶奶、爸爸妈妈和我都很着急，爷爷更是心急如焚。

师：这个词用得极好！

生：只见他满头大汗，眼睛从东到西扫视了一遍。

师：眼睛从东到西扫视了一遍，那可不得了，一定会血淋淋的。（众笑）

生：应是——目光！

语言要得体，这一要求往往被教师们忽视。什么是得体？这不是空洞的概念。一个“我、爸爸妈妈、爷爷奶奶都很着急”的实例，一定会让学生理解得体表达的重要性。

4. **近义活用**

接着上例，学生继续——

生：我满怀喜悦一个房间一个房间去找。我跑进了爸爸妈妈的房间。

师：前一句用“房间”，后一句又用“房间”，不好。想想，睡觉的房间叫什么？

生：叫“卧室”。我跑进爸爸妈妈的卧室，仔细地听，可是没听见什么动静。我又走进奶奶的卧铺。

师：哦，你奶奶整天坐火车？（众笑）想一想，睡觉的地方还可以叫什么？有个词语叫废什么忘食？（生纷纷说出“寝室”）

生：我又走进奶奶的寝室，可是还是没听见手机的铃声……

师：（板书：房间、卧室、寝室——近义活用）同样是睡觉的地方，可以叫房间，可以叫卧室，还可以叫寝室。这位同学学会了巧妙地运用近义词，学会了近义词的活用，多了不起呀！我们一起读一读，感受一下近义活用，近义活用为作文增添了多少文采呀！

近义活用对小学生来说似乎是抽象和高深的东西，然而是为习作增色不可缺少的一种手段。看来，只要基于学生习作，基于学生“跳一跳摘果子”的情境，学生完全可以够得着，甚至可以十分轻松地学会。这里，近义活用的实例给学生留下了难以磨灭的印象。

5. **多元拟题**

如何多元化地拟写文章题目？教师这样引导学生——

师：文章写完了，得有个题目，如果用“手机”做题目呢？

生：《爷爷忘记手机》。

师：这是题目吗？

生：《“会飞”的手机》《冰箱里的手机》《爱凉快的手机》《找手机》。

生：《手机的烦恼》。

师：是爷爷的烦恼，不是手机的烦恼。

生：《长“脚”的手机》。

师：如果用“爷爷”做题目呢？

生：《糊涂的爷爷》《爷爷的糊涂病又犯了》。

师：糊涂是病吗？

生：《爷爷的毛病又犯了》。

师：你喜欢爷爷生病？（众笑）

生：《爷爷和他的手机》《唉，这爷爷》《爷爷越老越糊涂》。

师：你将来也会老的。（众笑）

生：《爷爷真是个糊涂神》。

师：“糊涂虫”就够糊涂的了，你还说“神”，我看用《爷爷真糊涂》就够了。

师：如果用“我”做题目呢？

生：《我当了一回侦探》《我帮爷爷找手机》《我灵机一动》……

师：如果用“一件事”做题目呢？

生：《一件可笑的事》《一件让人捧腹大笑的事》《这件事真可笑》……

师：写作时，同样一件事，可以拟各种各样的题目；不同的题目，写作的侧重点是不同的……

这里，在具体的习作引导中，在学生交流习作内容的基础上，教师通过同一内容多个题目、不同题目不同侧重点的训练，为学生自主拟题提供了广阔的思路和多维的空间，为学生自由表达、有创意地表达提供了良好的契机。

6. **避免歧义**

作文讲评课上，一位教师这样引导学生——

师：（出示学生写的句子：“从球场上下来，我口渴得要命，猛喝口水，这才好多了。”）这个句子有问题吗？

生：（感到茫然）没问题。

师：（在“猛喝口水”下面画一条线）再想想。

生：（猛然醒悟）应该改为“猛喝一口水”，因为原句可以理解为“猛喝一口水”，也可以理解为“猛喝别人的口水”，那多恶心哪！

师：是呀，完全可以有两种理解，这就叫作语言有歧义。

再举一个例子，一位学生将要转学，为了表达对老师的敬意，家里准备请老师吃饭，于是给老师发短信——

生：老师，爸爸让我发短信，请您今晚到我家吃饭。

师：（手头在忙工作，心里想着那就不去了，于是回短信）那就不客气了。

生：谢谢赏脸！……

“那就不客气了”，既可理解为“不要客气，不用了”，也可理解为“好吧，那我就不客气了”。上面两个评改实例，使学生对避免歧义有了深入的理解。

7. **准确用词**

于永正老师在课堂上讲评作文《四毛的故事》——

生：丁老师严厉地说：“把试卷拿回家去给家长签字！”四毛听了，小声道：“这回就别……”

师：应该把“小声”换成什么词才能把四毛的心情表达出来？我相信你有这个本事。

生：恳求。

师：有比“恳求”更恰当的吗？

生：请求。

师：还有比“请求”更恰当的吗？

生：乞求。

师：程度重了点，还没到那个地步呢。

生：哀求。

师：他没哭呀，还没难过到那个程度。咱们的汉语词汇可丰富啦！再想想，还可以用什么词？

生：央求……

什么是词语的推敲？什么叫准确用词？在这一作文讲评过程中，教师引导学生经历了“小声—恳求—请求—乞求—哀求—央求”的推敲过程，使学生切身感受到准确用词的内涵。

8. **妙用排比**

《体验失明》作文研讨课上，一位教师这样引导学生——

生：我趴在草地上，抚摸着柔软的小草，却看不见它们的可爱；我闻到浓郁的花香，却看不见它们的娇艳。

师：你连用了两个句式相近的句子，如果再用一句，那就是排比句了，试试！

生：（思考片刻，补充了一句）我听见小鸟的歌唱，却看不见它们飞翔的英姿。

师：如果这个排比句能对仗些，与前两句的句式更一致些，就会更棒！

（经过一番思考、讨论后，学生写出了二三十组类似的排比句。）

我静趴在草地上，抚摸着柔软的小草，却看不见它们可爱的葱绿；

我挪步在花园间，细嗅着沁人的花香，却看不见它们绽放的笑脸；

我抬头仰望天空，倾听着小鸟的欢叫，却看不见它们飞翔的身影。

师：这些排比句多么整齐，多么别致呀！用上这样的排比句，语言有气势多了，表达的情感强烈多了。你们学会了运用排比句，真棒！

什么是排比句？它有怎样的表达效果？如果不是从写作实践中去认识、去运用，光靠教师讲解排比句的概念、特点、作用，相信绝大多数学生会如堕五里雾中。这里，教师引导学生在两个句式相近的句子的基础上增加一句，告诉学生这便成了排比句；接着引导学生对句式基本一致的排比句加以润色，使之更加完美；再引导学生朗读，体会其语言的气势与表达作用；最后，学生轻松地掌握了排比句，并学会了灵活运用。

## 第八节　辩证处理新课程新问题

随着新课改的深入，新课标理念逐步得到落实，课堂教学研究逐步深化，日趋成熟。然而课堂教学是一个纷繁复杂的过程，细细审视今天的课堂，有的问题涉及较深的层次，对此我们已做出有益的探索，有成功，有欣喜；也有的问题由于在日常教学中比较常见，我们或熟视无睹，或有意攻克而未有突破，有教训，有忧思。现就我最近深入课堂所观察和体验到的一些教学问题加以整理，窥斑知豹，期望能引发大家的一些思考，或许能使教师们从中受到一些启示。

### 一、你满足于一鳞半爪的拼凑答案了吗

课堂上，教师十分投入，学生热情高涨。

师：认真读课文《四个太阳》，想想“我”画了什么样的太阳，分别送给了谁。

（学生粗略读后便纷纷举手。）

生1：“我”画了个绿绿的太阳，送给夏天。

（教师肯定赞赏，学生喜形于色，认为大功告成，便合书端坐。）

生2：“我”画了个金黄的太阳，送给秋天。

（教师极力赞赏，学生喜形于色，认为大功告成，便无所事事。）

生3：“我”画了个红红的太阳，送给冬天。

（教师鼓励赞赏，学生喜形于色，认为大功告成，便不再思考。）

生4：“我”画了个彩色的太阳，送给春天。

（教师大加赞赏，学生喜形于色，认为大功告成，便不再看书。）

教师满意地板书：绿绿——夏天

金黄——秋天

红红——冬天

彩色——春天

是的，学生回答踊跃，答案也完整清晰。但仔细琢磨，就学生个体而言，一位学生只抓住了问题的一鳞半爪，回答得十分零碎。

这是一种东一榔头西一棒子的草草猎取，学生“攻其一点，不及其余”，就认为万事大吉了，就急于取悦教师，教师也满足于几个学生拼凑而成的答案。从思维的角度看，学生的思维是零散的、无序的、跳跃不定的，缺乏逻辑性和严密性；从心理角度看，学生急于得到教师的赞赏，心绪是浮躁的、飘飘然的，缺乏良好的心态与独立的个性；从阅读的角度看，学生浅尝辄止，浮于表面，缺乏静思默想，缺乏深入思考，缺乏整体把握的意识和能力。其结果必然导致学生读得不实，思得不深，想得零碎，概括不全。

## 二、你对学生的朗读指导正确吗

课堂上，教师正投入地指导学生朗读课文：“风娃娃来到田野，看见一架大风车正在慢慢转动，抽上来的水断断续续地流着。他深深地吸了一口气，使劲向风车吹去。风车一下子转得飞快！抽上来的水奔跑着，向田里流去。”

这里，教师要求学生把“慢慢转动”读得很慢很慢，把“断断续续”读得吞吞吐吐，把“使劲”读得很用力，把“一下子转得飞快”读得急速……类似的朗读引导极为普遍，如朗读“把目光投向高远的蓝天”时，一定要提高声调、放大音量、加快语速读“高远的蓝天”；朗读“（小猴子）迫不及待地爬上葡萄架”时，一定要快速读“迫不及待”；等等。

真的一定得这样读吗？答案显然是否定的。课文中的文字大体有两类。一类是叙述性文字，这类文字一般可根据文意和情境及个人风格来朗读，而不必全根据词句的含义。如可用中速甚至慢速来朗读“一下子转得飞快”，也可以轻声缓读“高远的蓝天”。另一类是对话性文字，一般要根据提示语来朗读对话性文字中的人物（角色）语言。如“他盯着小葫芦自言自语地说：‘我的小葫芦，快长啊，快长啊！长得赛过大南瓜才好呢！’”，其中，“自言自语”便是提示语，学生应读出“自言自语”的感觉。

## 三、你注意对文理与文气的整体把握了吗

一篇有血有肉的好文章犹如一个生机勃勃、身体健康的人。人有人脉与人气，文同样有文理与文气，文理要通达，文气要通畅。

教学《陶罐和铁罐》一文时，一位教师独具匠心，顺着“奚落”的线索，从角色的动作和神态入手，紧紧抓住表现陶罐的“傲慢”“轻蔑”“恼怒”和表现铁罐的“谦虚”“争辩”等词语引导学生进行朗读，品味、感悟角色形象。教学第7、第8自然段时，教师富有创意地要求学生敞开思维，多元理解，将其中的“陶罐（　　）说”“铁罐（　　）说”补上提示语，这一设计可谓恰到好处。

然而，对于陶罐的提示语，当学生纷纷说出“温和”“温柔”“亲切”“针锋相对”“有点伤心”“心平气和”“冷静”“平静”“苦口婆心”等词时，教师高兴得一味加以肯定。

试想，对于铁罐步步升级、蛮横无理的奚落，无论从陶罐“谦虚—争辩—不再理会”的过程来看，还是从陶罐说话的口气来看，陶罐并不是懦弱可欺和毫无原则的，而是理性和宽容的，“温柔”“温和”“亲切”“针锋相对”等词显然不符合文理与文气，不符合陶罐的角色基调和情感发展变化。若用上“提高声调”“有些不悦”“严肃”“责怪”“正色”“据理力争”“语重心长”“好言相劝”等词语，似乎更为合适。

对于铁罐的提示语，当学生相继说出“有些生气”“恼羞成怒”“满腔怒火”“怒气冲天”“忍无可忍”“怒不可遏”“火冒三丈”“义愤填膺”时，教师同样大加赞赏。

试想，“有些生气”符合铁罐那种咄咄逼人、变本加厉的态度吗？“恼羞成怒”符合当时的情景吗？因为既无人羞辱铁罐，铁罐本身亦无羞愧之态。其他则均属中性或褒义的词语，用在铁罐这一角色身上明显不妥。“声嘶力竭”“丧心病狂”“凶相毕露”“更加盛气凌人”“更加不可一世”“更加咄咄逼人”“咬牙切齿”“暴跳如雷”“气势汹汹”等词语才是合适的。

如果教师不顾语境，一味点头称是，不仅有悖于文理与文气，更可怕的是传播了谬误，造成了学生是非不分。

## 四、你讲究品词析句的策略并能精确讲解吗

语文教学离不开品词析句，品词析句必须讲究一定的方法与策略。

《从现在开始》一文中，第 2 自然段有这样一句：“他想到自己成了‘万兽之王’，神气极了。”一位教师教学“神气极了”时分五步进行。第一步：问学生猫头鹰的神情是什么样的，让学生找准“神气极了”。第二步：看插图理解，从哪里看出猫头鹰神气极了？学生纷纷说出从挥着翅膀、瞪大眼睛、昂着头、拍着胸和眉飞色舞、目空一切看出猫头鹰神气极了。第三步：朗读感悟，学生入情地练读，教师范读，学生展示读。第四步：表演猫头鹰的神态。第五步：拓展练习说话。这一过程和策略，符合新课标理念，形式多样，生动而扎实地把对词句的理解、感悟、积累、运用有机结合，融为一体。

对于“奚落”一词的意思，学生各有不同的解读：看不起；小看；骂；侮辱；瞧不起；讽刺；嘲笑；冷落……一位学生忽然提出，为什么不能换成“看不起”或“冷落”等词语呢？学生面面相觑，一片茫然，教师支支吾吾，怎么也说不清。

作为教师，你遇到过这样的窘况吗？是不是很频繁呢？你能迅速而自信地说出“奚落”就是用尖刻的话数落别人的短处，使人难堪的意思吗？课上虽然未必都要做这样的讲解，但如果当学生“口欲言而弗能”时，当课堂上学生总是说不到位时，教师也不能通过自己精当的讲解和巧妙的点拨把教学引向深入，把学生的认识引向深入，把学生的思维引向深入，那就算不上合格的教师，至少算不上优秀教师了。看来，对于教师来说，夯实语文基础，细细咀嚼文本，研透文本，具备扎实的教学功底仍然十分必要。

## 五、你注意语言理解与概括的深化了吗

语言理解能力和语言概括能力是语文学科极为重要的核心能力培养目标，是一个人语文水平高低的重要标志，必须在小学中高年级的阅读教学中致力培养。

一位教师教学《燕子专列》一文时提问：“燕子是候鸟，能长途飞行，怎么还用专列送呢？”学生回答这一问题时只能将事情的概况复述出来。这时教师启发：“能否用一句话简单地说说？”学生抓住“成千上万只燕子

从南方飞回北方时，在瑞士境内遇到了麻烦”这一重点句子来回答。教师进一步启发：“燕子遇到了什么麻烦?”学生研读品味具体写麻烦的“当地气温骤降……濒临死亡”一句，至此，本环节的教学就结束了。

实际上，教学至此只是完成了寻找并理解重点句子的任务，而没有真正训练学生的语言概括能力。要真正培养学生的概括能力，教师必须进一步追问：“燕子遇到了什么样的麻烦?”引导学生从下文中概括出“燕子遇到了‘气温骤降，疲惫饥寒，濒临死亡’的麻烦”。这样，教学就从分析理解的品味语言层面进入了组织概括的表达倾吐层面。

## 六、你琢磨写作重点与教学重点的吻合了吗

我先后听过多位教师教学《陶罐和铁罐》一文，为拓展教学资源，培养学生的想象力，这些教师在不同程度上引导学生对以下几个方面进行挖掘：①你觉得王朝是怎么覆灭的？有的想象是由于朝廷的腐败，有的想象是因为民不聊生，有的想象发生了宫廷政变，有的想象遭到了外敌入侵……②陶罐会有什么价值？有的说可以作为考古依据，有的说可以研究古代陶瓷制造，有的说可以被国家博物馆永久珍藏，有的说可以换几座城市，有的说是无价之宝……这些教学完全背离了文章的主旨，背离了教学重点，浪费了宝贵的教学时间，误导了学生对文本的解读与感悟。

之所以出现如此现象，原因是多方面的，其中没有琢磨写作重点和教学重点的吻合，恐怕是一个重要原因。

《陶罐和铁罐》这篇寓言故事，主要是通过铁罐对陶罐的奚落过程中的不同表现，通过沧海桑田后二者的不同结局来塑造角色形象、表达寓意的。时代变迁前，作者通过动作、神态、语言的描写刻画铁罐的傲慢、尖刻、蛮横和陶罐的谦虚、友善、理性，教学时教师应当紧紧把握这一点。时代变迁后，不变的是陶罐“还是那样光洁，朴素，美观”，待曾经对自己尖酸刻薄的铁罐兄弟还是那样牵挂和热情；变化的是陶罐很有价值，铁罐却无影无踪了。这里作者主要通过二者的“变与不变”来进一步刻画陶罐的宽容和大度，蕴含着要正确对待自己和他人的长处与短处的道理。教学重点应当与作者的这一写作意图相吻合。至于许多年代的流逝，只不过是行文的一种过渡手段，作者惜墨如金，一笔带过，它不是教学的着力点。

## 七、你注意构建一意多表的语言训练场了吗

语言表达能力是语文能力的核心，言随意出，自如地、活泼地、从不同角度，利用不同的句式、方式巧妙地表达同一意思是语文能力的精髓。而这种能力需要在语文课堂中构建语言训练场有意培养。

在教学《鲸》一文的第5自然段时，教师可同时出示齿鲸和须鲸的喷潮图，问学生："谁做有经验的渔民，正确判断这两头鲸的种类，并用不同的语言来表达?"学生热情高涨，再次研读思考，重新组织语言。有的学生说，左边的那头是须鲸，因为它的水柱是垂直的，且又细又高，而右边的那头是齿鲸，因为它的水柱是倾斜的，且又粗又矮；有的学生说，喷潮时水柱垂直、又细又高的是须鲸，喷潮时水柱倾斜、又粗又矮的是齿鲸；有的学生说，左边那头水柱垂直，又细又高，符合须鲸喷潮的特点，它是须鲸，右边那头水柱倾斜，又粗又矮，符合齿鲸喷潮的特点，它是齿鲸；等等。这一语言训练场饶有趣味，学生展示的思维和语言丰富生动。

构建语言训练场要因文而异，重在简单易行，讲求高效实效。教学《新型玻璃》一文时，一位教师要求学生抓住五种玻璃的特点、作用制成表格后，进行语言训练。

| 名称 | 特点 | 作用 |
|---|---|---|
| 夹丝网防盗玻璃 | 自动报警 | 防盗 |
| 夹丝玻璃 | 坚硬、"藕断丝连" | 适用于高层建筑 |
| 变色玻璃 | 随阳光强弱而变色 | 调节室内光线 |
| 吸热玻璃 | 吸热 | 使室内冬暖夏凉 |
| 吃音玻璃 | 消除噪音 | 减弱噪音干扰 |

首先，引导学生变换内容与表达形式，或先说作用，或先说特点，或先说名称，用形象生动的语言介绍一种玻璃。然后介绍两种到多种，并注意段与段之间的衔接过渡，还要采用拟人等修辞方法。结果全班学生的介绍各具特色，异彩纷呈，其语言的多样性、丰富性、变化性、鲜活性让人喜出望外。

## 八、你注意趣味朗读和快速背诵的有效训练了吗

朗读是小学语文教学中一项重要的训练，是理解课文内容的基本途

径，是培养语感、发展语言的重要手段，是激发情感的重要前提，而趣读又是朗读中最亮丽的风景线。

人教版小学语文一年级下册“识字4”有这样一则短文：“蜻蜓半空展翅飞，蝴蝶花间捉迷藏。蚯蚓土里造宫殿，蚂蚁地上运食粮。蝌蚪池中游得欢，蜘蛛房前结网忙。”教学时教师可通过多种趣味互动对答来引导学生朗读，如①问：谁在半空展翅飞？答：蜻蜓半空展翅飞。②问：蜻蜓哪里展翅飞？……③问：蜻蜓半空干什么？……④问：谁在半空干什么？……⑤问：谁在哪里展翅飞？……⑥问：蜻蜓哪里干什么？……⑦连问：蜻蜓、蝴蝶干什么？蚯蚓、蚂蚁干什么？蝌蚪、蜘蛛干什么？……互动对答形式有师问生答，生问师答，生问生答（同桌间、小组间、男女间等）。新颖的形式，变换的角色，变化的节奏，琅琅的声韵，学生兴趣盎然，课堂气氛欢快。

如教学《泉水》一文时，教师可拎出如下主要词句：

流进——山腰的水池——姐姐——来吧，来吧——很多很多

流过——山间的平地——杜鹃花——照吧，照吧——很清很清

流到——山坡的果园——果树——喝吧，喝吧——很甜很甜

穿过——静静的山谷——画眉鸟——唱吧，唱吧——很美很美

然后利用多媒体有意隐去某一部分引导学生练读，隐去的部分逐渐增加，难度逐渐增大，直至学生能够完整地背诵出来。实践证明，采用此种方式能提高学生学习的兴趣和积极性，取得良好的教学效果。

## 九、你引导多元理解，注意分清主次了吗

关于“多元理解，个性解读”的研究层次在不断提升。不少教师已能较好地把握多元理解的“质地”，捕捉训练点；较好地将多元理解与文本的语言学习联系起来；较好地处理多元理解与正确价值导向的关系。然而，不少作品涉及的角色形象、人物品格虽然是立体的、多维的、丰富的，但毕竟有主次之分，教学时应当明确体现这一点，否则，就有可能平均用力，模糊学生对角色的认识，甚至影响学生对文本的正确解读。

如教学《西门豹治邺》一文时，一位教师提问：“你怎么评价西门豹？”学生有的说，西门豹善于调查研究，从“摸清底细”可以看出；有的说，西门豹是个假戏真做的人，从他要巫婆去“说一声”和要官绅头子去“催一催”可以看出；有的说西门豹是个城府很深的人，从他说“我也去送送新娘”可以看出；有的说西门豹是个造福百姓的好官，从兴修水利

可以看出；有的说西门豹是个聪明的人；有的说西门豹是个不信鬼神的人；有的说西门豹是个很有计谋的人；有的说西门豹是个铲除恶势力有术的人……教师一一给予肯定，大加赞赏，教学就此画上句号。

应该说，学生的理解都没有错，学生能细读文本，从文本中概括出西门豹的品格特点，反映了学生较强的语言组织能力和广阔、深刻、灵活的思维能力。然而光有这些还是不够的，教学仅止于此是很不到位的。试想，善于调查研究、兴修水利等是西门豹的主要特点吗？是文章反映的主旨吗？显然，文章反映的主要是西门豹勇于驱邪除恶的气魄和巧妙破除迷信的过人谋略。如果学生没有认识到这一点，即使理解再多元，也是本末倒置的。

## 十、你注意读中悟写，读写双向互动了吗

读写能力是语文素质的根本。一方面，阅读教学是作文教学的基础，要先读懂课文内容，在此基础上进一步领悟、学习作文的基本之道，做到读中悟写；另一方面，写是读的发展和深化，写要以读为根基，要在作文教学中巩固、运用阅读教学中学到的基本知识和技能，做到以写促读。忽视任何一方的做法都是偏颇的。

教学《观潮》一文的第3、第4自然段时，在学生基本理解了课文内容的基础上，一位教师颇具创意地向学生提出了以下要求。

（1）把写潮声的句子读一读。

午后一点左右，从远处传来隆隆的响声，好像闷雷滚动。

那声音如同山崩地裂，好像大地都被震得颤动起来。

（2）把写潮景的句子读一读。

只见东边水天相接的地方出现了一条白线。

那条白线很快地向我们移来，逐渐拉长，变粗，横贯江面。再近些，只见白浪翻滚，形成一堵两丈多高的水墙。浪潮越来越近，犹如千万匹白色战马齐头并进，浩浩荡荡地飞奔而来。

（3）把写人群的句子读一读。

顿时人声鼎沸，有人告诉我们，潮来了！

人群又沸腾起来。

通过读句子让学生对潮声、潮景、人群三个画面分别形成清晰的印象，然后提问："作者写潮来时的壮观情景是抓住什么来写的？是怎么写的？"学生豁然开朗——抓住人、声、景三个方面来写，而且第3自然段是

声、人、景互相交错，相机融合，第 4 自然段是景与声交织，这样写形象生动，让人有身临其境之感。

这一教学从怎样读的旧有定式跳到了如何写的崭新角度，使学生从感知语言文字、理解表象这样一种从形式到内容、从部分到整体的心理过程，转向了理解作者怎样选材、怎样组织、怎样遣词造句再造表象这样一种从内容到形式、从整体到部分的新的心理过程，促进了由读到写的迁移，促进了读与写的融合。

### 十一、你大声喊过“停！停！自己读自己的！”了吗

语文教师一定不会对这样的场景感到陌生：或在课始，或在课中，或在常态课，或在公开课，提出要求：“同学们，下面请自读课文!”言毕，学生便低头读书，开始嘤嘤嗡嗡，瞬间声音增强，大有齐读之势。这时教师阵脚大乱，声音又寡不敌众，于是只能提高嗓门喊道：“停！停！不要齐读，自己读自己的!”学生只好又从头读书。每遇此景，总让人别有一番滋味在心头——此景就像良田绿苗当中一株刺眼的另类杂草，就像美妙乐曲中一个刺耳的音符，不仅与生态课堂不和谐，浪费了宝贵的课堂时间，而且常常使学生失去学习兴趣，挫伤学生的积极性。

为何出现这种情况？我想，一是平时教师要求不明确，学生未能领会教师的意图，师生不能默契互动；二是缺乏真正促使学生自读思考的有效策略，如要求学生边读边圈画、批注等；三是学生没有养成边读边思考的习惯；四是教师急着“刹车”，即使学生齐读同一内容，齐步走一小程也很自然，也许再稍过一程便出现参差了；五是教师忌讳齐读。其实，齐读不仅重要，而且是必要的。

## 第九节　精心设问，追求最大效益

无论教学如何改革，教师的主导作用始终是高效课堂不可或缺的重要因素；无论课堂发生怎样的改变，师生对话始终是课堂教学的重要形式。这种对话离不开教师对教材的深刻理解与把握，离不开教学中的问题设计。可以毫不夸张地说，提出问题、分析研究问题、解决问题是当前课堂

教学的主要方式。我研究分析了许多成功的教学案例后发现：凡是获得巨大成功的课，凡是高效的课堂，无一例外地都有一个好的、与众不同的问题设计。如何才能更好地设计问题，促进课堂的高质高效呢？

## 一、问题设计要有利于深悟词义

有专家说，小学语文教学能使学生会认、能写3000个常用汉字就算大功告成了。这话不无道理，同时也道出了字词教学的重要性。学生只有对字词有了真正深入的理解，才能恰当地运用。引导学生深入理解字义是语文教学的重中之重。引导学生理解字义的问题设计，应关注学生真正不懂的地方，通过对问题的探究、分析、解决，切实提高学生的解词能力。

如《秋天的雨》一文中有这样一段文字："秋天的雨，有一盒五彩缤纷的颜料。你看，它把黄色给了银杏树，黄黄的叶子像一把把小扇子，扇哪扇哪，扇走了夏天的炎热。它把红色给了枫树，红红的枫叶像一枚枚邮票，飘哇飘哇，邮来了秋天的凉爽。金黄色是给田野的，看，田野像金色的海洋……"对于"五彩缤纷"一词，普遍的教法是让学生找近义词，学生大多能说出其近义词有"五颜六色""五光十色""五彩斑斓""万紫千红""色彩纷呈""姹紫嫣红"等，教师问："在课文中用哪个词好呢？"学生理所当然地说"五彩缤纷"好，但至于好在哪儿，为什么好，学生不明白，就连不少教师也说不明白。实际上，这个词中学生真正不理解的是"缤纷"二字，应在"缤纷"二字上设计问题："能用'缤纷'说几个词语吗？查一查'缤纷'是什么意思。"引导学生联想落叶缤纷、落英缤纷的情景，体会"动感"。接着引导学生体会"扇哪扇哪""飘哇飘哇"的动感，感悟"金色的海洋"此起彼伏的动感、"你挤我碰"的动感、"频频点头"的动感，从而真正体会"五彩缤纷"具有动感，体会它与文章具体描述的对应关系。

课文中像这样的契点很多，教学时应抓住契点有效设问。如《桂林山水》一文中的"危峰兀立"，之所以用"兀立"而不用"耸立""矗立"，是因为"兀"指高而平，十分贴切地突出了危峰高且平的特点；"奇峰罗列"，之所以用"罗列"而不用"排列" "陈列"，是因为"罗"意为"网"，网眼与网眼间各不相连，极为传神地描绘了桂林的山一座座拔地而起，像新生竹笋，各不相连的特点。

## 二、问题设计要有利于学习概括

概括是学习语言文字运用的重要内容。概括水平的高低标志着一个人语文水平的高低。我们的语文教学往往只是一味地分析、理解、感悟，而严重忽视了语言的组织概括。真正会阅读的人，能把厚书读薄，把长文读短，把段落读成句子，把句子读成字词。高效课堂的问题设计一定要注重提高学生的概括能力。

如《乡下人家》一文的第 2 自然段："有些人家，还在门前的场地上种几株花，芍药，凤仙，鸡冠花，大丽菊，它们依着时令，顺序开放，朴素中带着几分华丽，显出一派独特的农家风光。还有些人家，在屋后种几十枝竹，绿的叶，青的竿，投下一片绿绿的浓阴。几场春雨过后，到那里走走，常常会看见许多鲜嫩的笋，成群地从土里探出头来。"着力提高学生的概括能力的问题可这样设计：这一自然段写了什么景物？请分别画出景物的一个字。引导学生画出"花、竹、笋"三个字。接着相机设计层层推进的问题：如果各用两个字概括呢？引导学生得出"鲜花、绿竹、春笋""花开、竹绿、笋冒"等。如果分别用三个字概括呢？引导学生得出"花绽放、竹青绿、笋探头"等。如果各用四个字来概括呢？引导学生得出"鲜花轮绽、绿竹摇曳、春笋拔节"等。如果分别用五个字、六个字概括呢？引导学生得出"朴素华丽花、青竿绿叶竹、鲜嫩成群笋""鲜花四季欢笑、绿竹摇曳婆娑、春笋雨后探头"等。

再推及其他段落，让学生自主探究，依次概括，答案便异彩纷呈，如"藤架瓜 ""绿藤瓜架瓜果""藤攀叶绿瓜满架""绿叶攀檐瓜满架、花开竹绿笋探头、鸡鸭成群觅食欢、天高地阔晚餐乐、月明人静入梦乡""瓜藤攀檐图、鲜花轮绽图、春笋探头图、鸡鸭觅食图、院落晚餐图、月夜梦乡图""瓜满架、鲜花笑、笋探头、鸡觅食、鸭戏水、晚餐乐、入梦乡"等，学生的概括能力在有效的问题设计中受到了良好的训练。

旨在提高学生概括能力的问题设计有时可从简单明了的段落开始。如教学《鸟的天堂》一文时，可先从第 7 自然段入手，学生很快概括出"枝干多"，再读第 8 自然段，学生就不难概括出"绿叶茂"。最难的是第 5、第 6 自然段，如果依课文顺序一开始就让学生概括，就相当困难。将其放在后面去概括，因有了第 7、第 8 自然段概括的正迁移，学生思索之后便可知此处是写"树冠大"。

此外，还可先梳理概括的要点，得出首例的概括，然后引导学生进行正迁移，往往能事半功倍。如教学《晏子使楚》一文时，可先得出概括的要点是“侮辱—应对—结果”，再将第一部分概括为“开小洞—访狗国才钻狗洞—只好开城门”，学生很快就能将第二、第三部分分别概括为“没有人—下等人访下等国—只好陪着笑”“齐人盗—淮南柑橘淮北枳—只好赔不是”。再如教学《生命　生命》一文时，可先得出要点为“具体事例—直观感受—生命感悟”，并将第一个事例概括为“飞蛾极力求生—震惊—珍贵”，由此，学生就不难概括出后面的“瓜苗不屈生长—意外—顽强”和“心脏沉稳跳动—震撼—价值”等。

如此设问，学生的概括能力就会受到良好的训练，概括能力就会不断提高。

### 三、问题设计要有利于牵一发动全身

好的问题设计不在数量多，而在精巧。如教学《中彩那天》一文时，不少教师进行了这样的问题设计：(1) 中彩后父亲是怎么做的？(2) 围绕父亲到底该不该还车，分正反两方进行一次辩论。试想，第一个问题还用思考吗？一看便知是把车给了库伯。第二个问题有辩论的意义吗？文本取向明摆着就是应该归还的，反方不管如何善辩，最终都逃脱不了必输的命运。我认为这是一种已有定论的空辩、伪辩、作秀之辩。

那么应在哪里设问？我认为以下这两个问题是核心的、有意义的问题：(1) 中彩时父亲有什么异样表现？引导学生感悟父亲神情严肃，没有喜悦之情。(2) 父亲遇到了什么道德难题，难在哪里？这一问题可谓牵一发而动全身，很值得细细咀嚼，它能把所有焦点聚集，把所有的问题激活。为解决这一问题，学生得读书、思考、琢磨全文，而后得出父亲选择之难在于一家人生活很拮据，他梦寐以求的是能有一辆属于自己的汽车；难在彩票是独自捎带，仅有可擦去的铅笔记号，而且库伯是有钱人……

类似的课文还有《钓鱼的启示》，不少教师教学时设计的问题是辩论该不该放鱼。其实，钓鱼给作者的启示是，道德只是简单的是与非的问题，实践起来却很难。“是”指什么？“非”指什么？不就是放鱼与留鱼的问题吗？要放鱼难在何处？“好长时间”“好不容易”“鱼大肥美”“仅差两小时”“四周静悄悄”“儿子苦苦央求”，这些不就是让父亲难以抉择的现实问题吗？这就是问题的核心，抓住这个问题，其他的问题便迎刃而

解了。

## 四、问题设计要有利于体现情境

现在课堂上比较流行的问题形式是，自读课文，拿起笔来，写上批注，从哪些语句可以看出……这一问题设计，最大的问题是只见树木，不见森林。如教学《地震中的父与子》一文时，不少教师都提出同一个问题：认真读第3至第12自然段，看看哪些语句表现了父亲的了不起。由于问题缺乏情境的支持，学生只能东一句、西一句零乱地作答，如“坚定地站起身，向那片废墟走去”“双眼直直的”“不论发生什么，我总会跟你在一起”“他挖了8小时，12小时，24小时，36小时”“他满脸灰尘，双眼布满血丝，衣服破烂不堪，到处都是血迹”等。试想，以上这些词句能看出父亲的了不起吗？显然是非常牵强的。即使是第12自然段中最精华的“他挖了8小时……到处都是血迹”一句，教师花费许多精力着力引导学生体会，学生却依然没有真正动容，效果依然不太好。原因何在？因为许多问题不是光从只言片语中就能看出来的，而应联系整个情境才能理解。

若把问题设计为“作者选取了哪些精彩镜头表现父亲的了不起”，就能把学生带入立体生动的情境之中，在情境中观照，父亲的了不起就会有血有肉，就会立体感人。

镜头一：与其他家长比较。其他家长匆匆赶来，痛哭大喊后就绝望地离去，而这位父亲逢人便求：“谁愿意帮助我？”无助之后便独自埋头拼命挖掘，多么感人！

镜头二：面对消防队长的阻挡，他急切地求助。

镜头三：面对警察的劝告，他无助地乞求。

镜头四：在没人管他，众人放弃他，以为他精神失常的时候，他独自一人挖了8小时，12小时，24小时，36小时。他满脸灰尘，双眼布满血丝，衣服破烂不堪，到处都是血迹……多么感人的场面！

作者不惜浓墨重彩描绘的长时间挖掘的悲壮场面是在被人认为精神失常的情况下的所作所为。不考虑“精神失常”这一情境，难怪我们的教学显得如此肤浅和苍白。

## 五、问题设计要有利于体现文体

诗歌有诗歌的特点，说明文有说明文的特质，小说有小说的特征，议论文有议论文的内核。不同体裁的文章特点不同，教学方法理应有异，问题设计应把握文体的特质。像童话，语言形象，情节生动，想象奇妙，给人启迪，就是其区别于其他文体的特质，尤其是想象奇妙更是其最主要的特点。阅读童话时，要让学生充分体会作者离奇的想象；练写童话时，要引导学生尽情驰骋于想象的天空。如教学《巨人的花园》一文时，教师可这样设计问题：巨人几次训斥后，出现了什么奇妙的情景？从而引导学生感悟发现：第一次巨人很生气，让孩子们滚出去，此时出现的奇景是，村子里鲜花美丽，小鸟欢叫，花园里却狂风大作，雪花飞舞，巨人瑟瑟发抖。第二次巨人又发脾气，让孩子们滚出去，此时，在孩子们纷纷逃窜的同时，花园里顷刻鲜花凋谢，树叶飘落，冰雪覆盖。第三次巨人大声叱责，让孩子们滚出去，此时，一个小男孩凝视着巨人，在树下一伸手，桃树马上绽出绿芽，开出许多美丽的花朵。这些问题的设计，紧扣童话的特点，有助于学生对课文的理解。学完后，若要写童话，学生一定要有一种清晰的认识：写童话一定要充分发挥自己奇妙的想象。

神话最为突出的特点是充满神奇的幻想。如教学《盘古开天地》一文时，若教师提问：盘古为人们做了哪些事？他是个怎样的人？那就只是把神话当作普通的记叙文来教，仅仅是引导学生认识人物的品格。显然，这忽视了神话的特点，背离了神话教学的目标。教师可这样设计问题：盘古是怎样开天地的？哪里让你感到非常神奇？从而引导学生品味盘古一睡就是十万八千年的离奇、抡斧猛劈的神力、顶天蹬地的神通、化作万物的神法。

这样紧扣文体特点设计问题，学生每学完一种文体就有了不同的认识与收获，对文体特点的印象就会深深地刻在脑海之中。

## 六、问题设计要有利于理解语言

要真正读懂文本，离不开对文本语言的深刻理解。理解语言的问题设计应着力寻找点睛词句。

如《两个铁球同时着地》一文的第 3 自然段——

亚里士多德曾经说过：“两个铁球，一个 10 磅重，一个 1 磅重，同时从高处落下来，10 磅重的一定先着地，速度是 1 磅重的 10 倍。”这句话使伽利略产生了疑问。他想：如果这句话是正确的，那么把这两个铁球拴在一起，落得慢的就会拖住落得快的，落下的速度应当比 10 磅重的铁球慢；

但是，如果把拴在一起的两个铁球看作一个整体，就有11磅重，落下的速度应当比10磅重的铁球快。这样，从一个事实中却可以得出两个相反的结论，这怎么解释呢？

我调查了8个班的学生，他们刚学过这篇课文，但真正能理解这段话的不足15%，这让我十分震惊。后来我试着问了不少任课教师，他们也大多一知半解。问题出在哪儿？问题出在教师阅读时没能抓准关键，设计的问题缺乏实效。

这里，教师可这样设计问题："一个事实"指什么？"两个相反的结论"指什么？你能以10磅重的铁球速度为参照，画个示意图吗？结果学生一边阅读，一边思考，很快就理解了文本内容，并以10磅重的铁球为基准，把11磅重的两个铁球落下的速度比10磅重的铁球快和比10磅重的铁球慢这种相互矛盾的情况，通过示意图形象地画了出来。通过画图，学生又进一步理解了文意。

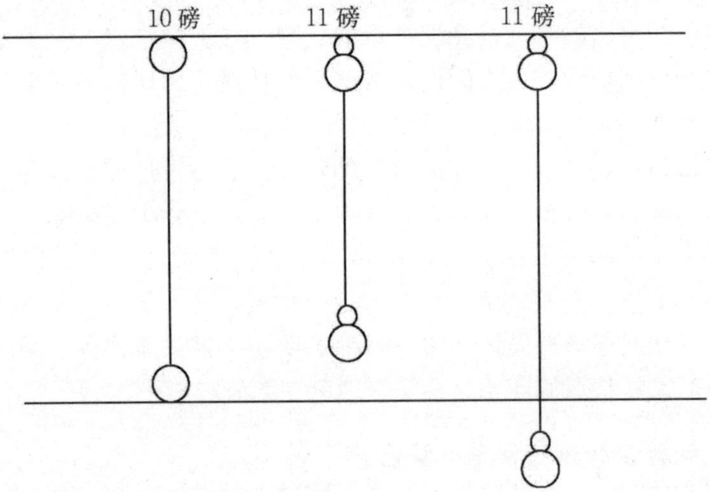


## 七、问题设计要有利于运用语言

问题的设计要着力于让学生感受语言的特点，理解语言的结构，感悟语言运用的奥秘。教师可在语言思路上设计问题，可在语言层次上设计问题，可在语言的精确处设计问题，也可在语言逻辑上设计问题。如《鱼游到了纸上》一文，写青年画画时有这么一段话——

他有时工笔细描，把金鱼的每个部位一丝不苟地画下来，像姑娘绣花那样细致；有时又挥笔速写，很快地画出金鱼的动态，仿佛金鱼在纸上游动。

教师可这样设计问题——

（1）这段话中间为什么用分号？引导学生感悟：这段话以分号为界，前面一部分着重写的是“工笔细描”，后面一部分着重写的是“挥笔速写”。

（2）两种笔法主要的不同之处是什么？意在引导学生感悟前者强调的是一个“细”字，后者强调的是一个“速”字。

（3）哪些词语体现了“细”和“速”？意在引导学生体会“一丝不苟”是态度上的“细”；“像姑娘绣花那样”是笔法上的“细”。“很快”与“动态”是从逻辑联系上表现了“速”；“仿佛”与“游动”是从效果上表现了“速”。

以上几个问题，没有对内容进行过多的分析，也没有让学生过多地谈自己的感悟，而是让学生扎扎实实地学习语言运用。

## 八、问题设计要有利于揣摩表达

阅读教学要从只重内容分析理解转向着力揣摩文章表达、学习语言文字运用的正确轨道上来。

如《触摸春天》一文，真正写实的文字很少，而作者的感受、想象占了课文的绝大部分篇幅。教学时教师必须清醒地认识这一特点，可这样设计问题：作者是抓住哪几个镜头来写的？哪些是写实，哪些是作者的感受与想象？引导学生感悟：写实镜头只有“流畅穿梭、伸向月季、拢住蝴蝶、松手张望”四个，每个镜头只有一两句话。而文章中的感受和想象十分丰富。当安静拢住蝴蝶后，作者惊叹：真是一个奇迹！慨叹安静具有神奇的灵性，这是安静全新的经历，安静到了一个她从来没有体验过的地方，作者仿佛看到了安静多姿多彩的内心世界。当安静放飞蝴蝶时，作者又浮想联翩——安静的心上一定划过一条美丽的弧线，蝴蝶在她八岁的人生划过一道极其优美的曲线，述说着飞翔的概念。

又如《桥》一文是一篇小小说。人物、环境、情节是小说的三要素，问题设计不能仅限于对学生进行人文教育，要引导学生认识人物的品格，还要用一定时间去探究人物语言、环境、情节。

1. **人物语言——简洁有力，渲染情急**

“桥窄！排成一队，不要挤！党员排在后边！”

“可以退党，到我这儿报名。”

“你还算个党员吗？排到后面去！”

“少废话，快走。”

如若语言为“乡亲们，大家好！这座桥很窄，这是我们都知道的，平时两三个人并排就不便行走，你们说是吗？还有，你们说这桥牢固吗？我们都知道……党员嘛，是无产阶级的先锋队，是群众的表率，应该处处先人后己”，那就完全脱离了语言环境。要让学生感受到，人物语言要符合人物的性格与当时的情境。

2. **环境——山洪咆哮，衬托危急**

可以这样设计问题：课文运用了哪些修辞手法，运用了怎样的句式来描写山洪的凶猛？找出描写水势变化的句子，你发现了什么？引导学生体会比喻、拟人、短句的表达效果，找出“一脚踩进水里”“没腿深的水里”“舔着人们的腰”“爬上了老汉的胸膛”“白茫茫的世界”，让学生从中体会环境是如何衬托人物、推动情节的。

3. **情节——构思巧妙，震撼心灵**

让学生体会小说结尾揭开的父子关系既在意料之外，又在情理之中，使他们的心灵受到强烈的震撼。

## 九、问题设计要有利于分步推进

设计的问题过大过空，缺乏铺垫，学生跳起来也摘不到果子；问题过小过细，又显得琐碎。比较理想的是，先设计一个较大的问题，尝试着让学生探究，若学生力所不及，便将这个问题分成几个稍小的问题分步推进，最终达到解决问题的目的。

如《燕子专列》一文的结构是“准备启程—燕遇麻烦—政府呼吁—居民寻燕—列车开动”。

这里，“政府呼吁”承上启下，是较大的问题，它连接着“燕遇麻烦”和“居民寻燕”，可先在此设计问题。若学生难以作答，便可引导学生先学习第2自然段，思考燕子遇到了什么麻烦。

事情是这样的：这年春天，成千上万只燕子从南方飞回北方时，在瑞士境内遇到了麻烦。当地气温骤降，风雪不止，几乎所有昆虫都被冻死了。燕子经过长途跋涉，已经非常疲劳，再加上找不到食物，饥寒交迫，濒临死亡。瑞士政府知道了这个情况，决定用火车把这些燕子送到温暖的地方。

教师可引导学生在品读的基础上，分步梳理燕子遇到了什么麻烦，抓住关键词“气温骤降”“饥寒交迫”“濒临死亡”等，然后让学生帮助政府书写呼吁稿。

这样，降低坡度，分散难点，为后面的“呼吁”做铺垫，学生便学得轻松，学有收获。

## 十、问题设计要有利于领悟意旨

揭示文章意旨时，如果问题设计不当，就会偏向说教，失去语文韵味。教师要根据不同的文体设计揭示主旨的问题。如教学寓言《纪昌学射》时，教师可先设计问题：文中写纪昌练眼力，举了哪两个事例？他练到了什么程度？学生梳理了“注视梭子——不眨眼睛”“盯着虱子——把小看大”后，进一步提问：

练好眼力→百发百中

练基本功→？

接着，让学生根据这两组关系，发表一番议论，续写课文结尾。学生的想象力十分丰富，语言表达多姿多彩，有的用“只有……才……”的句式从正面阐述，有的用“如果……就……”的句式从反面谈论；有的先正说后反说，有的先反说再正说；有的先说原因再说结果，有的先说结果再说原因……不仅加深了对文本的理解，更重要的是在多元的表达中运用了语言，训练了表达能力，提升了认识。

再如教学《扁鹊治病》一文时，教师可以这样设计问题：扁鹊几次要给蔡桓公看病？每次蔡桓公的病情怎样？可用什么治疗方法？蔡桓公是怎么表现的？学生很快就列出了如下表格。

| 次数 | 病情 | 治疗 | 表现 |
|---|---|---|---|
| 1 | 皮肤 | 热敷 | 什么病也没有 |
| 2 | 皮肉 | 扎针 | 很不高兴 |
| 3 | 肠胃 | 服药 | 非常不高兴 |
| 4 | 骨髓 | 等死 | 觉得奇怪 |
| 结果：病死。 | | | |

再稍加点拨，学生又悟出这样的道理：

小病—大病—死亡

讳疾忌医！

这样，学生学得积极主动、轻松愉快，讨论得十分深入，表达能力得到了极为有效的训练。

## 十一、问题设计要有利于学习复述

复述对理解内容、把握要点、组织语言都有较高的要求，是重要的语言表达形式，是学习语言、运用语言、发展语言的有效训练方式。问题设计要针对文本，把握时机，注重提高学生的复述能力。

如《蝙蝠和雷达》是一篇科学性的说明文。设计这样三个问题，就能很好地突出文本的科学性和语文性，并有效地提高学生的复述能力。

（1）蝙蝠是靠什么探路的？

根据表格，引导学生阅读、思考并填写，然后根据填写的内容复述。

<table>
<tr><th>次数</th><th>试验方法</th><th>观察现象</th><th colspan="2">结论</th></tr>
<tr><td>1</td><td>蒙眼</td><td>铃不响</td><td colspan="2">不靠眼</td></tr>
<tr><td>2</td><td>塞耳</td><td>铃响</td><td>无耳有嘴不行</td><td rowspan="2">靠嘴和耳朵配合探路</td></tr>
<tr><td>3</td><td>封嘴</td><td>铃响</td><td>无嘴有耳不行</td></tr>
</table>

（2）蝙蝠的嘴和耳朵是怎么配合探路的？引导学生梳理出关键词，并画示意图，然后用语言复述。

关键词：蝙蝠　嘴　超声波　障碍物　耳朵　反射

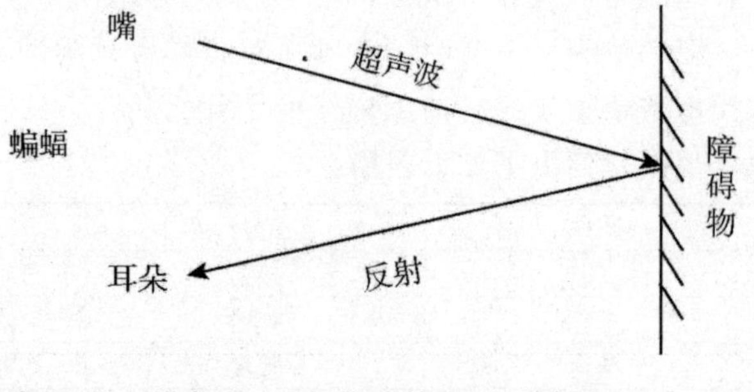


（3）科学家是怎么模仿的？让学生梳理出关键词，与上一题中梳理出的关键词合起来，画组合示意图，并进行复述。

关键词：雷达　天线　无线电波　障碍物　荧光屏

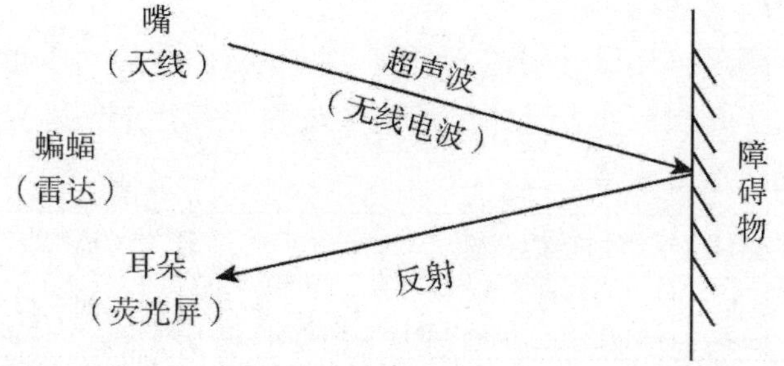


由于设计的问题恰当，学生动脑、动手、动口，复述的角度、顺序、语言异彩纷呈。

## 十二、问题设计要有利于理清文章思路

只有理清文章思路，才谈得上理解文章内容，才可能真正读懂文章，了解作者是如何立意、选择材料、安排结构、组织语言、表情达意的。如教学《七颗钻石》一文时，教师可这样设计问题：请说出水罐的变化过程，并想想为什么会有这样的变化。引导学生发现水罐的变化过程：空罐—水罐—银罐—金罐—钻石、星星；得出变化的原因：爱妈妈—爱小狗—爱女儿—爱路人。文章的思路便十分清晰，一目了然了。

除了从整体上理清文章思路，我们还必须十分重视感悟抓要点写具体的表达思路。如《临死前的严监生》中的一段——

严监生喉咙里痰响得一进一出，一声不倒一声的，总不得断气，还把手从被单里拿出来，伸着两个指头。大侄子走上前来问道："二叔，你莫不是还有两个亲人不曾见面?"他就把头摇了两三摇。二侄子走上前来问道："二叔，莫不是还有两笔银子在那里，不曾吩咐明白?"他把两眼睁的滴溜圆，把头又狠狠摇了几摇，越发指得紧了。奶妈抱着哥子插口道："老爷想是因两位舅爷不在跟前，故此记念。"他听了这话，把眼闭着摇头，那手只是指着不动。赵氏慌忙揩揩眼泪，走近上前道："爷，别人都说的不相干，只有我能知道你的意思！……你是为那灯盏里点的是两茎灯草，不放心，恐费了油。我如今挑掉一茎就是了。"说罢，忙走去挑掉一茎。众人看严监生时，点一点头，把手垂下，登时就没了气。

如果读完课文后，学生头脑中只留下一个吝啬鬼的形象，那说明他们

的语言能力几乎没有提高；若只留下两个指头表示两茎灯草的印象，那说明语言能力仅略有提高。

对此，教师可这样设计问题：严监生临死前伸着的两个指头表示两茎灯草，人们猜了几次？作者是如何把这个过程写具体的？引导学生梳理课文内容，整理出如下表格。

| 次数 | 众人的猜测 | 严监生的意思 | 作者的描写 |
|---|---|---|---|
| 1 | 两个亲人 | 不对 | 把头摇了两三摇 |
| 2 | 两笔银子 | 不对 | 把两眼睁的滴溜圆，把头又狠狠摇了几摇，越发指得紧了 |
| 3 | 两位舅爷 | 不对 | 把眼闭着摇头，那手只是指着不动 |
| 4 | 两茎灯草 | 对 | 点一点头，把手垂下，登时就没了气 |

教学时教师应着力引导学生明白，如果一下就写出两个指头表示两茎灯草，那文章就不会给人留下深刻的印象。作者写猜的过程的思路十分明晰，给人留下的印象很深。另外，对众人的猜测，如果作者每次都是写“不对”，那文章就会索然无味。作者运用什么描写来表示不对，这值得我们细细琢磨：写眼，由圆睁到紧闭，那是一种怎样的无奈；写手指，由“指得紧”到“指着不动”，那是一种怎样的焦急；写头，从“摇了两三摇”到“狠狠摇了几摇”，再到“把眼闭着摇头”，无助、无奈、怨恨、愤恨、悲叹……千种心境，万般思绪，让人浮想联翩。

# 第三章 校本教研的实施

# 第一节　开展以校为本的教研

## 一、“以校为本”的教研制度略谈

随着基础教育课程改革的深化与实验范围的不断扩大，教育部将正式推行“以校为本”的教研制度。

### 1. 建立“以校为本”的教研制度的背景

什么是“以校为本”的教研？目前虽无规范的概念与定论，但比较一致的看法为，它是基于学校，为了学校，在学校中进行的教学研究。“基于学校”，指教学研究的主阵地是学校，教学的改革与发展最终要通过学校来体现。没有学校层面的教研，一切教学改革的措施就难以落实，教学改革的目标就难以实现。“为了学校”，指学校自身应成为发展的中心和根本，教学研究要有利于学校自身的发展，有利于学校组织的发展，有利于学校教师的发展，最终有利于学生的发展。“在学校中”，不只是空间上的概念，更重要的是指问题的发生和解决以及教师的发展是在学校中。校内的问题是自主产生的问题，是需要自己解决的问题，是尊重自己的需要，而不是假设的需要。这种“以校为本”的教研要以新课程为导向，以促进每个学生的发展为宗旨，以课程实施过程中学校所面对的各种具体问题为对象，以教师为研究的主体，是一种理论指导下的实践性研究，既注重切实解决实际问题，又注重概括提升、总结经验、探索规律。

为什么要推行“以校为本”的教研制度呢？

（1）教研工作机制创新的需要

当前基础教育改革轰轰烈烈，目前的教研制度受到了巨大的挑战。以新的观念，建立新的教研制度成为当前教学研究工作面临的最为紧迫的问题之一。

从制度层面看，首先，传统的教学研究工作往往缺乏群众基础，很多时候都属于教研室的“专利”。学校开展教研工作，往往是为了配合专家，为专家的研究提供佐证，大多只是被动地参与，缺乏自下而上的教学研究氛围和工作机制。教学研究没有发生在真正进行教育的地方，研究的内容多不是出自教学的第一线，没有促进学校个性化发展，更多的是强调共性和统一，没有充分发挥教师的专业自主性，有时甚至限制了教师创造性的发挥，挤压了教师的发展空间。其次，各级各类教学研究机构在一定程度上存在职责不清、分工不明的情况。1990 年《国家教委关于改进和加强教学研究室工作的若干意见》指出："教研室是地方教育行政部门设置的承担中小学教学研究和学科教学业务管理的事业机构。"之后便没有出台过任何专门针对教学研究工作的政策，也没有进行统一的规划和管理，这就造成了职责不清的问题，省、市、县各级教学研究机构在具体工作中出现权限过大或权限不足等现象。

从观念上看，当前教研机构大多以工作促教学，有的以检查促教学，有的以竞赛评比促教学，没有形成以研究促进教育教学的理念。教研人员虽然具有丰富的经验和较强的组织协调能力，但是随着基础教育课程改革的推进，一线教师也与教研员处于同一起跑线上，甚至略有超前。如果光靠教研员的研究，而忽视广大教师的研究潜能，显然是不行的。

从具体的工作方式看，对问题的研究例行化，不注意到教学实践中去寻找问题、发现问题并解决问题。研究的目的是为了指导实践，指导学校的教育教学工作。离开了教学一线的研究，往往脱离现实。随着基础教育课程改革的深入和扩展，一线教师发现的问题越来越多，迫切需要教师参与研究，创造性地共同解决。光靠研究人员的力量，光靠自上而下的研究机制，光靠过去的经验是远远不够的。

(2) 深化课程改革的需要

2001 年秋，教育部在全国范围内确立了 38 个国家级新课程实验区，2002 年秋又确立了 530 个基础教育课程改革省级实验区，2005 年开始全面推行新课程。"一纲一本"的教材建设机制被打破，根据义务教育课程标准编写的新教材通过国家审定并进入实验区使用，今后教材的发展会更加多样化。面对如此课改形势，光靠出版社、专家、教研员的力量已远远不能满足学校与教师的需要。再者，新课程改革是一种前所未有的开拓性实验，教学中的各类问题随时都会产生，且因地因人而异，纷繁复杂，只有靠当事学校、当事教师的思考，靠当事人的能动性与创造性，才能及时解决教学过程中出现的问题。

（3）教师专业成长的需要

传统的传授型教师已远远不能适应新课改的需要，新课改需要的是研究型、学者型教师。教师是在教学实践过程中不断成长的。有专家做过研究，结果显示，影响教师成长的要素有五个：①职前培养；②职后培训；③个人实践与反思；④同伴互助交流；⑤专业引领。而起重要作用的是后三个要素。“以校为本”的教研制度的建立，把研究作为一种事业，以研究为线索，统整教学工作，能有机地整合影响教师成长的各种要素，有效地促进教师专业成长。

（4）学校自身发展的需要

从学校实际出发，组织教师从事适合本校实情的教学研究、课程研究，有利于形成学校特色。“以校为本”的教研将成为“科研兴校”之后进一步促进学校现代化的一个重要方面，成为基础教育事业进步发展的突破口和新亮点。一所学校要提高品位、树立品牌并真正形成自己的风格，就必须进行实实在在的校本教研。

2. **“以校为本”的教研制度的特性**

（1）发展具有整体性

传统教研关注的大多是课堂，是教学流程、教学效益或教学质量。似乎教研仅仅是为教学服务，为学生发展服务。即使关注教师，也只是几位实验教师，目标单一，缺乏整体推进，往往使教研效益大打折扣。“以校为本”的教研制度认为，学校既是学生发展的场所，又是教师专业成长的场所，也是学校发展的场所，还是专业人员成长与发展的场所，只有这四者一起成长，才更具生命力，才更能产生整体效益。

（2）问题具有针对性

传统教研往往依靠专家自上而下开展研究。专家是设计者、组织者，教师依设计执行、配合，往往造成“理论与实践相分离，研究与教学两张皮”的现象。“以校为本”的教研制度强调进行自下而上、上下结合的研究，强调问题从实践中来，在实践中研究，在实践中解决，在实践中提升，具有针对性。

（3）教师具有主动性

“以校为本”的教研制度确定了教师在研究中的主体地位，有利于提高教师广泛参与、主动研究、创造性研究的积极性与主动性，有利于激发教师提出问题、研究问题、解决问题的热情。

(4) 研究力量具有整合性

“以校为本”的教研制度一旦作为国家教研制度被确立起来，对学校、教师、教研员等就会有明确的要求与行为规范，学校必须组织群体进行研究，教师既教学又研究，教研员要更加密切联系实际。“以校为本”的教研制度有利于把各方面的力量拧成一股绳，协同攻关，具有整合性。

3. **“以校为本”的教研制度的建立**

建立有序、高效、科学的“以校为本”的教研制度，需要整合各方面的力量，提高各方面人员的素质，明确各方面人员的要求与责任，调动各方面人员积极参与、创造性实践的热情。

(1) 充分发挥教师个人的作用

教师要形成读书学习与反思的习惯，增强研究意识，以研究者的眼光审视、分析和解决自己在教学实践中遇到的真实问题，克服被动性、盲目性，要把日常教学工作与教学研究融为一体，形成一种新的教师职业生活方式。

(2) 充分发挥教师集体的作用

强调教师之间的专业切磋、协调与合作，共同分享经验，互相学习，彼此支持，共同成长。要防止出现教师各自为战和孤立无援的现象。倡导科学精神，营造求真、务实、严谨的教研氛围，提高教学研究质量。

(3) 充分发挥专业人员的作用

“以校为本”的教研应有专业研究人员的参与，学校要积极主动地争取他们的支持和指导。专业研究人员要以高度的责任心和对教学实践高度关注的热情，积极主动地参与“以校为本”的教研制度的建设，努力发挥专业引领的作用，为学校和教师提供切实有效的帮助，并虚心向教师学习，在实践中不断提高自己。

(4) 充分发挥校长第一责任人的作用

在学校，校长是建立“以校为本”的教研制度的第一责任人，是“以校为本”的教研制度的身体力行者。校长要真正确立“科研兴校”的办学理念，建立教学研究的导向机制、激励机制和保障机制；要整合学校教科室、教导处、学科教研组和备课组等力量，建立直接服务于教师发展的、开放的学校教研网络。学校应及时而有针对性地组织教师学习并对教学问题进行研讨，要给教师以人文关怀，尊重和保护教师教学研究的积极性和创造性，增强教师的职业自信心。同时，学校要使教师能够与校外团体（如教研人员等）保持经常性的沟通和联系。通过“以校为本”的教研制度的建立，学校要充分发挥自身的研究职能，促进自身发展，努力把自身建设成真正意义上的学习化组织。

4. **对“以校为本”的教研制度的思考**

“以校为本”的教研制度的建立和实施，在我国尚处在起步阶段，虽然已取得了一些成果，但尚不完善。以下四个方面很值得我们讨论、思考和研究。

（1）校本教研不同于专业研究者的正式研究，其最本质特征是什么，它与其他研究的区别在哪里，应当如何把握等问题，值得我们深入思考。

（2）有计划、有组织地实行校本教研，寻找基本的、有效的操作策略，并在实践中实施是校本教研发展、深化的关键。如果仅仅停留在理论探讨、流程分析的层面上，全面推进“以校为本”的教研制度将难以真正落实。

（3）校本教研的决策者——学校领导是否具有强烈的兴趣、丰富的知识和较强的能力，是否具有充足的时间、精力，这对校本教研的开展影响极大，值得我们进一步探讨。

（4）对教师而言，长期形成的习惯与思维定式使他们普遍缺少批判反思能力和整合能力；当前的人事管理缺乏激励机制，教师存在多一事不如少一事的心态；教师的背景、经历不同，各方面情况悬殊，如何培养其教研意识、教研能力、教研兴趣及合作精神，如何进行管理、调控与评价等，还有待我们在实践中去思考、完善。

## 二、以校为本，项目推进

在项目学校试点的基础上，我们根据学校实际及新课改中教师存在的问题，先后在60所小学就学科教学、评价改革、特色凸显等领域确立了80多个市级备案的专题项目，各专题项目组依据计划精心研讨。

校本教研抓了几年，我们做了不少努力，采取的主要策略是以校为本，项目推进。下面简介几个成效比较好的项目。

1. **学习名师**

名师之所以为名师，自有他的博大精深和高招妙举。我们的课改中，我们的课堂上，疑惑很多，困境不少，我们苦苦思索，孜孜探求，却不得其解。然而我们遇到的很多疑惑、困境，名师们早已解决，有的解决得还相当不错，为什么不向他们学习呢？于是我们大力向全国最高水平的名师学习，以此来提升教学水平，提升教育境界，提升课堂品位。“学习名师”这一项目所取得的效果让人欣喜。其主要做法包括以下几个方面。

(1) 选一位名师：每位教师选定一位自己最崇拜的、心驰神往的名师，向学校申报；选择同一位名师的教师成立名师研究小组；学校安排名师学习交流会，聘请名师亲临指导。

(2) 读系列专著书：学校资助教师尽可能收集、购买名师的经典教育教学论著、精品课堂录像。

(3) 写十篇读后感：每位教师一个学期写两篇读后感，学校定期收集，组织评比。

(4) 磨系列精品课：个人反复磨课，品味名师课堂，内化名师课例。

(5) 仿十堂名师课：学校要求教师在学习、观摩名师课堂后，不但记其形，更重悟其神；多仿多上，从仿到创。

2. **教师专场**

音乐有专场，美术有专展，歌星有专辑，优秀教师能不能也有个人专场呢？源于这种思考，我们推行了“教师个人专场”项目，全市40多位教师先后做了展示，收到了意想不到的效果。其主要做法包括以下几个方面。

(1) 一本文集：有的为正式出版的专著，收录较高水平的论文、课例、教学反思、教学叙事等。

(2) 一场演讲：展示自己教育教学的某一独特的观点或自我成长经历。

(3) 一堂优课：由市、区组织专家评委严格审视；组织相当规模的教师观摩研讨。

(4) 一番答辩：教师就展示的论文、课堂等教育教学问题接受专家提问，现场答辩。

(5) 一份鼓舞：给予教师适当的奖励、资助，以示激励。

3. **成长档案**

为了促进每位教师的成长，形成“比学赶帮超”的校本教研氛围，我们推行了“教师专业成长档案”项目，主要做法包括以下几个方面。

（1）每人一专册：收集教育教学、科研、获奖方面的成果。

（2）每期一交流：平时教师自己收集保管，一学期后由学校归档，组织一次交流。

（3）每年一评比：组织教师观摩同伴的专业成长档案，自我纵向比较，发现进步，增强信心；横向与他人比较，取长补短，鞭策自己。

（4）两年一总结：推选优秀者展示成长收获，介绍成长经验，设计发展规划。

4. **课堂创新**

为了落实课改新理念，凸显课改新特色，鼓励学校、教师长期深入地探究，我们推行了一年一度的“课堂教学创新大赛”项目，主要做法包括以下几个方面。

（1）一专题：每年研究一个专题，如语文的识字与写字、阅读、写作、口语交际、综合性学习等。

（2）一设计：根据市、区公布的课题进行设计，层层筛选出50％的教师进行说课。

（3）一说课：说课、课件展示说明、教学设计说明等，60％的教师进行上课。

（4）一课堂：根据规定课题，独立备课，评出一、二、三等奖。

（5）一反思：将设计意图、教学过程、教后得失进行口头和书面的反思。

（6）一展示：一等奖获得者集中展示；“送教下乡”展示。

获奖者会受到市、区教育局表彰，评职称免于说课，教师绩效考核奖励加分。

5. **案例反思**

案例反思是基于课堂，深化教学的行之有效的好方法。推进这一项目的主要做法有以下几个方面。

（1）万篇案例：每学期（每册次）市、区、校收集一次；五年市收一万篇。

（2）五千交流：逐层研讨、评选交流；五年市交流五千篇。

（3）三千出版：择优选出三千篇，整理成书出版。

（4）五百获奖：从中评出五百篇给予奖励。

6. **书香校园**

课改的根本目标是为了每个学生的成长。为促进学校、学生的个性化发展，我市推行了“书香校园”项目，主要做法有以下几个方面。

（1）确立专域小一些。

（2）研究领域深一些。

（3）措施办法新一些。

（4）成果意识强一些。

7. **教研带动**

教研员队伍是带动当地教研的根本力量，是一个地方教研水平的标志。每学年，我们要求市、区、校各级教研员筹划和反思以下几个问题。

（1）组织了哪些好的活动？

（2）指导了哪些好的课例？

（3）开设了哪些好的讲座？

（4）研读了哪些好的书籍？

（5）命制了哪些好的试卷？

（6）发表了哪些好的文章？

（7）产生了哪些好的影响？

## 三、校本教研的几点体会

1. **校本教研，极为重要**

一切的专家引领，一切的指导培训，只有与扎实的校本教研，与学校、教师的积极性产生共振，发生共鸣才会最为有效；反之，效果就会锐减。这就是同样的专业指导，同样的课改培训，相同条件的学校在课改过程中发展不平衡的根本原因。

2. **项目推进，持之以恒**

校本教研需要有抓手，我们的抓手就是项目。教学研究最忌蜻蜓点水，朝三暮四，我们的项目研究注意一以贯之，持之以恒。

3. **以校为本，上下结合**

下有实际，有实践，有经验；上有理论，有高度，有方向。只有上下结合，才是科学发展之策。

4. **宏观微观，精心筹划**

宏观的策略能产生微观的效果，微观的需求需要宏观的精心筹划。我们在宏观上做到四点：抓教师、抓骨干、抓课堂、抓学生。

5. **校长作用，成败关键**

凡是把校本教研搞得生动活泼、扎扎实实的学校，校长必定是十分重视教研工作的，是具有创新意识与良好精神风貌的，有的本身就是教育教学行家。平庸的校长、缺乏事业心的校长、抱怨畏难的校长、精神不振的校长，其所在学校的校本教研总是逊人一筹。

6. **教师成长，不竭动力**

凡是校本教研抓得好的学校，都是教师专业发展好、成就大的学校。在这些学校中，校长具有宽阔的胸怀、宽容的心态，学校处处为教师的专业发展着想，为教师的切身利益着想，教师也具有积极向上的精神风貌，教师集体也亲切和谐、朝气蓬勃。

7. **校本活动，求专求深**

若仅是泛泛地研究，大多不会有多大实效。如学习新课标时，读一读、听一听、议一议是学习；根据新课标理念，在教学实践中寻找典例诠释，用案例说明理念，并在课堂上落实，也是学习。但因其专与深的不同，效果就会迥异。

8. **专业引领，求宽求活**

与知名专家面对面互动固然好，但毕竟受限较多，本市、本区的行家里手同样是专业引领的好资源，可充分利用。哪所学校会利用这些资源，哪所学校就能胜人一筹。

## 第二节　台湾阅读教学摭拾

近几年来，厦门与台湾教学交流频繁，就小学语文而言，每年至少举行一次教学观摩研讨会。纵观历年交流情况，两地课堂教学各有所长，各具特色。然而出于历史的原因，厦门、台湾两地的教学理念、教学指向、教学方法、教学模式等都存在一定的差异。在众多差异中，我印象颇深的是，台湾语文课堂教学指向十分明晰，而且贯串整个课堂教学始终。下面以李玉贵老师教学《“打扫”森林》一文为例进行具体分析。

## 一、明确指向，以“说明”统领教学始终

人们常说，数学清清楚楚一条线，语文迷迷糊糊一大片。的确，语文与数学大不相同，不同的教师教学同一数学内容时，教学内容、教学重点甚至教学环节的差异都不太大，而不同的教师教学同一课文时，其选择的教学内容、教学重点、教学方法却大相径庭。语文课“教什么”和“怎么教”千差万别。在这个问题上，台湾教师与我们有很大的不同，在他们的语文课中，要教授学生什么知识，要培养学生什么能力，要训练学生什么思维，目标明晰，堂堂有着落，一课一收获，特点十分鲜明。

李老师教学《“打扫”森林》一文时，一上课便先与学生“闲聊”，先聊课题的双引号，引导学生明白名为“打扫”森林，实为毁坏森林、破坏生态。再聊“启示”，让学生内心震动，明白其中的道理，并发自内心地认同和接受。最后聊“说明”。有的启示听起来清楚、简单，但要说明白就难了。因为大自然的一些道理不是一看就明白的，其中的关系需要我们有技巧地加以解释说明，这样才会清楚。如雾霾，我们每天都在讲雾霾，可是真的懂雾霾吗？只有真正懂了才有可能解释说明。

“我们这节课主要完成三个任务：第一，文章解释说明了什么？这个通过预习，大家基本解决了，我们点到为止。第二，文章是如何解释说明的？老师要考考你们懂了没有。第三，为什么要学解释说明？学完这一课后，我们要清楚这三个问题。”上课伊始，教师的谈话直指目标，后续的教学紧贴指向，始终不蔓不枝，决不旁逸斜出。用明确的指向统领教学，使整个语文课目标集中，避免了语文教学的游离与泛化。

## 二、紧贴指向，直击“说明”的重点与结构

我们日常的语文教学也提倡目标明确，提倡突出重点，提倡简单简洁，提倡一课一得，然而总是把简单的问题复杂化，常常故弄玄虚，迂回绕道，往往喜欢遮遮掩掩，或故设陷阱，或玩“捉迷藏”，或“炒剩饭”，无端地耗费了宝贵的课堂教学时间。如教学《爬山虎的脚》一文时，明明学生事先已预习了课文，明白了什么是爬山虎的脚，课上教师却总还要求

学生猜猜什么是爬山虎，它怎么会有脚之类。

台湾教师的课很少有这样明知故问的迂回，很少有这样脱离学生实际的“虚招”，显得务实而有效。李老师在学生明确了“解释说明”这一核心的教学指向后，直截了当地要求学生找到直接做“解释说明”的段落，做上标记，谈谈自己的想法，同桌讨论。学生很快找到了课文的第5、第6自然段。学生有的说第5自然段中只有第一句“原来，大自然中的一切事物都是互相联系的”在解释说明；有的认为整段话都在解释说明，因为后面的部分是通过举例子来具体阐述、揭示道理的。李老师又问：那第6自然段呢？第5、第6自然段有何不同？学生再次探讨，议论纷纷。有的说第6自然段没有具体例子；有的说第6自然段是写后果，从“逞凶”“制服”“毁了”等词语能看出。李老师抓住契机追问：可以将第5、第6自然段的顺序对调吗？作者为什么不把第5、第6自然段的顺序对调呢？为什么课文顺序是这样的呢？一石激起千层浪，学生不吐不快：第5自然段先讲互相联系，生态就平衡，第6自然段讲“打扫”破坏了联系，打破了平衡的后果；如果先安排第6自然段，看了后果就不想知道原因了；先讲原因再讲结果顺理成章；先不分析原因，而讲结果，读者看不明白；第5自然段讲联系，是正说，第6自然段讲后果，是反说，先正后反，人们容易接受；先持平地、客观地把道理说清楚，有利于人们认同作者的观点……

这里，围绕“解释说明”，不着痕迹地让学生找到了文章的主句、主旨，探究了文章各自然段间的层次关系，研磨了顺序安排与逻辑。总之，这一教学开门见山，紧贴指向，解释说明的策略、方法在学生心中留下了不可磨灭的印象。

## 三、紧贴指向，感悟“说明”的要点与层次

我们的阅读教学，也重视抓关键词，重视品词析句，但往往过多地关注教案，总想牵着学生的鼻子走，结果效果大打折扣。

李老师的字词教学紧扣语境，注重与课文内容的前后联系，凸显“解释说明”的教学指向，值得我们借鉴。

在教学《“打扫”森林》一文的前三个自然段时，李老师针对学生阅读走马观花、浮于表面的现象，要求学生关注文章的用词。

### 1. 品味“打扫”

通过探究问题“护林工人‘打扫’了什么？‘打扫’到什么程度？‘打

扫’后有何改观?”找到相关词语。

| | | |
|---|---|---|
| 灌木 | 统统砍光 | 又宽敞又洁净 |
| 杂草 | 统统除尽 | 一根杂草也没有 |
| 枯枝烂叶 | 连……也不放过 | 心里美滋滋的 |

这时,教师提问:“打扫”干净了吗?从哪个词语可以看出?(“顿时改观”)假如我是护林工人,我可以领工资了吗?学生说,看似可以,其实不可以。教师盛赞:这就是严密的解释说明,一个很好的句式!

通过这一品味,学生深刻感悟了“打扫”的含义、对象、程度及“打扫”后的景观,既理解了词义,又把握了文章要点,更理清了文章层次。

**2. 品味“遭殃”**

师:“打扫”为什么用双引号,原来是它使森林遭了殃,森林遭了什么殃呢?把遭殃的树种圈出来。

(学生圈出“橡树、菩提树、有些树木”。)

师:我是护林工人,这关我什么事?

生:因为你“打扫”了灌木、杂草、枯枝烂叶。

师:这和橡树、菩提树有什么关系,关我什么事?

生:关系可大啦!

师:是的,这个关系不是每个人都清楚明白的,所以需要解释说明。要说清楚,就要讲究顺序、讲究方法、举些例子。

看,教师既在引导学生品析“遭殃”一词,又在引导学生进行解释说明,教学时始终不忘目标。

**3. 品味句式**

师:这篇文章借助前面三个自然段的具体描述,要让读者跟着作者一起思考。第4自然段用了什么手法?(设问)这是解释说明时十分常用的一种手法。设问是自问自答,假装不知,引发读者一起思考。请你们带着设问的感觉,读第4自然段。

这里,教师始终明确目标指向——解释说明,真可谓“不离不弃”。

## 四、紧贴指向,直面“说明”的联系与语言

语文新课标强调“学习语言文字运用”,然而在实践中出现了明显偏差——窄化了学习语言文字运用的范畴,简单地将其理解为练笔和公式化

的写作技巧，如详略安排，前后照应，点面结合，抓住人物的语言、外貌、神态、心理等，强加一些大而空的写作“秘诀”，使学习语言文字运用走入了死胡同。

教学《“打扫”森林》一文时，李老师紧扣解释说明要旨，在推进表达上颇具匠心，颇有特色，也颇显功力。在学生初步明白第5、第6自然段是解释说明，又学习了第1至第4自然段的基础上，李老师引导学生把目光再次聚焦第5、第6自然段，深入品味这两个重点段落，把教学引向了直面“说明”的联系与语言，深入感悟表达的新境地。

1. **抓主句，悟表达**

李老师再次出示本课教学的三项任务：解释说明了什么？是如何解释说明的？为何要学解释说明？

师：课文第5自然段的主句是什么？

生：原来，大自然中的一切事物都是互相联系的。这样，才能保持大自然的生态平衡。

师：主句的关键词是什么？

生：互相联系、保持平衡。

师：请几位同学上台抽取词语卡片，并说明它们是如何互相联系、保持平衡的。（教师持卡片：毛毛虫、昆虫、灌木、土壤、腐殖质、枯枝败叶）

（学生抽卡片并将其摆放在恰当的位置，再画上箭头符号，并添上表示关系的一些词语。）

师：课文中还有哪些词语可作为卡片上的词语？

生：树丛、野草、鸟类、兽类、植物、甲虫、树叶、嫩枝、鸟儿、害虫……

师：请看屏幕，为什么有些字是绿色的，有些字是橘色的，有些字是紫色的？

生：绿色的都是表示植物的词，橘色的都是表示动物的词，紫色的都是表示脏东西的词。

师：哪个词可以把这三种颜色的词的内容统统包括进去？

生：一切事物。

在这一教学过程中，教师紧紧围绕主句及其关键词，引导学生思考联系、动手操作、寻找联系，使学生的思维在事物与联系中徜徉、在联系与平衡中驰骋、在多元的变化中思辨，解释说明的能力得到了有效提升。

2. **抓联系，练表达**

知道了事物的联系，能够表述它们之间的联系，应该说教学任务已很好地完成了。但李老师并未止步于此，而是把目光投向了更高层次的解释说明奥秘。

师：第5自然段中有那么多的事物，作者最先写了哪一类事物？

生：脏东西。

师：为什么先写脏东西？你们数数看一共用了几个句子。（两句）为什么所占篇幅最多，所用文句最长？一起读读这些句子。

生：作者想强调脏东西对增强土壤的肥力的重要性，它们还是一些小动物的食物和隐蔽场所。

生：连脏东西都这么重要，这么有用，其他的就更不用说了。

生：脏东西惹人讨厌，不赶紧说，首先就被清除了。

师：是的，一般人不清楚脏东西的重要性，所以作者要优先说明。你们在说服别人的时候，也要想好先说什么，后说什么。

为什么先写脏东西，这似乎很不起眼，实则蕴含了非常重要的表达秘诀，李老师可谓独具慧眼，把学习解释说明、学习表达推向了新的高度。

师：请圈出第5自然段中表示“住”的词语。

生：隐蔽场所、栖息、营巢。

师：找出表示“吃”的词语。

生：是……的食物、以……为食、捕食。

师：最难的是“变”，哪些词语表示“变”？

生：变成、……多了……就多了。

师：这样表达，用词富有变化，而不是一直用“住”“吃”“变”，文章就生动了，读者就爱看了。这也是解释说明、写文章的奥秘。

师：我们来进行小组合作，每组都要用到三种颜色的词语，也就是要有分别表示植物、动物和脏东西的词语，先说，说好了再将它们组成关系图。

（PPT出示：枯枝败叶，看起来是脏东西，其实，它们腐烂之后，变成了腐殖质，能增强土壤的肥力。拿掉卡片和箭头上的字，PPT出示：看起来是、其实、变成、能。）

师：转折词是哪个？

生：其实。

师：你们觉得作者要强调的是“其实”前面的话还是后面的话？

生：后面的。

师：是的，解释说明的时候，要明白你要强调的东西……

（小练笔：亲爱的林务官，我们不是打扫……（说服林务官）请用上以下这些词：相互联系，保持平衡，……看起来是……其实……；……也是……还是……；之后……变成……；多了……也就多了……）

这部分教学，李老师的高明之处体现在四个方面：一是体会近义词的活用、妙用，它能使解释说明顿时生辉，变得风趣生动；二是表达与动手相融合，先动口后动手，手脑并用，使得解释说明更有凭借，更具条理，学生乐在其中；三是表意的突出与强调，“其实”这一转折词，前轻后重，使解释说明之意更加明显；四是紧扣教学目标指向，读写融合，让学生运用本课所学的说明方法，促进有效表达。

## 第三节　不同的视角，不同的追求

在全国第七届“同课异教”小学语文精品课堂教学研讨会上，台北市健康小学谢秀芬老师、复旦大学中文系陈国安博士、厦门市海沧区邱小兰老师同上了《白鹅》一课。谢秀芬老师来自台湾，陈国安老师来自高校，邱小兰老师是大陆的一线教师。三位教师的背景不同，从事教学的环境各异，教学的方式、教学的关注点、教学指向的追求悬殊，是一次颇有意味的同课异教。

《白鹅》一文是丰子恺先生的作品。作者重点表现的是白鹅高傲的性格特点，细致刻画了白鹅“严肃郑重”的声调，“大模大样”的步态，“三眼一板、一丝不苟”的吃相。对于这样一篇生活气息浓厚、质朴而风趣的散文，三位教师基于不同的立足点，演绎出了不同的课堂教学。

### 一、谢秀芬老师——立足于以作者的身份去体验、观照文本

谢老师教学的要点如下——

1. 看到《白鹅》这一题目，如果你来写，会写些什么？学生分组讨论，答案五花八门：有说写鹅的叫声的，有说写鹅游泳的，有说写鹅走路的，有说写鹅打架的，有说写鹅下蛋的，有说写鹅孵蛋的，有说写鹅的羽毛的，有说写鹅的脾气的……教师一一给予肯定。

2. 读课文，看作者写的与你写的有哪些不同。

(1) 课文写的是一只________的白鹅，表现在________________方面，举出例子来。

(2) 讨论：刚才大家所想要写的内容都得写进去吗？为什么？丰子恺先生写作前可能想些什么？

3. 丰子恺先生喜欢白鹅吗？说说理由，从文中找出证据。

从教学过程看，谢老师立足于以作者的身份去体验、观照文本。

首先，看到题目，你会怎么写？这一问题一下子促使学生的立足点由读者转向作者，从理解课文内容转向写什么、怎么写的指向表达，使学生处于与作者平等的位置上。更可贵的是，谢老师在课堂上让学生当了一回作者，分组讨论自己想要拟写的内容，并把要点组合成写作提纲。这实际是写作的第一步，也是非常重要的一步——构思。对学生的写作提纲中不甚合理的想法，教师没有苛刻矫正，更没有指责，而是满腔热忱地予以赞赏，为学生放飞思维提供了良好的氛围。

其次，让学生将自己的思路、要点与作者的思路、要点进行比照，看看作者写了什么。看作者写了什么，实际上是换一个角度理解、品味课文内容。以作者的角度看内容与以读者的角度看内容是有本质区别的，前者使读变得不那么沉重和小心谨慎，使读者的心理过程从理解写什么转向了观照怎么写的崭新角度。在这一过程中，学生感受到的不仅仅是作者写了什么，更重要的思考了怎么选材、怎样取舍、如何安排详略这一写作的基本过程，体验了写作前的构想、运思、张合，是全新角度与高度的"学习语言文字运用"。

再次，探究作者是否喜欢白鹅并为此找证据，实际上是对课文语言风格的品味、表达特点的琢磨。比如，有学生说，鹅的吃相让人发笑，可看出作者对鹅的喜爱。若不喜爱便不会进行如此细致的描写；有学生说，从"侍候""鹅老爷""添饭""架子十足"可以看出作者对鹅的喜爱，因为作者把鹅当作人，以嗔怪之责表达喜爱之心。这正是丰子恺先生的幽默与风趣，是其与众不同的写作特色。

这样的教学，体现了台湾教师的一贯特点：比较自由，比较自主，比较宽松，重视让学生操作、合作、交流、表达，重视张扬学生的个性，不太追求答案的完整、完美，甚至没有形成比较一致或大体的意见。

## 二、陈国安老师——立足于探求作者写作的心路历程与写作意旨

陈老师用的是丰子恺的原作，教学的要点如下——

1. 你知道有关作者的什么事？

2. 抗日战争哪一年结束？《白鹅》写于哪一年？（抗日战争 1945 年结束，《白鹅》写于 1946 年）

3. 课文写了一只怎样的白鹅？从哪几方面写的？反复读描写鹅的头颈的句子，并与狮、虎、狼比较；反复读描写鹅的叫声的句子，并与狗比较；反复读描写鹅的步态的句子，并与鸡、鸭比较；反复读描写鹅的吃相的句子，并与狗、鸡比较。

4. 除了这些还写了什么？（写了鹅下蛋及对我的安慰。那时作者的小屋十分简陋，环境十分荒凉，生活十分岑寂……）

5. 白鹅整体上有什么特点？（“好一个高傲的动物！”）

6. 作者是在什么情况下看到鹅的高傲的？（苦闷时）看了鹅，作者的心情怎样？仅仅是写鹅的高傲吗？（课上陈老师讲述了苏东坡与佛印的故事——原来心中有什么，眼中就会看到什么。原来作者内心高贵，品格高洁，才能写出鹅的高傲。）

7. 写精神与写物质哪个更重要？（写作须写出精神来）

从教学的要点看，陈老师非常注重对作者的心迹历程、情感、写作目的、写作过程的探究。

首先，陈老师一开始就十分关注写作背景，十分注意把作品放在大环境中去观照。如作者写作的社会背景，作者个人的生活经历、所处境况等，这是理解作品基调、真正走进作品之中的起点，也是真正读懂作品的关键一步。作为一位学识渊博的高校教师，对此的重视远远超出了小学一线教师。

其次，陈老师善于抓住点睛之处着力。善于选读、跳读是高校教师的特点。陈老师选择了《白鹅》原文，因为没有删节，篇幅很长。那么在有限的课堂时间内应该怎么教呢？陈老师的目光紧紧盯着白鹅，让学生对写白鹅的“头颈”“叫声”“步态”“吃相”的句子反复诵读、玩味，而对用

来衬托比较白鹅的系列动物——狮、虎、狼、鸡、鸭、狗等一律略读、略讲，甚至不读也不讲，在学习内容的取舍上可谓大刀阔斧，相当有气魄。这与一线教师的“细嚼慢咽，深挖再挖”形成了鲜明的对比。这也启示一线教师，没有必要将一篇文章全部嚼烂后全部喂给学生，可有选择性地品味，留有余地。课堂不是学生阅读的全部，只是阅读教学的“举例”，重要的是举一反三，触类旁通。

再次，陈老师特别重视把作品与作者的生活相联系。如文中“下蛋”及“蛋的贡献”，与作者“房屋的简陋、环境的荒凉、生活的岑寂”相关联，突出白鹅给作者带来的生趣及慰藉。

对作者所表达情感与主题的体味，陈老师更是不遗余力。作者为何写鹅的“高傲”，仅仅是写鹅的“高傲”吗？陈老师形象地以苏东坡与佛印的故事作比，使学生豁然开朗。这也是小学一线教师不会如此深入探究的一个点。

作者与作品紧密相关，要想深刻读懂作品，必须深入了解作者，每位作者写作都有其独特情感，表达其独特意旨，这是陈老师在课堂教学上的着力追求。

### 三、邱小兰老师——立足于语言文字的品味

邱老师教学的要点如下——

1. 复习字词，初读课文，梳理文章要点。

2. 重点学习第5至第7自然段，品味鹅的吃相。

(1) 抓住“三眼一板”品有趣。从食物固定不变、吃饭顺序一成不变理解“三眼一板”。引导学生朗读，用“三眼一板”进行语言训练。

(2) 抓住“伺候”品表达。一是联系生活理解“堂倌”；二是举例类比理解“窥伺”；三是领会鹅、狗争食的写法：“鹅—狗—鹅—狗—鹅—狗”相互交错，富有节律，读来令人发笑。

3. 联系生活理解似骂却爱的语言风格。

邱老师的课堂反映了小学一线教师的基本追求。邱老师虽然也注意从写作的角度去审视阅读教学，但基本上是局部的或是局部技巧上的，对课文内容的理解与品味依然是课堂教学的主体，占课堂教学相当大的比例。

首先，邱老师注重语文基础的夯实，重视字词教学，尤其重视关键字词的教学，这是十分可取的，也是语文新课标所要求和小学生学习实践所

决定的。从某种意义上说，这也是大陆语文教学的优点。

其次，邱老师紧抓内容的要点，引导学生理解内容的要点。在理解的过程中，紧扣重点词句引导学生朗读，联系上下文语境进行语言运用训练，这都显示了邱老师教学中的严谨与细致。课堂上要教什么，教到什么程度，何时完成什么教学进度，教师心中非常明确，精打细算，计划性很强。这是由我们的教学内容、教学进度、课时量和考试制度所决定的，是我们教学的特点，也有许多可取之处。然而不足之处在于，为了完成既定的任务，课堂上教师往往讲得过多，学生的操作、交流展示受到限制。

再次，邱老师抓住了文本的语言特色。丰子恺先生是著名的漫画家、散文家。其散文犹如他的漫画，独特清新。他擅长用语言文字状物绘形，表现视觉色彩。本文最大的特色是运用反语来表达作者的感情。邱老师深谙此理，教学中抓住“鹅老爷”“架子十足”“不胜其烦”等词语，引导学生体会拟人与反语在表达上的独特作用，使学生较好地体会到了丰子恺先生的语言魅力。

细细琢磨三位教师的教学，各有所长，各有特色，亦各有局限。教师应从如下几方面着手，协调几种关系。

一是夯实基础与发展能力的关系。无疑，一线教师是注重基础的，台湾教师与高校教师更注重能力。注重基础符合小学教学实际，符合小学生的知识水平，是值得肯定的。倘若忽视基础，学生的能力发展就会失去根基，小学语文教学难免陷入基础薄弱的泥潭。当然，教师在注重基础的同时不能忽视提升学生的能力。

二是理解内容与指向表达的关系。我们的一线教师几乎把主要的时间（有的甚至是全部）都花在对课文内容的理解上，课文写了什么，表达了什么情感，由此看出人物的什么品格，几乎成了教学的核心。条分缕析，深挖细究，反复感悟，有的甚至是无中生有，无病呻吟，必须花大力气改变这种情况。要把过分理解课文“写什么”转向关注课文“怎么写”。

三是教师引导与学生自主的关系。我们的课堂，为了达到预定目标，走完预定线路，往往牵得太多、牵得太紧、牵得太死，学生缺少自主学习的时间，这种状况必须改变。在这一点上，我们应向台湾教师学习，但有些台湾教师有时又放得过头了，“脚踩西瓜皮，滑到哪里算哪里”，以致有的课过分拖沓，目标过分泛化，课堂效率偏低。

四是规定与开放的关系。要避免僵化的、死板的固定答案，要避免为了走向答案而不惜“赶路”“灌输”的做法，也要防止为了所谓的开放与多元，使学生如入云里雾里、是非不分、不知所从的教法。

## 第四节　把握实质，命制语文试题

在新课程背景下，如何命制更加科学合理的语文试题，是我们必须面对的一个重要问题。

**一、避免连环错误**

例如，“填字成词并解释所填的字”“所填内容反映了什么”“默写古诗，并写出诗句的意思”之类的题，学生会因前面不会作答而直接影响后面的作答，此为命题之大忌。

**二、避免前后暗示**

例如，前面考“看拼音写字”，后文便有此字，这就是明显的暗示。

**三、避免定义不准**

我跨进店门，暗喜没人注意。我踮起脚尖，从大人的腋下挤过去。哟，把短发弄乱了，没关系，我总算挤到里边来了。在一排排花花绿绿的书里，我的眼睛急切地寻找，却找不到那本书。从头来，再找一遍。啊！它在这里，原来不在昨天的地方了。

急忙打开书，一页，两页，我像一匹饿狼，贪婪地读着。我很快乐，也很惧怕——这种窃读的滋味！

第 1 自然段中有不少描写心理活动的句子，把“我”从暗喜到________到________这一心理变化形象地写了出来。

细看一下，不难发现，第 1 自然段基本上没有描写心理活动的句子。这样设置问题，就是一种定义不准的表现。

**四、避免远离文本**

一天夜里，一个小姑娘拿着水罐走出家门，为她生病的母亲去找水。小姑娘哪儿也找不着水，累得倒在沙地上睡着了。

1. 小姑娘拿着的水罐是什么做的？

2. 小姑娘醒来时，发生了什么事？请你说说。

这两个问题都远离文本，从提供的片段里根本无法得到答案，学生需要凭记忆、靠背诵才能作答。这样的题目无法考查学生的阅读能力。

**五、避免说写不明**

上面例子中的第2题，“请你说说”，这样的问题会让人很尴尬。考试是不能出声的，应该是“请你写写”。

**六、避免体式不一**

花生的好处很多，有一样最可贵：它的________________，不像桃子、石榴、苹果那样，把________________，使人一见就生____________。你们看它________________，等到成熟了，也不能立刻________________，必须挖起来才知道。

1. “有一样最可贵”指的是花生的哪一点？________________

2. 父亲这样说的用意：________________

3. 父亲这样说是采用了________________写作方法。

本例中，第1题带问号，第2题用冒号，第3题却又让学生在中间填空，题目缺乏规范性、一体性。

**七、避免使用疑问句**

例如，作文题目《印象最深的一堂课》。

提示：本学期，你上过500多节课，有语文课、数学课、英语课……在这么多节课中，哪一节课留给你的印象最深？你能具体地记叙下来吗？

这样等于没有要求。若学生答“不能”或“能”，怎么办？提要求不要用疑问句。如果改为“把它具体记叙下来”，要求就具体明确，具有可操作性了。

**八、避免答案泛化**

很久很久以前，滔滔的洪水淹没了农田，冲倒了房屋，害得老百姓无家可归。

禹下决心要治理洪水。他吃尽了千辛万苦，走遍了千山万水，仔细地察看水流和地形。他带领老百姓挖通了九条大河，劈开了九座大山，引导洪水流入了大海。

禹在外治水13年，曾经三次路过自己的家门，但他一次也没有进去看一看。禹的儿子十多岁了，还不知道父亲是个什么样子。

洪水被制服了，老百姓过上了安定的日子，大家非常感激这位治水的伟大英雄。从此，大禹的名字代代相传。

1. 从《大禹治水》这篇文章中，你读懂了什么？

2. 我要高声赞美：大禹，你真________________！

对于第2题，学生填“伟大”“是个英雄”“棒”“了不起”“厉害”“值得敬佩”“值得学习”等，均不能算错。学生完全可以不看文本随心所欲地写答案。这能考查学生的什么能力？问题的泛化是语文命题的大忌。

**九、力求覆盖全面**

教师命题前要先通读教材，明确单元主题重点；再读课后思考题，明确训练重点；后读语文园地，明确题目训练形式。这样才能既明白知识能力的广度、深度，又明白考查的重点，做到心中有数、胸有成竹。

科学的命题方法，应是先出综合性的阅读题，再出与课文内容关联较大的题目，最后出相对分散的基础部分。凡阅读中已涉及的课文，在基础部分就不要再涉及，基础部分大多属单项的，容易调整，这样容易把握覆盖面。

**十、心有效度与信度**

效度指一个测试工具能够测出其所要测的东西的程度。如用填字成词测词语的积累是有效的，测词语的理解或运用是无效的，测学语文的兴趣也是基本无效的；用是非题、选择题测理解能力和判断能力是有效的，测语文表达能力和运用能力是无效的；太难或太容易的题目，大家都不得分，或大家都得满分，也是无效的。

信度指一个测试工具测其所要测的东西前后一致的程度。例如，再测法：用一套试卷测水平相当的不同学生，看其信度；等式法：用两套试卷测相同的学生，看其信度。

**十一、突出考试重点**

**1. 年级重点**

她把这两个熟睡的孩子放在床上，让他们同自己的孩子睡在一起，又连忙把帐子拉好。

桑娜脸色苍白，神情激动。她忐忑不安地想：“他会说什么呢？这是闹着玩的吗？自己的五个孩子已经够他受的了……是他来啦？……不，还没来！……为什么把他们抱过来啊？……他会揍我的！那也活该，我自作自受……嗯，揍我一顿也好！”

门吱嘎一声，仿佛有人进来了。桑娜一惊，从椅子上站起来。

“不，没有人！上帝，我为什么要这样做？……如今叫我怎么对他说呢？……”桑娜沉思着，久久地坐在床前。

这几段文字主要写了桑娜抱回邻居的孩子后忐忑不安的心情，可有三种阅读考查方式：第一，画出描写桑娜心理活动的句子；第二，先画出句子，问学生这是一种什么描写；第三，桑娜为什么会忐忑不安？请用自己的话概括地回答。显然，对于第一种方式，只要知道“心理活动”一词，二三年级学生便可作答；第二种方式只考查了“心理描写”这一名词；对于第三种方式，学生得梳理、分析，从“他会说什么呢?”“……是他来啦？……不，还没来！……为什么把他们抱过来啊？……他会揍我的!”“……如今叫我怎么对他说呢？……”等句子中“拨云见日”，得出文意——担心丈夫不同意；从“这是闹着玩的吗？自己的五个孩子已经够他受的了”等句子中得出文意——担心生活实在无法维持。

这样设置问题，既是对学生概括能力的有效训练，又准确把握了六年级的教学要求。

2. **概括能力**

例一：《手捧空花盆的孩子》第1自然段——

很久以前，有位国王要挑选一个诚实的孩子做继承人。国王吩咐大臣给全国的每个孩子发一些花种，并宣布：谁能用这些种子培育出最美的花，谁就是他的继承人。

这一自然段主要写了什么？想想，国王要干什么？（要挑选继承人）还做了什么？（宣布了办法）综合起来便是，国王要挑选继承人，并宣布了挑选继承人的办法。

这样设置问题，不仅有利于考查学生的概括能力，还有利于引导学生掌握正确的概括方法。

例二：《雨果的生命奇迹》第1、第2自然段——

法国著名作家雨果才华横溢，他从20岁开始发表作品，刚刚29岁就创作了纪念碑式的长篇小说《巴黎圣母院》，轰动了法国文坛。以后又创作了一系列的戏剧、诗歌、小说。可是，当他40岁左右，正处在文字创作的黄金时期时，突然患上了比较严重的心脏病。

看见雨果发青的脸色、沉重的喘息，人们惋惜万分，说：“唉，这颗巨星将要陨落了。”随后，发出沉重的叹息。

“才华横溢”“黄金时期”“患心脏病”是第1自然段的关键词，“惋惜万分”是第2自然段的关键词。综合起来便是，才华横溢的雨果在文字创作的黄金时期患上了心脏病，人们对此惋惜万分。

考查概括能力，要精选这种既具有考查意义，又有利于培养概括能力的文段作为阅读材料。

3. **思维能力**

他们（蔺相如手下的人）说，蔺相如见了廉颇像老鼠见了猫似的，为什么要怕他呢！蔺相如对他们说：“诸位请想一想，廉将军和秦王比，谁厉害？”他们说：“当然秦王厉害。”蔺相如说：“秦王我都不怕，会怕廉将军吗？大家知道，秦王不敢进攻我们赵国，就因为武有廉颇，文有蔺相如。如果我们俩闹不和，就会削弱赵国的力量，秦国必然乘机来打我们。我所以避着廉将军，为的是我们赵国呀！”

（1）文中“乘机”的“机”具体指____________________。

（2）蔺相如真的怕廉将军吗？为什么？请用自己的语言概括回答。

第2题看似简单，实际上是考查学生的阅读能力与思维能力极好的题目。要回答为什么，学生得进行一系列分析：廉颇和秦王相比，秦王厉害，蔺相如连秦王都不怕，肯定不怕廉颇。

**十二、设题意图清晰**

小学生的阅读考查什么？教师对此应该有清醒的认识——在三种不同的测试情境中，重点考查学生的四种基本阅读能力的表现。

| | |
|---|---|
| 三种情境 | 为了获取文学体验的阅读 |
| | 为了获取信息的阅读 |
| | 为了完成任务的阅读 |

| | |
|---|---|
| 四种能力 | 提取信息：从文本中获取信息 |
| | 整体感知：形成对文本内容的整体感知或初步概括 |
| | 形成解释：利用文本信息和个人经验对相关问题做出合理的解释和推论 |
| | 做出评价：对文本内容或形式做出合理评价，或利用文本相关信息解决相应情境中的问题 |

现以教育部课题组三年级阅读测试卷为例进行诠释。例一主要是为了获取文学体验的阅读，例二主要是为了获取信息的阅读，例三主要是为了完成任务的阅读。

请你仔细阅读每一篇文章，回答后面的问题。每个问题后面有 A、B、C、D 四个选项，请选择一个你认为最恰当的答案。

例一：

**在 903 本书里睡过觉的蚂蚁**

① 蚂蚁阿布意外地发现了一个书房。在书房里巡视一圈后，阿布做出了一个重大决定：我不仅要在书房里定居，而且每天要在一本书里睡觉。

② 阿布请红头苍蝇给自己拍摄一张学习照。照片里的阿布西装笔挺，打了红色的领带，穿着黑亮的新皮鞋。他皱着眉头，很严肃地看一本大厚书。阿布对这张照片非常满意，他印了好几百张，并把这些照片散发给朋友、亲戚。一传十，十传百，大家都轻而易举相信了阿布是个大学问家。

③ 两年多过去了。蚁国大学想招聘一名知识渊博的教授。很多人向校长推荐了蚂蚁阿布，阿布很高兴。他兴冲冲到了蚁国大学，校长很客气地请他坐下。阿布说："校长，请您快点安排吧。我很忙，每天都要做学问的。"校长递过一张试卷，说："耽误您宝贵的时间啦，请您做一下吧。尽管我听说过您的学问情况了，但按照大学的规定，您还是要通过考试才能当教授。"阿布愣住了！

④"您不认识字？不是开玩笑？"校长问阿布，他点点头，又有些不甘心，强调说："可是我已在 903 本书里睡过觉了。今晚，我就要在第 904 本书里睡觉了。"校长笑了，说："书再多，你没有读，那也是没有用的呀！"

⑤ 阿布没有再说话，他红着脸从校长办公室逃了出去。

1. 蚂蚁阿布发现了一个书房之后，做的决定是（　　）。

（提取信息：能从文段中提取出直接陈述的信息。）

A. 他每天要读一本大厚书，为当教授做准备

B. 在书房里定居，而且每天在一本书里睡觉

C. 要把书的内容抄写下来

D. 学习拍照，给别人照相

2. 很多人向校长推荐了蚂蚁阿布做大学教授，这是因为（　　）。

（形成解释：能利用文本信息对相关问题做出合理的解释。）

A. 阿布看过很多书，学识渊博

B. 阿布在书房里住了好多年

C. 看过照片大家认为阿布很有学问

D. 他们都是阿布的亲戚和朋友

3. 第③自然段，“阿布愣住了”的原因是（　　）。

（形成解释：能利用文本信息对相关问题做出合理的解释。）

A. 阿布不认识字，也没想到当教授还要考试

B. 阿布没想到校长会很客气地请他坐下

C. 阿布每天都要做学问，太忙了，没有时间考试

D. 校长递给阿布一张试卷，让他做

4. 第④自然段，阿布“又有些不甘心”，这是因为（　　）。

（形成解释：能利用文本信息对相关问题做出合理的解释。）

A. 他自以为在 903 本书里睡过觉，很有学问

B. 只有在 904 本书里面睡过觉才能当教授

C. 他认为校长在为难他，故意不让他当教授

D. 他认为校长的学问不如自己的学问大

5. 阿布红着脸从校长办公室逃了出去，这是因为（　　）。

（形成解释：能利用文本信息对相关问题做出合理的解释。）

A. 没被聘用，阿布感到很着急

B. 校长识破了真相，阿布很羞愧

C. 校长嘲笑阿布光睡觉，没读书，他生气了

D. 校长说出了阿布没有学问的实情

6. 这个故事讲的道理是（　　）。

（整体感知：能整体感知文本的主旨。）

A. 不应骄傲，要谦虚

B. 只有认真读书才能有学问

C. 不要只追求表面的东西，要有真才实学

D. 对一传十、十传百的事情，不要轻易相信

例二：

## 开在空中的花——雪

① 人们常说“瑞雪兆丰年”。大雪预示着来年的丰收，所以生活在北方的人们对雪有一种特殊的偏爱。对孩子们来说，下雪是件快乐的事，能玩雪球、堆雪人、打雪仗……

② 雪从云中降落到地面，是白色不透明的六角形固体降水物，就像盛开的花朵一样，因此，人们常称雪为“雪花”。雪一般是在零下15摄氏度左右的高空气温条件下形成的。

③ 普通降雪有小雪、大雪，例如，人们所说的“鹅毛大雪”，就算比较大的降雪了。但是，在英国和美国曾经下过更大的雪，雪花的直径有10厘米，如同小碟子一样大，被人们称作“雪碟”。

④ 我国北方经常下雪。在我国平原地区，积雪时间最长的地方是黑龙江的漠河，每年积雪时间有200多天。青藏高原的高山区长年积雪，大兴安岭、小兴安岭、阿尔泰山、天山等地下雪和积雪的时间都在半年以上，长白山的天池达9个月。

⑤ 雪不仅有各种各样的形状，还有各种各样的颜色。我们一般看到的雪是白色的，但是在西藏下过红雪，内蒙古下过黄雪，西伯利亚下过青雪，阿尔卑斯山下过绿雪，瑞士下过褐雪。这些奇特的雪之所以有不同颜色，是因为雪中含有不同的植物或矿物质的细小颗粒。

⑥ 雪下到地面和高山上，形成积雪，给人类带来丰富的水力资源。甘肃河西走廊一带的农田，就是靠祁连山的雪水浇灌的。当然暴风雪也会给人类带来危害。

1. 第①自然段中说“生活在北方的人们对雪有一种特殊的偏爱”，这是因为（　　）。

A. 雪有很多颜色，非常美丽

B. 大雪预示着来年的丰收

C. 雪像盛开的花朵一样

D. 北方的冬天经常下雪

2. 在我国平原地区，积雪时间最长的地方是（　　）。

A. 青藏高原的高山区　　B. 黑龙江的漠河

C. 大兴安岭、小兴安岭　　D. 长白山的天池

3. 世界上有些地方下过不同颜色的雪，西伯利亚下过（　　）。

A. 红雪　　B. 黄雪　　C. 青雪　　D. 绿雪

4. 造成雪的颜色不同的原因是（　　）。

A. 下雪的时间早晚不一样

B. 下雪的温度各不相同

C. 雪下到了高山、平原或者大河等不同地方

D. 雪中含有不同的植物或矿物质的细小颗粒

5. 从文中看，雪有很多好处，你认为下列说法中最全面的一项是(　　)。

A. 孩子们可以玩雪球、堆雪人、打雪仗

B. 雪可以降温，也可以使空气清新

C. 给人们带来欢乐和水力资源

D. 雪能够杀灭多种有害细菌

6. 下列说法错误的一项是（　　）。

A. 英国和美国下过直径 10 厘米的雪花

B. 雪一般是在零下 15 摄氏度左右的高空气温条件下形成的

C. 雪不会给人类带来任何危害

D. 雪花是不透明的六角形固体降水物

例三：

学校为了丰富同学们的课余生活，组织了很多个课外兴趣小组。刚上三年级的小明也想参加一个兴趣小组，但是他只有周五下午有时间。根据下面的课外小组活动时间表，你认为小明能参加哪个兴趣小组呢？

| 兴趣小组 | 活动时间 | 参加条件 |
|---|---|---|
| 围棋小组 | 周二、五下午 | 限有一定围棋基础者参加，且每周的两次活动都必须参加 |
| 游泳小组 | 周五下午 | 凡有兴趣者都可参加 |
| 足球小组 | 周一、三、五下午 | 报名后，无特殊情况，每周的三次活动都须参加 |
| 科技小组 | 周五下午 | 仅限四年级以上的同学参加 |

小明可以参加的是（　　）。

A. 围棋小组　　B. 游泳小组

C. 足球小组　　D. 科技小组

（考查能力：为了完成任务的阅读；能利用文本信息解决相应情境中的问题。）

附：PISA 小学四年级阅读试题，供参考。

## （一）倒立的老鼠

从前，有一位87岁名叫罗伯的老先生，他过着宁静而祥和的生活，他虽然贫穷，但是非常快乐。

当他发现家中有老鼠时候，起初他并不以为意。但是老鼠开始繁殖，他开始感到困扰。它们不断大量繁殖，罗伯终于再也无法忍受。

“太过分了！”罗伯说道，“这真是太过分了！”他走出屋外，走进街上一家商店，买了一些捕鼠器、一片乳酪和一些强力胶。

当他回到家之后，他将强力胶涂在捕鼠器的底部，并将捕鼠器粘在天花板上，然后再小心翼翼地将乳酪放在上头做诱饵，希望能够赶走它们。

当天晚上，老鼠们从它们的巢穴出来，看到了天花板上的捕鼠器，它们认为这真是天大的笑话。它们在地上走着，轻碰彼此，并且用前爪指着天花板笑得东倒西歪。毕竟，将捕鼠器放在天花板上，真是太愚蠢了。

当罗伯隔天早晨下楼，看到捕鼠器上没有抓到老鼠，他笑一笑，不发一语。

他拿了一张椅子，将强力胶粘在椅脚上，并将它倒过来粘在捕鼠器旁的天花板上。他用同样的方式将桌子、电视机和台灯粘了上去。他将地板上的所有东西都倒置粘在天花板上。他甚至放了一块小地毯在那上头。

隔天晚上，当老鼠们走出巢穴时，它们还在取笑前一晚所看到的景象。但是现在，当它们抬头看到天花板时，它们突然笑不出来了。

“哎呀！”有一只老鼠大喊着，“看看上头！地板在那边！”

“我的天哪！”另一只叫着，“我们一定是站在天花板上了！”

“我开始觉得有点头晕！”另一只老鼠说道。

“我的脑袋充血了。”又一只老鼠说。

“这太糟糕了！”一只长胡须非常年长的老鼠说道，“这真是太糟糕了！我们必须立刻想想办法。”

“如果我继续这样倒立着，我一定会昏倒的！”一只年幼的老鼠大叫着。

“我也是！”

“我受不了了！”

“救救我们吧！谁来想想办法呀，快！”

现在它们开始紧张兮兮的。“我知道我们该怎么做了。”那只年长的老鼠说，“我们通通倒立过来，这样就正常了。”

老鼠们非常听话，通通倒立过来。过了一段时间之后，它们一只只都因为血液快速流到脑袋里而晕倒了。

当罗伯隔天早晨下楼时，地板上遍布着老鼠。他快速地将它们全部集中，并且丢入垃圾桶中。

这个故事要我们记取的是，当世界看起来是如此严重的颠倒混乱时，你要确定自己是脚踏实地的。

1. 罗伯为什么想摆脱老鼠们？（　　）

A. 他一直很讨厌老鼠

B. 它们实在太多了

C. 它们笑得太大声了

D. 它们把他的奶酪都吃光了

2. 罗伯把捕鼠器放在哪里？（　　）

A. 垃圾桶里　　B. 老鼠巢穴附近

C. 椅子下　　D. 天花板上

3. 为什么第一天晚上当老鼠们从它们的巢穴出来时，它们轻碰彼此，并且用前爪指着天花板笑得东倒西歪？（　　）

A. 它们看到椅子在天花板上

B. 它们觉得罗伯做的事很蠢

C. 它们想要捕鼠器上的奶酪

D. 它们对于所看到的情形很害怕

4. 罗伯将椅子粘在天花板之后做了什么？（　　）

A. 笑一笑，不发一语

B. 买了一些捕鼠器

C. 把所有东西都粘到天花板上

D. 给老鼠们一些乳酪

5. 隔天晚上，老鼠们以为自己站在哪里？它们想了什么办法？

6. 从文章中找出并抄下一个句子，描述老鼠隔天晚上慌张的样子。

7. 文章中用什么方式让你知道老鼠们对这件事的想法？（　　）
A. 告诉你罗伯对老鼠的看法
B. 描述老鼠们所居住的地方
C. 告诉你老鼠们彼此的对话
D. 描述老鼠们喜欢的东西
8. 罗伯隔天早晨下楼时，为什么地板上遍布着老鼠？（　　）
A. 老鼠们倒立太久了
B. 罗伯给老鼠太多乳酪了
C. 老鼠从天花板上掉下来了
D. 罗伯把强力胶放在了地板上
9. 你觉得老鼠很容易被骗吗？提出一个理由说明你的看法。

10. 从罗伯所做的事情中，你认为罗伯是个什么样的人？请描述他是个什么样的人，并且从他所做的事情中举出两个例子证明。

11. 以下哪个词语最能形容这个故事？（　　）
A. 严肃且悲伤　　B. 恐怖且令人兴奋
C. 有趣且机智　　D. 紧张且神秘
12. 想一想罗伯和老鼠在故事中所做的事情，试解释这个故事令人难以相信的地方。

## （二）小陶土

在一个古塔高处，有一个工场，是一个陶艺工场，放满了一桶一桶彩色的釉料、辘轳和窑，当然还有陶土。窗边放着一个大木桶，有一个重重的盖子，陶土就放在里面。深深地藏在木桶的底部，有一团最老的陶土压在角落。他已经不记得上一次是什么时候被触摸，因为那是很久以前的事了。每天，重重的盖子都会被掀开，许多手会伸进来，快速地挖走一袋或一球陶土。小陶土会听到人们忙碌工作时愉快的声音。“什么时候才轮到我呢？”他想知道。日子一天天地过去，小陶土在木桶的黑暗中，失去了希望。

有一天，一群小孩子跟着他们的老师来到了工场。许许多多小手伸进木桶里。小陶土是最后一块被选中的，他总算出来了！

“这是我的大好机会！”他在光线中眯着眼睛想。

有个男孩把他放在辘轳上，用最快的速度转动。“真好玩啊！”小陶土想。辘轳一边转，男孩一边试着把陶土拉起来。小陶土觉得很兴奋，因为自己将要变成一样东西！男孩试着做一个碗，可是后来放弃了，把陶土拍打成一个圆圆的球。

“清洁时间到了。”老师说。工场里充满孩子擦拭清洗的声音，到处都湿答答的。男孩把陶土丢在窗边，急忙跑去跟朋友一起。过一会儿，工场空荡荡的，房间既安静又黑暗。小陶土非常恐惧，他不只想念湿润的木桶，他也知道自己有危险了。

“完了！完了！”他想，“我只能待在这里干掉，直到变得像石头一样硬。”他坐在窗边，窗子开着，他不能动弹，觉得身上的水分在一点一点流失。既有阳光曝晒，又有晚风吹拂，他快要变得像石头一样硬了。他硬到几乎没办法思考，只知道自己满是绝望。

然而，在小陶土的深处，还剩下一小滴水分，小陶土不愿让它流失。“下雨吧。”他想。“来点水吧。”他叹息。“求求你。”干渴绝望的他最后挤出了这句话。

一片浮云同情小陶土的遭遇，奇妙的事就发生了：豆大的雨点打进开着的窗子，落在小陶土身上。雨下了一整夜，到了早上，小陶土已经变得像以前一样柔软了。

有声音传进工场里。

“糟糕！不好了。”有个女人说。她是常常来这个工场的陶匠。

“有人把窗子开了整个周末！我们要好好清理烂摊子了。我去找抹布，你先拿些陶土做做。”她对女儿说。

小女孩看到窗边的小陶土。“看起来这小陶土最合适不过了。”她说。很快，她就把陶土搓揉成各种好看的形状。对小陶土来说，小女孩的手指头带来的感觉舒服极了。小女孩一边做一边想，有目标地动手搓揉。小陶土感觉被揉成一个圆圆的、中空的形状，又捏了几下，他就有了手把。

“妈妈，妈妈！”女孩喊，“我做了一个杯子！”

“太棒了！”她的妈妈说，“把他放在架子上，他会被放进窑里烧。然后，你可以上你喜欢的颜色的釉料。”没多久，小杯子就可以去新家了。现在，他住在厨房的架子上，在其他杯子、碟子和马克杯旁边。他们都很不一样，有些真的很漂亮。

“吃早餐啦！”妈妈叫道，同时把新杯子放在桌上，倒满热巧克力。小女孩轻轻地拿着他，他是多么喜欢自己圆润线条的新造型。他是多么称职呀！小杯子得意地坐起来，他说：“终于——我成为一样东西了。”

1. 按照事情在故事中发生的顺序，排列下面的句子。

(　　) 雨水使陶土湿润和柔软

(　　) 男孩试着用陶土做成一个碗

(　　) 女孩将陶土做成一个杯子

(　　) 陶土干掉了

(　　) 陶土在木桶里

2. 故事开始时，小陶土有什么愿望？

______________________________

______________________________

3. 为什么小陶土后来能从木桶里出来？(　　)

A. 其他陶土全被用光了

B. 他在其他的陶土上面

C. 男孩特别喜欢小陶土，所以选了他

D. 老师叫男孩使用那一团陶土

4. 男孩做了什么粗心大意的事？(　　)

A. 把陶土放在辘轳上

B. 用最快的速度转动辘轳

C. 把陶土放在窗边

D. 拍打陶土

5. 男孩离开陶艺工场后，小陶土的心情如何？(　　)

A. 满意　　B. 害怕

C. 生气　　D. 得意

6. 小陶土在窗边躺了很久以后，发生了什么奇妙的事情？为什么对小陶土来说，这件事情那么奇妙？

______________________________

______________________________

7. 以下哪一句话告诉你，小女孩知道她想做出什么？（　　）

A. 小女孩的手指头带来的感觉舒服极了

B. 小女孩看到窗边的小陶土

C. 小女孩轻轻地拿着他

D. 她有目标地动手搓揉

8. 在这个故事中，小女孩是一个重要的人物。请解释为什么她对故事的发展很重要。

______________________________________________

______________________________________________

9. 故事的作者把小陶土比喻成一个人物。作者这样做，是要让你想象什么？（　　）

A. 雨中的感觉

B. 小陶土的感受

C. 捏陶土的感觉

D. 制造一样东西的感觉

10. 你认为这个故事告诉我们的道理是什么？（　　）

A. 人像陶土一样，很容易搓揉及塑造

B. 世界上有很多不愉快的事情

C. 找到目标是最快乐的事情

D. 陶艺是世界上做善事最好的方法

## 第五节　思辨利弊，客观看待公开课

一段时间以来，人们对公开课的关注颇多，不少报刊纷纷特设了研究专栏，鼓励人们发文探讨。教师们各抒己见，畅所欲言，可谓仁者见仁，智者见智，百家争鸣。细读众家文稿，审视不同观点，联系教研实际，我回首自己专职从事教研 20 年的经历，真有不吐不快之感。

### 一、公开课的目的何在

公开课的目的众多，且相互交叉包容，难以条分缕析。根据目的倾向性的不同，就一般而言，大致有这么几类。

一是交流。在某一较小范围内，每学期请几位教师上一两堂公开课作为一般的教研活动，既活跃了教研气氛，又进行了相互交流，教师能从中受益。

二是探讨。教学实践中遇到新问题，如何处理，没有准“辙”，尝试实践，引发探讨，或有意识地就某一问题进行专门研究。

三是展示。教师将自己的教学风采、教学水平向同行展示，向社会展示。

四是传播。传播教学的新信息、新方法、新经验、新成果。

五是竞赛。如专题研究竞赛，青年教师优质课比赛，国家级、省级大规模的赛事等。

六是总结。教师、学校或某一课题组对某一专题进行一段时间的研究后做总结，通过公开课表现研究成果。

无论出于何种目的，公开课一般具有两个特性：一是研讨性，正视问题，研究问题，解决问题；二是发展性，促使教学更科学、更完美，向着更好、更高的方向发展。

## 二、公开课究竟能容多少“真”与“假”

不论是哪一类的公开课，也不论其目的何在，争议的焦点恐怕都在于“真”和“假”。大体的共识是，贵在求“真”，必须打“假”。那么，应“真”到何种程度？对公开课的一些“包装”是否就是“假”呢？我想对这些问题应当进行理性思考。

### 1. 公开课能容“优选”吗

首先是选教师。公开课大多选择年轻、有灵性、素质较高的教师来承担。这些教师因为年轻，可塑性大；因为有灵性，接受新信息快；因为素质高，容易入境悟道。选择这样的教师作课，会有什么错？无论公开课的目的是总结、交流还是展示，是传播还是竞赛，难道要选择那些年老体弱、素质有欠缺、没有多大悟性的教师来上公开课吗？如果选择了这样的教师，会使人不由得怀疑：他们能完成公开课的任务吗？这和选拔运动员和演员是有相通之处的。我们都是生活中普通的一员，虽然不能像演员那样艺术地表现生活，但看演出之后是会深受启迪的。不少教师恐怕也不能像优秀教师那样比较理想地实现公开课的目的，但看了公开课后同样会受到启迪。

其次是选学生。倘若让基础太差，连课程标准基本的保底要求都未达到的学生来上公开课，那显然失去了研讨的意义；选择那些达到课程标准要求，甚至水平略高的学生来上公开课，只要不特意从各班抽调学优生，我想也不必大加指责。

再次是选教材。公开课是要选择那些相应类型的课文做教例的。研讨说明文的教学方法时总不能选用记叙文吧！研讨情境教学法时选择具有浓重感情色彩的课文，选择有利于作课教师发挥特长的课文，那是很正常的事。任何一种教学方法（如情境教学法）都不是万能的，它只适用于一部分课文的教学。教学方法也不是唯一的，怎能指望一种方法具有普遍意义，适用于所有类型的课文呢？对于不同的课文，应选择与之相适应的最佳教学方法。

**2. 公开课能容“彩排”吗**

（1）公开课要完全顺其自然，百分之百真实？

倘若这样，你就应该去听随堂课，而且别让教师知晓，悄悄地听，这才是纯自然状态。但这有利于进行总结交流或对某一问题进行探讨吗？答案显然是否定的。围绕某一专题，为突出某一特点，追求某一理念，我们应当允许对公开课进行适当的“包装”，在观念上适度超前，在层次上适度提高，在艺术上尽量完美；应当允许公开课立足于课堂，又略高于课堂；应当提倡公开课具有一定的龙头作用和牵引功能，使它成为教师努力追求的目标。如果公开课毫无前瞻性，毫无特点，毫无借鉴意义，还有必要“公开”吗？

（2）公开课需要准备？

清晰梳理设计理念，深入理解教材，精心研究教学方法，充分了解学生情况等，既是一般课的要求，更是公开课所不能缺少的。此外，公开课还要根据某一目的，悉心凸显某一意旨，往往具有一定的开拓性。如果光在教案里纸上谈兵，光凭想象开展教学活动，不一定切合教学实际，更不一定能达到所希望的教学效果。作课教师先把自己的教学方案放到实践中去“彩排”一下，检验看看还存在哪些问题，需要如何改进，应该说是很正常的事。军事需要演习，科学需要实验，很多工作都需要准备，为何苛求公开课要“打无准备之仗”呢？作课教师应高度负责、一丝不苟，采用什么方法要做到心中有数，对如何讲解、如何组织学生讨论、使用什么教具、如何板书，对每一个问题、各个细节都要进行仔细推敲。

实践证明，“彩排”是上好公开课的重要一环。怎能因为实际教学中无法“彩排”而否定其意义和价值呢？若以教学过程是“动”的和“活”的为由反对“彩排”，反对预先的设想，岂不是错误地引导教师上无准备之课？

(3) 公开课需要教练？

公开课常聘请名师、教研员、教学专家或教授当教练。这些教练自有其长处，或理论上高人一着，或理念上胜人一筹，或经验上丰富一些。让这样的能人来“会诊”，来点拨，多一些人出谋划策、集思广益，肯定比孤军作战要强。虽然有的课经过教练们的指导，也许其中所包含的作课教师的思想少了，甚至几乎不存在了，但课实实在在地优化了，这也没什么不好。发展才是硬道理嘛！难道一定要固守一已之见而停滞不前？有人说，公开课上教师真实的自我不见了，代表不了教师的真实水平。是的，它呈现出来的已不是过去的“我”，而是发展提高后的“我”，难道一定要囿于原有水平在原地兜圈子吗？

**3. 公开课能容“功利”吗**

公廾课获得成功，给人以启迪，受人鼓励和赞赏是理所应当的。作课教师付出了劳动，所在学校的有关人员付出了努力，论功行赏，也是理所应当的。至于给作课教师发证书，职称评定加分，把经过反复琢磨的教案、论文、课件发表出来，这就更值得称道。

毋庸讳言，精神奖励与物质奖励是人们成就一切事业的不竭动力。既无功又无利的事情谁能去做，谁能长久去做？一分耕耘，一分收获。潜心研究公开课的教师付出了努力，洒下了汗水，推动了教学，发展了教学，对此，我们应当多予以鼓励与奖赏。

**4. 公开课能容“劳民伤财”吗**

有人指出，为了公开课，不少地方兴师动众，层层选拔，基层教研部门和学校花了许多精力和时间去组织，去指导赛课；作课教师为了取得好成绩，投入了大量精力，教案写了数遍，反复“彩排”，反复修改，直到满意为止；为了公开课，有的地区不仅组织本地骨干共同攻坚，而且特聘外地专家亲临指导，投入大量资金添置设备、教具、学具，购买课堂教学录像，劳民伤财。

事实上，这样的“劳民”实在太好了，太有必要了！“高度重视，群策群力，攻坚克难，精益求精”正是科学研究所倡导和应有的姿态。多些这样的“劳民”，就会实现科研素质的提升和教学水平的提高，就会结出丰硕的教研果实。如果能以公开课为契机，拿出更多的经费来添置教学设备，改善办学条件，支持教育科研，这实在是利国利民的大好事。这样的财该“伤”，且“伤”在了刀刃上。如果能以此为动力，多让一些骨干教师“走出去”，多把一些高手精英“请进来”，再“伤”些财更好！

## 三、公开课是弊大于利还是利大于弊

人们对公开课的指责颇多，一些主要的已在前面做了论述。此外，其他的指责，如串问串答，预设好线路，牵着学生走等，说到底都是课堂教学中的常见病，并非公开课所独有，而且是好的公开课所尽力避免的。

至于将教师讲解、学生回答的内容都事先背下来，照流程机械地演一遍，那肯定一眼就会被人识破。当然，这只是个别，绝非主流，而且绝不会被人所推崇，也不会有多大的影响力，因为那是蹩脚的公开课、失败的公开课。

有人因为公开课比较完美，教师素质又高，相形见绌，望洋兴叹，认为公开课不可学。不错，我们做一切事情都一定要立足实际，但也不要忘了，面对五彩缤纷的世界，一定要探头到课堂之外和思维圈子之外，取人之长，补己之短。

我们需要有海纳百川的胸襟，绝不可以所谓的不合实情为借口，拒绝先进，排斥先进，远离先进。“不合实情”在一定程度上已成为许多人自我束缚、自甘平庸、自甘落后的搪塞之辞，成为拒绝接纳的“挡箭牌”。

如果因为公开课的一些不足和个别问题就因噎废食，甚至对公开课横加指责，恐怕就有失偏颇了。

公开课之所以能够风行且长盛不衰，是有其内在原因的。

### 1. 公开课是提升教学水平的重要形式

课堂是教学的主渠道，是学生发展的主阵地。课堂教学是学校教育科研的核心，而公开课就是以课堂教学为主要研究对象和主要特征的。教师要想上好公开课，就得认真反思自己的教学理念，尽力捕捉、整理教育教学的前沿信息，就得努力提高自身的教育理论素养，就得深入剖析教材，精心安排教学结构，潜心选择教学方法，全面分析学生现状，就得让教育理论与教育实践不断碰撞磨合，就得不断梳理调整教学思路，总结经验，吸取教训。这就是在进行有目的的、实实在在的教学研究。通过公开课的研究过程，教师的教学水平会不断提高，教研成果会不断丰硕。

2. **公开课是传播交流教学经验的重要形式**

大凡要发扬一种精神、弘扬一种理念、推广一种策略，人们都自然而然地采用公开课这一形式。公开课的作用是其他形式所无法替代的，它以其直观、生动、形象、可感、易学的特点深受广大教师的喜爱。常常存在这样的现象：听讲座，往往人气不旺，教师兴致不高，甚至显得无精打采；而一旦听公开课，往往人潮如涌，教师兴致勃勃，热情高涨，专心致志，那认真与执着的态度常常令人动容。

如今基础教育课程改革如火如荼，课改的新理念、新要求，新课程的新特点如何在课堂中具体操作、具体实施，公开课仍是探讨、借鉴、模仿、迁移、展示和推广传播的一种基本形式。

从20世纪50年代学习苏联的“红领巾”教学法到今天的新课程改革，我们的教学经历了一个多么不平凡的历程。其间所获得的每一点进步与发展，公开课因其所承担的传播角色而功不可没。

3. **公开课是锤炼教师素质的重要形式**

人才的成长需要指导，需要实践，需要锤炼。名师精湛高超的教学艺术就是通过一次次的课堂实践，尤其是公开课的实践锤炼出来的。不少青年骨干教师也是通过公开课的强力锻造而走向成功和成熟的。似乎没有见过一位教学炉火纯青的高手，是没有经过公开课的洗礼的。

有学校将培养青年教师上公开课称为“煮”。青年教师被“煮”是幸运的，被“煮”的感觉是痛并快乐着的。刚入职时教师并不特别优秀，可学校舍得“煮”他们，他们也乐意被“煮”，被“煮”出来的青年教师成功了，他们又开始“煮”别人。在公开课的熔炉里“煮”出了一个在全省乃至全国颇有实力、颇有名气的教师群体。

在公开课中得以锻炼成长的教师由衷地感慨：“我们上公开课前夜以继日，提心吊胆，反复琢磨。”“自己的观点经常被师傅们否定得一无是处，甚至自尊心也受到了伤害，有时与他们争得面红耳赤，但这争执的过程是成长和进步的必由之路。”“没有公开课的经历，你就体验不到什么叫钻研教材。也许教师在这节课上还是个表演者，也许自己的个性全没了，但通过这节课的准备之后再去上其他课，你会发现起点已经大不一样了，你会发现自己看问题的角度、高度大不一样了。”

事实就是这样，哪位教师有机会上公开课，有机会常上公开课，有机会上高层次、大型的公开课，哪位教师就会有长足的进步；哪所学校的教师普遍有机会上公开课，有机会常上公开课，有机会上高层次、大型的公开课，哪所学校的教师的整体素质就会有大幅度的提高。

## 第六节　涵养心境，在做事中享受快乐

一位新时期的教师，既要有外在的美，更要有心境美、情绪美。这种美应当是教师职业价值与生命价值的统一。一个人只有把职业经营得快乐、成功、有品位，生命才会快乐、成功、有品位。

试想，如果一位教师终日忧心忡忡、萎靡不振，对教师职业冷漠无情、满腹牢骚，怎么会感到快乐？没有职业的快乐，甚至视之为畏途，自然不会有事业的成功。与自己终身相伴的事业做得不成功，不快的情绪就将伴随你一生。

教师快乐的心境、良好的情绪，会潜移默化甚至立竿见影地影响学生的向上心态和乐观情绪。

新型教师应该用怎样的方法去营造美好的心境、拥有正面的情绪呢？

### 一、求异思辨，领异标新有思想

新型教师要想有良好的心境，必须具备求异创新的新思想、新思维、新视野。

有诗云：删繁就简三秋树，领异标新二月花。又有言说，莫被传统禁锢思想，不为时尚放弃永恒。这话在一定程度上强调了求新思维的可贵和价值，可以说，这种思维是一个人有思想的标志。

面对“习惯”、面对“合理”、面对“定论”，你能否有自己的思想、

自己的见解？

1. **长城的智慧**

“多少劳动人民的血汗和智慧，才凝结成这前不见头后不见尾的万里长城！”当读到这样的感叹时，我们静心想过没有，长城的智慧体现在哪里？体现在它的高大坚固？体现在它的射口、瞭望口、垛子、烽火台的设计？长城的“身体”里充满了什么？还不是劳动人民的血泪！当我们高喊“长城真伟大”“长城是中华民族的象征”的时候，是否想过它的伟大之处在哪里，它的象征实质是什么？

2. **都江堰的贡献**

在古代，每当岷江洪水泛滥，成都平原就会变成一片汪洋；一遇旱灾，就会赤地千里，颗粒无收。岷江水患长期祸及西川，鲸吞良田，扰乱民生，成为蜀地生存发展的一大障碍。

都江堰水利工程的设计者们充分利用当地西北高、东南低的地理条件，根据江河出山口处特殊的地形、水脉、水势，乘势利导，使鬼斧神工的鱼嘴、飞沙堰、宝瓶口三大主体工程实现了无坝引水、自流灌溉；使堤防、分水、泄洪、排沙、控流相互依存，形成一体，保证了防洪、灌溉、水运和社会用水综合效益的充分发挥。都江堰建成后，成都平原沃野千里，“水旱从人，不知饥馑，时无荒年，谓之天府”。都江堰的兴建，以不破坏自然资源，充分利用自然资源为人类服务为前提，变害为利，使人、地、水三者高度协调统一。

所以，余秋雨先生扼腕慨叹——

我以为，中国历史上最激动人心的工程不是长城，而是都江堰。

……

它的水流不像万里长城那样突兀在外，而是细细浸润、节节延伸，延伸的距离并不比长城短。长城的文明是一种僵硬的雕塑，它的文明是一种灵动的生活。长城摆出一副老资格等待人们的修缮，它却卑处一隅，像一位绝不炫耀、毫无所求的乡间母亲，只知贡献。

……

它，就是都江堰！

你见过后人对修建长城者的纪念与赞颂吗？没有。恰恰相反，留传的只有像“孟姜女哭长城”一类对修建长城的血泪控诉。而修建都江堰的李冰父子等一行人，却被后人所景仰，这难道不值得我们深思吗？

3. **战争与发展**

战争从来就是与无奈、苦难、血腥、绝望相伴的，我们要和平，不要战争。然而，事物都是一分为二的。正因为战争的惨烈、战争的弱肉强食、战争的你死我活，迫使人们不得不奋起增强自身力量，可以毫不夸张地说，战争是人类进步无与伦比的推动力。

4. **英雄与历史**

我们都承认人民群众创造了历史，然而，你是否发现，平民百姓的力量往往十分有限。一位好的单位领导可以把单位管理得有声有色，反之则可能使其乌烟瘴气；一位好的市长可以把本市管理得欣欣向荣，反之则可能使一座城市每况愈下，让人民怨声载道；一位好的国家领导，可以把一个国家治理得国泰民安，反之就可能致使民不聊生。

有位教授说得不无道理：群众是一连串的“0”，而英雄是这一连串“0”前面的“1”，没有了前面的“1”，这一连串的“0”就没有意义，一旦有了“1”，那力量就无与伦比了。

5. **死亡与新生**

面对死亡，无人不畏惧。人死如灯灭，万事皆空。尤其是那些重要人物、科学巨匠之死，足让世人为之惋惜。然而，死亡又是上帝最公平、最伟大的造化。死便是生的开始，新陈代谢是一切事物发展、进步的客观规律。因为死亡，才有新人辈出；因为死亡，才能铲除旧弊；因为死亡，再强权的主宰也终有末日来临时！试想，如果没有死亡，还有今天的你吗？如果前人不死，还有今天的和谐社会吗？

6. **做人与做事**

做人无疑是重要的，但能将做事放在其次吗？试想，你急需用的电脑发生故障，此时，你是希望有一个温顺如羊却几天也修不好电脑的下属，还是希望有一个虽不听话却能立刻排除故障的能人？汽车飞驰，你希望有一位态度极好而技术极糟且随时都有可能导致惨祸的司机，还是希望有一位态度虽然不好甚至恶劣却可确保你一路平安的司机？我想，没人会选择前者。同样，作为校长，你是希望有一位态度、人缘极好而教学一塌糊涂的教师，还是希望有一位虽然待人冷漠甚至性格古怪却教学艺术精湛、水平一流的教师？答案是不言而喻的。看来，做事是极其重要的，它的重要性一点也不亚于做人。

知识经济时代强调以人为本，教师绝不仅仅是“园丁”，他要面对的是活生生的人。育人不是“施肥、除草、修剪、去虫”的机械操作；教师绝不是“蜡烛”，不是简单的“照亮”与“毁灭”，而要在成就学生的同时也要成就自己；教师绝不是“春蚕”，永远也不要“丝尽”，不能“丝尽”，必须越活越滋润，越活越光鲜。新世纪的教师需要“一颗红心”，但不需要“献身”，教师不再是“奉献”甚至“牺牲”的代名词。

你想当政治家吗？拿出你的纲领来。你想当军事家吗？拿出你的战绩来。你想当文学家吗？拿出你的作品来。你想当有智慧的教师吗？请拿出你的业绩来！教师需要勤勤恳恳、兢兢业业、任劳任怨，但更需要智慧、思想、创造。

如果没有智慧，就没有思想和灵魂，没有品格和品位。正如纪伯伦所言：“世上许多人说的话犹如大海，而他们的生活近似于泥塘。许多人的头颅高昂过崇山峻岭之巅，而他们的心静眠在黑暗地洞之中。”

## 二、开襟接纳，激情执着不止步

人类进入21世纪，知识经济与信息革命使时空骤然缩小，地球瞬间变为一个“村庄”。国界被空前淡化，理念无国界，知识无国界，经济无国界，交往无国界。

面对时代的巨变、教育的巨变、课改的巨变，我们应当摈弃自我封闭、自以为是的观念；应当乐于交流，善于接纳新理念、新事物。

你一定熟悉《管宁割席》的故事——

一次，管宁和华歆在一间书房里读书，并且同坐在一张草席上。这时候，正好有一位有权势的高官乘着漂亮的车子，车声隆隆地从门前经过。管宁就像没听到似的，照样读书；华歆却放下书，出去看热闹。华歆回来后，管宁把草席分割成两半，对华歆说：“你不是我的朋友了！”

因此，管宁历来被奉为淡泊名利、宁静致远、爱憎分明、鄙弃世俗的偶像，而华歆则是唯利是图、热衷于功名利禄的反面典型。而我认为，管宁是典型的自我封闭，死读书，读死书。因为封闭，导致其思维狭隘，观念腐朽，最终碌碌无为。而华歆呢，因为开放的心态、开明的思想、开阔的思维，成就了他的博学多才，最终成为一位杰出的政治家、卓越的军事家，是难得的三朝重臣。

对《弈秋诲弈》这个故事你一定也不生疏：弈秋教两个徒弟下棋，其中一人专心致志，完全按奕秋说的去做；另一人虽然也在听讲，但心里总想着将要有大雁飞过来，该怎么拉开弓箭将它射下。专心致志，固然值得称道，但研究大雁将要飞来如何将其射下的人，从某种意义上说是不是也不乏丰富的想象，能在学习的过程中诗意地驰骋思绪呢？

面对辽阔的山河，前思古人，后念来者，独立于悠悠天地间，你油然而生过陈子昂的孤独寂寞之情吗？看着滚滚长江东逝水，你可曾像辛弃疾那样思接千载，一腔豪气奔涌而出吗？面对万山红遍、层林尽染、百舸争流、鹰击长空，你有过毛泽东指点江山、激扬文字的豪气吗？有过“苍茫大地，谁主沉浮”的诘问吗？

一位教师游览故宫和天安门城楼时，激情荡漾，即兴挥毫——

**虔观故宫城楼**

——游故宫抒怀

入古道，穿玉楼，
沉沉久远，悠悠扑面。
踏故宫，望金銮，
兴亡起落，撩起万般思绪。
步沉扬，登城楼，
功名利禄，尽在其中。
抚古今，凭栏眺，
思我人生，惹得一身豪气。

这不就是一种开阔的胸襟与崇仰之情在激荡吗？

如果这些豪情与诗兴你都没有，那也没关系。

我问你，小路幽幽，月色朦胧，一个人独在花前月下的时候，你有过心旌摇曳的美丽幻想与期待吗？夜深人静，一个人独处的时候，你可曾浮想联翩，遐思飞扬，彻夜难眠？那联想是一生二，二生三，三生无限，由此及彼，由彼及任意的……不管你想的是什么内容，或事业的憧憬，或人生的追梦，或偶尔的放浪，你有过吗？

如果有，那你就有一颗年轻的心、驿动的心，你的人生就是丰富的、细腻的、滋润的、鲜活的、开放的、有希冀的，就是一片郁郁葱葱、生机勃勃的润泽之地。反之，你只有一颗老化的、麻木的、僵硬的心，你的人生就是干瘪的、干涸的、封闭的、没有生气的，就是一片荒凉的沙漠、一块不毛之地。

## 三、抛弃忧虑，昂首阔步静如水

生活节奏快，工作压力大，心情忧郁，造成了很多人处于心理亚健康的状态。统计表明：中国每年"过劳死"人数多达60万。

面对生活，会有无奈的辛酸、不期的意外：事业的不顺、理想的失落、同伴的误解、学生的叛逆、家庭的矛盾……如果处理不好，每一处都足以泯灭你的激情、淹没你的才智、破坏你的心境。

一切该来的总要来临，对必然要发生的事情，要学会坦然地去接受，学会适应不可避免的情况。要有肚量去容忍那些不能改变的事，要有勇气去改变那些可能改变的事，要有智慧去区别上述两类事。

面对不快，请不要埋怨。教育家魏书生说得好："埋怨环境不好，常常是我们自己不好；埋怨别人太狭隘，常常是我们自己不豁达；埋怨天气太恶劣，常常是我们抵抗力太弱；埋怨学生难教育，常常是我们自己方法少。"

请不要总是怨天尤人。请看下面这个故事——《母亲不是圣人》。

前年母亲生日那天，我买了一件很普通的衣服，又封了一个50块钱的红包，骑自行车回去送给母亲。母亲连看都不看，就把红包放进口袋，把衣服放在桌上，不冷不热地叫我："坐吧。"我蹬自行车出了一身汗，又累又渴，就去倒茶喝。

正喝着茶，就听见外面有小轿车的声音，那是大姐回来了。母亲好像听到命令一样，立刻迎出门去。大姐一下车，母亲就满脸笑容地请她进屋，问她累不累。大姐坐小车回来，怎么会累呢？真正累的是我。

大姐也给母亲买了一件衣服，又漂亮又贵重。我在商场见过，最少要1000元。大姐也给了母亲一个红包，比我的大得多。母亲双手捧起大姐送的衣服，小心翼翼地摆在桌上最显眼的位置，再把那个大红包放在衣服上。母亲亲手给大姐倒了一杯茶说："坐下喝茶。"

母亲对大姐的亲热，刺痛了我的心。我难受极了，一头扎进厨房里拼命地干活，油烟呛得我流下了眼泪。

第二年，母亲生日时我不再回去，只托哥哥带了一点礼物给母亲了事。

明天又是母亲的生日，我依旧买了点礼物，托哥哥带给母亲。可是哥哥不干，说：“去年妈的生日你没回去已经不好了。明天你再不回去，大家还以为你对妈有意见呢。”我说：“我就是对妈有意见，她对大姐好，对我不好。大姐钱多，能讨妈的欢心；我钱少，讨妈嫌。”哥哥说：“不会吧，妈不是那种人。”我委屈地说：“你没尝过那种滋味，当然不知道。”我一气之下，便把东西拿回了家。

我刚回到家一会儿，哥哥就追来了。他买了很多东西送给我，比我买给母亲的还多。我说：“你买这么多东西干什么？”哥哥不说话，放下东西，拿起我给母亲的礼物就走。我送哥哥出门，一直送到楼下的马路边，哥哥这才说：“以前我来你这里，你最多送我到门口。这回破例送我到马路边，是不是因为我这回买的东西多，你就陪我多走几步路？平凡的母亲也会受名利影响，哪个女儿给她东西多，她就会亲热一点。我知道，你希望妈对你和大姐一样亲热，可那要不受名利影响的圣人才做得到。我们的妈不是圣人，但她确实是个好母亲，你给她买的衣服，她一直穿在身上，妈并没有嫌弃你。”

我的泪水无声地流了出来，我哽咽着说：“哥，别说了，我明天回去看妈。”

回去后，母亲依然对大姐很亲热，对我没那么亲热。但我不再怪怨母亲，因为我知道，母亲不是圣人，我们也不是圣人。

（有删改）

如果总是埋怨：怎么会这样？我真不知怎么办！我真倒霉！这些情绪就会像一条毒蛇一样无情地吞噬着你的一切，让你永远也走不出来。面对那些意料之外的事，你能做到“猝然临之而不惊，无故加之而不怒”；面对不顺，你能够心静如水、从容不迫，你无疑就是一个思想者、一个强者。

任何事情的发生必有原因，我们要学会分析，寻找原因，透过现象把握本质，寻求最佳的解决途径。天不会塌下来，生活总要继续，扬起自信的风帆，运用自己的人生智慧，带着微笑，你总能穿过世事的风浪。

请记住：上帝为你关上一扇门，同时一定会为你打开一扇窗。

天无绝人之路，世上没有过不去的河。

如果我们想的都是高兴的事情，我们就会感到快乐；如果我们想的都是伤心的事情，我们就会感到悲哀；如果我们想的都是一些可怕的事情，我们就会觉得恐惧；如果我们总认为自己是个可怜虫，我们就会永远缺乏自信。人的许多苦恼来自主观臆想，无端的臆想会在内心横冲直撞，将你的不幸推到极点。

作为新型教师，得意之时应当学会冷静，居安之时要学会思危。

请看下面这个故事——《记住，有人不喜欢你》。

2002年的夏天，一位歌星回东北老家。一帮读中学时的好朋友搞了个聚会，告诉她晚上8点到某酒店吃饭。

歌星出了家门，打车去酒店。司机是一个30多岁的中年男人，问清了目的地后，那人就一言不发了，这让歌星不免有些失落，因为即使是在北京，出租车司机也会认识她这张脸。到了酒店，车费是22元。歌星没有零钞，就拿出一张100元的，可恰巧司机手里也没有足够的零钞了。歌星今天心情很好，就表示不用找了。

可是司机坚决不同意："这绝对不行。要不，我带你走一段，找个超市换成零钱。"

歌星一看时间不早了，就拿出两张她签名的专辑："师傅，这样吧，我用这两张我的专辑抵车费吧。"接着，她又问一句："您不认识我吧?"但是司机的回答大大出乎她的意料："认识，你是唱歌的吧。这次回来看望爹妈?"说完，他指了指专辑："不好意思，我不喜欢听歌，平时我只喜欢听二人转。要不，车费就算了吧。"这个时候，正好有另一位同学也刚到酒店，替歌星付了车费。

"你是唱歌的吧。""我不喜欢听歌。"这些话让歌星心灵震颤。

见到昔日同学，歌星首先做了两件事：一是为自己迟到了3分钟向大家表示郑重道歉；二是找到聚会的组织者，把自己的200元份子钱交了。

后来歌星的口碑一直不错：没有绯闻，照章纳税，积极参加各种公益演出。

歌星说，她时常想起那位出租车司机。"记住有人不喜欢你，这时常让我感到自己的渺小，渺小得经常叫人担心来阵风就会把自己吹丢了。"歌星说。

（有删改）

作为新型教师，荣耀之时要善于谨慎处事，困顿之时要学会静待良机，落魄之时要学会振奋精神。有时人会处在落魄的境地，但越艰辛就越要潇洒超脱，要有在艰辛中仰视苍穹的勇气，要充满希冀，要学会诗意地栖居在我们所立足的大地之上。如果不会自救，就永远不会崛起。

当然，有时也要学会放弃。

一是弃利，舍弃功名利禄。红楼梦的《好了歌》说得极是——

世人都晓神仙好，唯有功名忘不了！

古今将相在何方？荒冢一堆草没了。

世人都晓神仙好，只有金银忘不了！

终朝只恨聚无多，及到多时眼闭了。

世人都晓神仙好，只有姣妻忘不了！

君生日日说恩情，君死又随人去了。

世人都晓神仙好，只有儿孙忘不了！

痴心父母古来多，孝顺儿孙谁见了？

二是弃宠。要有“宠辱偕忘，把酒临风，其喜洋洋者矣”的乐观心态。

三是弃疲。一定要在疲劳之前休息。比尔·盖茨说过，一个人永远不要靠自己一个人花100%的力量做事，而要靠100个人花每个人1%的力量去做。

进一步山穷水尽，退一步海阔天空。峣峣者易折，皎皎者易污。水至清则无鱼，人至察则无徒。应当学会兴冲冲、喜洋洋、傻乎乎地过日子。

## 四、专注做事，聚精会神开好车

在人的一生中，任何收获都需要付出努力。专注做事，做好自己的事，永远是第一位的。只要耕耘，总会有收获，即使一时收获不多，也必定会有一种耕耘的充实。如果用散漫的态度处事，是不可能有成就的。只有日积月累，坚持不懈，才能荡涤心灵的尘嚣与浮躁，才能清除心灵的杂草，才能树立起真正的尊严，才能奠定你不可撼动的地位，才可能有柳暗花明之时，有出乎意料的收获。

教师是一个知识分子云集的群体，但人性是复杂的，这一群体中也会出现各种矛盾冲突。有时你难免会遭到误解妒忌甚至诬陷打击，这就需要你学会辩证思考。请记住：没有人会妒忌一个无用的人！你被妒忌，被恶意攻击了，正说明你很重要，你引起了许多人的重视，正意味着你有所成就、值得关注，这是应该庆幸的事；另一方面，也说明你的威望还不够高，地位还不稳，必须努力。

有人说，要成功，需要朋友；要取得巨大成功，需要敌人。有竞争才有发展，因为有了敌人的存在，因为有了不服输的决心，才会努力做好自己的事情。敌人有时比朋友对你的帮助还要大。

你千万不要以为自己是永远正确的，千万不要以为与你过不去的人就是世上最坏的人，千万不要以为只有解决了一切纠纷、消除了所有不快才能做好事。切记不要为琐事无端地耗费你的时间和精力，生命本就很短暂，不要为小事烦恼。

面对无事生非的人，要学会宽容。天空宽容，彩霞织成了满天锦绣；原野宽容，江河汇成了浩瀚大海；大地宽容，种子收获了金秋一片。

有人说，做事犹如驾车。最重要的是各行其道，保证自己不违章。不管道路多艰险，征程多坎坷，只要牢牢紧握自己的方向盘，专心致志稳住神，就必能在艰险中奋力前行，在坎坷中颠簸前进。

请牢记：花繁柳密处拨得开，才是手段；风狂雨急时立得定，方见脚稳。专注做事，就如聚精会神开好车，你会有一份无与伦比的美丽心境。

## 五、静心读书，沐浴书香气自华

教师虽然大多不会声名显赫，然而终日同文化相携、和知识共舞、与心灵互动，因而也有特有的高洁与典雅。

作为新型教师，教学之余常到书海中徜徉、在书香中沐浴，会时常感到无比惬意与充实，会时常领略到“书中乾坤大，笔下天地宽”的情趣意旨；领略到与“高尚者”对话的诗意光辉；领略到局外人无缘享受的怡人景致。

有对联曰：“一等人忠臣孝子，两件事读书耕田。”作家王蒙认为，人生最重要的，一个是生存，一个是学习。他还说：“读书使我感觉良好，使我进入一个美好文明的世界……读书在增长我的知识、见闻、能力。”

有人问：什么是研究？我想，研究就是阅读，阅读就是在研究。有人问：怎样才能提升自己？我想，提升要靠阅读，阅读就是在提升。回首自己的教学教研生涯，我主要阅读了以下几种书。

1. **基础书——入目入心，化为血液**

俗话说，基础不牢，地动山摇。一语道出了基础的重要。我主要阅读两类基础书。

一类是哲学书，如《马克思主义哲学》《西方哲学史纲要》《哲学百题解》等中外哲学著作。哲学是我最喜欢的学科，它阐述了科学的世界观和方法论，是知识之母、方法之母、思想之母。

学好哲学，会有一种任凭风吹雨打，我自岿然不动的坚韧；会有一种处乱不惊，闲庭信步的从容；会有一种洞察规律，以不变应万变的机敏。

学好哲学，逆境中，无论遭受何种不幸与挫折，绝不会萎靡不振、意志消沉；顺境中，无论获得多大的荣耀与辉煌，也绝不会利令智昏、趾高气扬。

学好哲学，在教学与研究中就能见人所未见、想人所未想，就能删繁就简、拨开迷雾，就能透过现象把握本质。

另一类是语言文化类书，如《文学原理》《现代汉语》《写作概论》《文章修改艺术》《词语评改五百例》等。

读这类书会让人练就扎实的文学与语言的基本功，会让人思维清晰、收放自如，说话撰文更加洗练贴切、句式整齐、文风明快、语言亮丽。

对这两类书，要精读，要入目入心，融入身体，化为血液。只有把基础夯实了，做到心中有谱，遇到问题时才能迎刃而解。

2. **专业书——潜心阅读，琢磨真谛**

我细嚼过几本专业书，也可分为两类。

一类是教育理论类，如普通心理学、儿童心理学、教育学、教育心理学、教育科研方法等类。对这类书，我虽不能倒背如流，但实实在在地用心细细咀嚼过数遍，条分缕析，熟记于心，了然于胸，并力求融会贯通。

这类书能使人高屋建瓴，高瞻远瞩。

另一类是教学业务类，如语文教学原理、名师教学专论、名家课例精品、专题教学品评等类。

这类书会让人明白什么是语文教学的特点和核心，什么是提高语文教学的有效之道，什么是语文教学的活实相济。名师的点拨，会让人柳暗花明，豁然开朗；高人的妙招，会让人心潮澎湃，由衷赞叹；大家炉火纯青的教学艺术，会让人在不知不觉中提升境界，跃升层次。

对这两类书，要潜心感悟，切己体察，琢磨真谛。只有专业知识储备好了，教学科研中才能游刃有余。

3. **学术期刊——如影相伴，咀嚼涵泳**

期刊，是时代的脉搏、智慧的结晶；期刊，是最快捷、最鲜活、最前卫的信息源泉；期刊，是对当前成果的总结，能引领未来学术的走向。如果说读基础书、专业书还有一定阶段性的话，那么，读学术期刊则应当是一种最经常、最长久甚至是终身相伴的生活常态行为。

长期以来，无论是在一线上课还是从事专职语文教研，期刊总是与我相伴。时常翻阅期刊已成为我的一种习惯、一种乐趣。

有时对一篇文章圈画批注，反复玩味，或高声吟诵，激情涌动，浮想联翩，或俯首凝神，咀嚼涵咏，入情入境，进而止不住摘录复印永久珍藏。有时则走马观花，一目十行，甚至一目一页，一目一篇；有时花半天几小时的时间竟然可读遍整个图书馆的数十种期刊。

这也无妨，览览纲目，赏赏标题，嗅嗅气息，看看风向，不无裨益。

《福建教育》《小学语文教学》《小学语文》《小学教学研究》等几种期刊我常年订阅，或精读，或浏览，或仅看看标题，几乎篇篇都要过目。年终岁末，将其装订成册，冠以书脊，写上年月，查阅起来，十分方便。如要研究作文教学，只需打开总目录，近年关于作文教学的各家观点、各类文章、前沿状况便尽收眼底。触摸着这种脉搏，就能观测到这一领域教学的走向；就能取人之长，补己之短；就能避免重复劳动，人云亦云；就可能站在巨人的肩膀上获得新启迪、产生新见解。

闲暇之余，凭兴致，我会将教育教学实践中的所见所闻、所思所感诉诸笔端，语文教学、教育心理、家庭教育、教育管理、教育艺术等各类题材都写。幸运的是，稿件接二连三地被《中小学教材教学》《基础教育课程》《福建教育》《北京教育》等期刊刊用。

几易寒暑，我先后在全国20多家省级以上教育类报刊上发表文章300余篇，并出版了《语文教师教学用书（北师大版）》《作文新突破：小学作文同步示范与训练》《小学生学习指导丛书》《新语文》等书籍40多本（套），共计500多万字。

一个村庄、一座城市，几年十几年旧貌不改，人们会鄙视它的落后；一个家庭、一间书房，几年十几年不添新书，人们却往往习以为常；一块土地、一座山峰，草木稀疏，春不增色，人们会感觉它的荒凉；一个人，几年十几年很少读书，知识老化，思维僵化，人们却往往没有觉察。

书香能改颜换貌，驱除落后；书香能孕育春色，赶走荒凉。

有的人总是感叹：我没有时间读书啊！我要说，永远不要等到有大量的时间才读，要见缝插针，集腋成裘；永远不要等坐在书房里才读，任何场所都是读书的好场合；永远不要等到急用时才读，急功近利、临渴掘井不足取；永远不要悔恨太晚不读，只争朝夕远比等待叹息高明。

一个辛勤的读书人，年年月月在书山里跋涉，在书香中沐浴，这种浸染与日俱增，积累到一定的程度，必然会迸发出一道耀眼的光芒，那便是智慧。

阅读着是美丽的，思想着是美丽的，坚持着更是美丽的。让书香相伴人生，让书香沐浴心灵，让书香温馨你我！

**六、善于自控，心怀感激乐无穷**

静静地品味生活，悠悠地回首岁月，哪些事情给你留下了深刻的印象？必定是那些让你感到十分高兴或极度悲伤或无比幸福的事。情绪强烈地影响着学生的学习状态，影响着学生的记忆力，影响着学生的注意力，影响着学生的思维和想象。

教师应当十分关注学生的“情绪智力”，营造健康、稳定的情绪氛围，开展有利于情绪智力发展的活动。一旦学生产生抵触情绪，任何高超的教育艺术都会黯然失色，无奈止步。从这个意义上说，把是否具有良好的情绪氛围看作一堂课成败的重要因素就不无道理了。

心态良好的新型教师，总是善于驾驭自己的情绪。当右脚踏进教室，一切不良情绪已留在了左脚；当左脚踏进家门，一切糟糕的心境又都留在了右脚。

教学中，稍不留神控制情绪，教师的教鞭会充满威胁，教师的目光会充满不屑，教师的表情会充满轻蔑，教师的举止会充满敌视，教师的言语会伤害心灵。

教育的任何疏忽和败笔，都足以导致学生心扉紧闭。在这种情况下，教育要么变得面目可狰，要么变得无能为力。

心境良好的新型教师，应当心怀感激，感激社会，感激自然，感激学校，感激事业，感激同伴，感激学生。因为有他们，才成就了自己。还应当学会赞赏，“赠人玫瑰，手留余香”，赞赏是调整好情绪的良方，是快乐之本、快乐之源。

让我们心存感激，面带微笑，学会赞赏，做快乐的新型教师。

# 第四章

# 课堂实践的品味

# 第一节　识字教学

识字教学方法多样，而汉字学教学是基础。遵循汉字规律，就能以一带多，以简带繁。基于汉字学基础的识字教学，学生识字记忆特别深刻，而且能融会贯通。

## 科学识字与诗歌学习水乳交融

——人教版二年级上册《“红领巾”真好》第一课时教学及评析

**【教学目标】**

1. 运用汉字学原理科学认识“叽、喳、蓬”等8个生字，扩展认识“喵、吱、呱”等字，会正确书写“领、捉、跃、蹦”等8个字。

2. 正确、流利、有感情地朗读课文，体会小鸟的活泼可爱，培养爱鸟护鸟的意识，感受到做爱鸟护鸟小卫士的快乐与自豪。

**【教学过程】**

**一、课题导入，温故知新**

1. 直接揭题，齐读课题。

师：今天我们来学习一首诗歌，请齐读课题。

生：《“红领巾”真好》。

师：“领”是后鼻音，请读到位。

生：领。

2. 复习“领”字，重温形声字的构字规律，并指导书写。

师：大家对红领巾都很熟悉，少先队员的标志就是红领巾。请大家摸摸，红领巾是不是绕过领子了？大家已经学过“领”字，你能给大家讲讲是怎么记住它的吗？

生：“领”是个形声字。“令”是声旁，表示读音；“页”是形旁，表示头。“领”就在头下面脖子的位置。

师：根据形声字的规律，我们很容易记牢它的样子，读准它的读音，并理解它的意思。

师：写“领”字时要注意什么？

生：写左边的“令”时要注意把捺写成点，以给右边的“页”留位置。

生：“令”是声旁，如果忘了写最后一笔“丶”，就成了“今”字。

师：（边范写边提醒）写左边的“令”时要把捺写成点，写右边的“页”时要把横写短，左右偏旁互相让一让，两个字就组成了一个新字。大家把手举起来，和老师一起书空。（学生书空）

3. 引导审题，巩固双引号的用法。

师：课题中的“红领巾”加上了双引号，通过预习课文，你知道“红领巾”指谁吗？

生：指我们少先队员。

师：你们真会读书！让老师再听听，你们能把课文读正确、流利吗？

（学生齐读课文，“叽叽喳喳”“扑棱棱”没读好。）

师：读得挺流利的。把字音读得准确些，就能把诗歌读得更好。

（教师范读后，学生再读“叽叽喳喳”“扑棱棱”。）

【评析：在本课要求学生会认的8个生字、会正确书写的8个字中，共计有13个形声字。教师以熟字“领”为例，重温形声字的构字规律，复习形声字的学习方法，为本课科学识字、正确书写夯实了基础。“叽叽喳喳”“扑棱棱”不易读好，通过教师示范，学生很快就读得入情入味了。】

**二、运用规律，集中识字，以一驭多**

1. 学习“叽”“喳”二字，感受叠音词、拟声词的特点。

（1）引导发现。

师：（出示“叽”“喳”二字）“叽”“喳”是形声字，你能当“小老师”教大家怎样记住它们吗？

生：“叽”和“喳”都是形声字，“叽”右边的“几”是声旁，提示读音，左边的“口”是形旁，表示用口发出声音；“喳”也一样是表示声音的字，所以也有“口”，“查”是声旁。

（2）及时评价小结，指导读准字音。

师：这个“小老师”教得很正确、清楚。“叽”和“喳”的口字旁在这里的确是表示用口发出声音。这两个字都是表示声音的字，“叽叽喳喳”这个词也是表示声音，请跟老师读。（学生齐读，教师指名读）

师：（播放鸟叫声的音频）猜猜这是什么的叫声。

生：是小鸟的叫声。

师：我们来学学小鸟的叫声，把这个词读得轻快些。（全班练读该词）

（3）类比拓展。

师：老祖先造了许多表示声音的字，也像“叽”“喳”一样带有口字旁。我们根据形声字的特点，来猜猜这几个字怎么读。

（教师分别出示猫、鼠、青蛙的图片及对应的“喵”“吱”“呱”三个字，生自由猜读。）

师：我问你答。小猫小猫怎么叫？

生：小猫小猫喵喵叫。（教师出示“喵”的拼音）

（用相同的方法教学“吱”“呱”。）

师：根据形声字的特点来识字就是快。

【评析：类比拓展，“学一个带一串”，不仅增加了学生的识字量，还迁移了形声字的学习方法，使识字更加自主科学。】

2. 学习“棱”字。

师：（出示“扑棱棱”一词）这个词也是表示声音的，谁来读一读？

（学生读，教师相机纠正读音。）

师：“扑棱棱”表示的是什么声音呢？

生：鸟扑扇翅膀的声音。

师：我们来学学小鸟扑扇翅膀。

（学生模仿小鸟扑扇翅膀。）

师：边扑扇翅膀边读这个词。

（学生读。）

师：是呀，读得急促些才像鸟扑扇翅膀的声音。

（教师点名读。）

师：“棱”也是个形声字，声旁是右边的“夌”。对这个字你有什么好奇的地方？

生：形旁怎么是“木”呢？这个字跟木有什么关系？

师：和木的确有关系。“棱”还有个读音是 léng，指的是木板的夹角处（指讲台的棱角），所以带木字旁。但是在这个词中表示声音，跟木板没有关系，读作 lēng。（全班齐读）

3. 练读诗歌第一、第二节。

4. 学习“崭”字。

师：看这个“崭”字，它也是形声字。下面的“斩”是声旁，也读zhǎn，“斩”上加了“山”成为“崭”。猜一猜，这个字和山有什么关系？

（学生猜测。）

师：“崭”原先指山很高、很陡，现在有“很”的意思。“崭新”就是很新。

师：你见过崭新的什么东西？

生：崭新的书包、崭新的鞋、崭新的衣服……

5. 学习“牌”字。

师：“牌”字也是形声字，我们看左边的“片”。（出示“片”字的演变：（）→（）→片）“片”字就像劈开的木片。你们猜猜，带有片字旁的“牌”指的是什么？

生：又扁又薄的木牌。

师：是的。人们在上面写上字，做成各种牌。你知道的有哪些？

生：门牌、车牌、扑克牌……

6. 阶段回顾生字，巩固识字效果。

师：刚才我们一口气认识了5个形声字，我们再来和它们打打招呼吧！

（学生齐读词语：叽叽喳喳、扑棱棱、崭新、木牌，“开火车”认读单字并组词：叽、喳、喵、吱、呱、棱、崭、牌。）

【评析：教师在教学中通过实例继续有意识地给学生讲清常见偏旁（即形声字的形旁）的来源、类属意义，进一步渗透形旁在形声字表意上起主体作用的常识，尤其是“牌”字的教学，形象、直观，让学生印象深刻。】

**三、字文结合，随文识字，识中明文**

1. 学习“蓬”字。

（1）引导发现形义联系。

师：“蓬”字也是形声字，根据蓬的形旁“艹”猜一猜，“蓬”大概和什么有关？

生：“蓬”可能跟草或其他植物有关。

（2）小结，多角度理解字义。

师：（出示蓬草的图片）没错，这就是蓬草，看起来松松散散的。（出

示小鸟羽毛蓬松的图片）看，小鸟睡了一夜后，羽毛看起来很松散，就称为——蓬松。（学生齐读）

（3）词语搭配训练。

师：你还知道什么是蓬松的？

生：蓬松的头发。

师：（出示棉花、兔毛、草堆的图片）看看这些图片，用“蓬松的（　　）”说话。

（学生进行词语搭配练习。）

（4）联系实际，联系课文理解“梳理”。

师：（出示图片）你们再看看这个人，睡了一觉，没梳头，没整理，头发又蓬又乱，称为——蓬乱（学生齐读该词），看起来没精神、不美观，这时就需要用梳子好好来整理整理，叫作——梳理。鸟儿用什么来整理羽毛呢？

生：用嘴来整理。

师：人用梳子来整理头发，鸟用嘴顺着羽毛的纹理把羽毛整理整齐，这都叫作——梳理。（学生齐读该词）

师：（出示小鸟的图片）看，梳理过羽毛的小鸟看起来怎么样？

生：漂亮、精神。

师：小鸟多可爱，小鸟多美丽，小鸟多快乐啊！老师教你们读好第一节。

【评析：教师教学“蓬”字时，巧妙地由形旁联系事物，由事物连接意义；又由“蓬松”联系“梳理”，由“梳理”联想“精神”，继而感悟小鸟的可爱、美丽与快乐，把字理、字义、事物及诗意完美融合，可谓独具匠心而又不着痕迹，体现出高超的教学艺术。】

2. 指导朗读、理解第一小节。

（1）抓住韵脚指导朗读。

师：请把这几行末尾的字响亮地读一读。你发现了什么？

（学生自由练读“鸟”“跳”“毛”。）

生：这三个字都有 ao 音。

师：这首诗歌就是押 ao 韵的，朗读诗歌时把押韵字读清楚、响亮，就更能读出感情来。听老师先读一遍。（范读）

（2）指名朗读，全班齐读。

3. 学习第二小节。

（1）指导朗读。

师：清晨，小鸟扑棱棱地飞来飞去，在忙什么呢？谁来给大家读读第二小节。（提醒学生读好押韵字“鸟”“苗”）

生：小鸟在忙着捕捉害虫，保护翠绿的树苗。

（2）认识益鸟并进行词语搭配训练。

师：我们把捕捉害虫的鸟称为益鸟。你认识哪些益鸟呢？

生：啄木鸟、猫头鹰。

师：老师再介绍几种益鸟给你们认识，请大声说出它们的名字。（出示黄鹂、喜鹊、麻雀的图片，学生说出鸟的名字）

师：它们是人类的好朋友，你要用什么词来夸它们呢？

（学生描述。）

（3）趣味改编读。

师：请你选择其中一种益鸟，加进诗歌里，夸夸它。

生：清晨，林中谁最活跃？是勤劳的黄鹂，扑棱棱，飞来飞去，捕捉害虫，保护翠绿的树苗。

（4）巩固朗读。

师：益鸟还有许多许多，我们再次朗读课文，一起来夸夸它们。

（学生齐读第二小节。）

4. 自读、交流。

师：请自己读一读第三小节，看看“红领巾”是怎样对待小鸟的。

（学生自由读。）

生：“红领巾”送来了鸟巢。“红领巾”在崭新的木牌上写着“请爱护小鸟！”，提醒大家要保护小鸟。

师：“红领巾”做得对。

【评析：教师恰到好处地处理了押韵的朗读，指导学生在快乐朗读中体会小鸟的快乐、勤劳与“红领巾”做得真好。这一设计是儿童诗教学中的一大创新，值得借鉴。】

5. 学习“巢”字。

师：（出示“”）这是一个象形字，谁能猜猜是什么字？

生：巢。

师：真棒！你是怎么猜出来的？

生：下面的“木”表示树，中间像碗一样的部分是巢。

师：那上面的部分是什么？

生：是树枝。

生：可能是小鸟的头。

师：同学们真会想象。“巢”字是个象形字，画的就是鸟巢。（出示“巢”字的演变：→巢）

师：和同桌说说你怎么从楷体的“巢”字看出一幅画的。

（学生交流。）

师：鸟巢就是鸟儿们的窝，老祖先造的“巢”字使我们仿佛看到了树上有个鸟儿的家——巢，巢的上方露出三只伸长脖子的幼鸟。小鸟可能在做什么？

生：小鸟在等妈妈捉虫给它们吃。

生：它们可能在探头观赏周围的美景。

师：小鸟是那么弱小，我们可不能伤害它们。你想怎么帮助小鸟呢？

生：如果有人要打鸟，我一定阻止他。

师：你做得对，我们帮小鸟夸夸他。

众生：“红领巾”真好！

生：我也要在木牌上写字提醒大家爱护小鸟。

众生：“红领巾”真好！

生：我曾经看见一只喜鹊宝宝从巢里掉下来，我就把它送回巢里。

众生：“红领巾”真好！

【评析：“巢”字是象形字，教学中图文结合，凸显了象形字从图形到文字的有趣演变过程。汉字在学生眼里不是死气沉沉的方块字，而是栩栩如生的图画；不是由干巴巴的笔画组成，而是由流畅的线条绘画而成。“巢”字形象地将雏鸟在巢中盼母归的画面展示在学生面前，学生对幼鸟的怜爱之情、争做爱鸟护鸟小卫士的豪情油然而生，很好地辨明了难记字，又深刻地理解了课文，真正做到了一举两得。】

6. 朗读课文

师：我们来通过朗读帮小鸟夸夸“红领巾”……

（学生齐读第三小节。）

师：鸟儿多快乐，鸟儿多机灵，鸟儿多能干，它们是人类的好朋友，我们一定要好好保护它们！

（学生齐读全文。）

7. 结合课后思考题拓展延伸。

师：除了爱护小鸟，我们还应该爱护哪些小动物呢？

生：小猫、小狗、小鱼……

师：就像“识字 7”说的那样：你拍九，我拍九——

生：人和动物是朋友。你拍十，我拍十，保护动物是大事。

**四、发现写字规律，正确书写同偏旁字**

师：我们来学习正确书写生字。（出示“捉”“蹦”“跳”，学生读）

师：你们发现这三个字有哪个共同的偏旁？

生：足。

师：带有“足”的字意思一般和脚的动作有关，“捉”是手的动作，怎么和“足”有关呢？

生：脚跑得快才能捉得住。

师：是这样。

（教师范写“捉”字并复习“足”字的正确书写：“口”表示的是膝盖，“⻊”表示脚趾，从膝盖到脚趾的部分就是“足”。）

师：你发现“蹦”“跃”二字有什么共同点？

生：它们都是左右结构，都有足字旁。

师：它们都表示脚的动作。“蹦”是向上跳，大家蹦一蹦。（学生蹦跳）

师：“跃”也是跳，怎么跳呢？请看右边的“夭”。

（出示“夭”字的演变：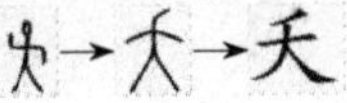）

师：你看懂了吗？

生：“夭”就像一个人歪着脑袋，甩开手臂向前跳一大步。

师：你真会联想。平撇就像——

生：人歪着脑袋。

师：所以可别写成“天”字的第一笔“横”。

师：“足”放在字的左边当足字旁时，哪些笔画发生了变化？为什么要这么改变？

生：“⻊”的“丿”改成“丨”，“㇏”改成“㇀”，以给右边部分腾位置。

（教师范写，学生练写。）

【评析：以往不少学生容易将“⻊”写成“足”，把“足”写成“⻊”。教师选择一同教写“捉”“蹦”“跃”，在直观对比中不仅使学生准确理解了这三个字的相同点和差异处，而且有效地降低了错误率。

总体而言，教师具有扎实的汉字学基础，能够根据学生的认知特点与思维水平，把汉字学与小学低年级的识字教学巧妙融合，同时将科学识字与儿童诗的朗读、理解、感悟巧妙融合，呈现了一节科学识字与诗歌学习有机结合、相得益彰的好课。】

（执教教师：林佩菱）

## 渗透字理，形义融合

——人教版二年级语文上册《识字3》第一课时教学实录

**一、借助想象，学习“涌”“神”**

在学生初步认识生字后——

师：你们是怎么记住“涌”“神”这两个字的呢？

生：我是用换一换的方法记的，把“桶”的“木”换成“氵”就是“涌”。

生：我也是用换一换的方法记的，把“伸”的“亻”换成“礻”，就是“神”。

生：我是用加一加的方法来记的，“氵”加上“甬”就是“涌”，“礻”加上“申”就是“神”。

生：我觉得这两个字都是形声字，“涌”带有“氵”，所表示的意思可能跟水有关。“神”我就不知道了。

师：这位同学说得很对，现在请大家欣赏一段黄河奔涌的影片。（学生边观看影片，边发出一声声惊叹）

师：你们还在什么地方见过水涌动的情景？

生：大海涨潮的时候，海浪一个接一个地涌过来。

生：下暴雨时，街上的水也是这样涌动的。

生：泥石流也是这样涌的。

生：小溪里水也是这样涌的。

生：不对，小溪里的水流不大，只能说是流动，还称不上“涌”。

师：是呀，你观察得真仔细，说明你已经真正了解“涌”的意思了。

师：在《黄山奇石》这一课中，有块奇石叫“猴子观海”，其实“猴子”观赏的不是大海，而是翻滚的云海。在风的推动下云雾像大海一样翻滚，我们就用“风起云涌”来形容这样的美景。

师：我们再来看这个“神”字，大家猜猜“申”字表示什么意思。

生：我知道“申”是“神”的声旁，但不知道它表示什么意思。

师：请大家先看看“申”的古文字，（出示），你们能看出是什么吗？

（生摇头。）

师：这回请你们睁大眼睛看清楚了。（播放电闪雷鸣场景）

生：是闪电。

生：还有雷鸣。

师：是的，“申”原来指的就是闪电，我们的祖先看到闪电变化莫测、威力无穷，以为是“天神”。

生：人们还以为闪电是“天神”发怒的表现呢！

师：你真有学问！那“神”字为什么带示字旁呢？

师：（出示→示→礻）“示”表示人们祭拜神明时摆放供品的桌子，带示字旁的字大都和祭拜祈祷有关。现在谁来说说自己的看法？

生：古时候人们看到闪电以为是神明显灵，赶忙摆供品跪拜，求神明保佑，所以“神”就带上示字旁了。

师：太棒了！你的见解应该与老祖先造“神”字的想法一致。我们给他掌声鼓励。

【评析：教学“涌”字时，当学生知道它是形声字后，教师出示黄河奔涌的视频，形象而直观地加深了学生对字义的理解，继而引导学生联系生活经验说说水涌动的情景，进而理解“风起云涌”，使字义的教学入木三分。教学“神”字时，教师从字源入手，形象地引导学生理解了示字旁和人们对神灵的祭拜相关，向学生普及了汉字文化，为学生的后续学习做好了铺垫。】

**二、借助简笔画，学习“川”“州”**

师：（出示简笔画）老师画的是什么？

生：河流。

师：老祖先把它写成“”，大家再猜一猜，我们现在把它写成什么？

生：川。

师：所以“川”指的就是——

生：河流。

师：请大家把手举起来，跟着老师书空。“丿”指的是这边的河岸，中间的“丨”指的是河水，最后一笔“丨”指的是另一边的河岸。

师：课文中有个词叫“山川”，你们知道它的意思吗？

生：“山川”就是高山和河流的意思。

师：我国有哪些高山和河流？

生：泰山。

生：黄山。

生：庐山。

……

生：珠穆朗玛峰。

师：珠穆朗玛峰是世界第一高峰，高约为8844米，真是高耸入云呀！

生：我还知道我国有长江、黄河。

生：还有钱塘江。

生：黑龙江。

生：错了，黑龙江是一个省的名字，不是一条河。

师：黑龙江既是河流的名字，又是省份的名字。

师：老师在上添几笔变成（出示简笔画），这河流中多了什么？

生：石头。

师：是的，但河流中还有比石头大得多的——

生：小岛。

师：河流中的小岛又被称作什么呢？请看老祖先写的字“”（出示简笔画），也就是现在的——

生：州。

师：仔细观察“州”字，你能找到水中的小岛吗？

生：能，那三个小点表示的就是水中的小岛。

师：按从左往右的笔画顺序，我们一起书空。（学生书空“州”）

师：为什么第一个点与另外两个点的方向不一样呢？

生：因为小岛的形状不同，所以点的方向也不同啊！

师：你真有想象力！点的写法有变化，会使这个字显得更活泼、美观。

师：但现在一般用“洲”来表示水中的小岛或海洋环绕的大陆，如亚洲。你还知道哪些洲？

生：欧洲。

生：南极洲。

生：大洋洲。

……

师：同学们也许会觉得奇怪，那“州”现在用来表示什么呢？表示地名，你们知道哪些城市的名字中带有“州”的？

生：杭州、扬州。

生：广州、苏州。

……

师：“九州”“神州”这两个词分别表示什么地方呢？

生：指我们的祖国。

师：我们的祖国为什么又称为“九州”“神州”呢？传说大禹治水成功后将中国分为九个区域，并将名山大川作为各州疆界，所以后世相沿称中国为“九州”。我们的祖国风光秀丽神奇，物产丰富，人民生活幸福，像人间仙境，是大家向往的地方，所以被称为“神州”。

师：我们的祖国又有哪些别称？在课文中找找吧。

生：华夏、中华。

师：我们神州大地，山川壮美，让我们一起来欣赏吧！

（教师出示黄河、长江、长城、珠穆朗玛峰的相关图片，学生发出一声声惊叹。）

师：此时，你们最想说的是什么？

生：我们的祖国真伟大！

生：我们的祖国真美，我爱她！

……

师：就让我们把这份感受融入句子中，通过朗读表达出来吧！

（学生读。）

师：请大家读读“夏”“画”，这是第一句的韵脚，要把 *a* 韵响亮地读出来。

（学生再读。）

师：再读读“涌”“耸”，这是第二句的韵脚，同样要把 ong 韵响亮地读出来。

（学生再读。）

师：会背诵第一、第二句的同学一起背一背吧。

……

师：大家学得这么好，老师送给大家一份礼物。

（学生在游戏中巩固刚学过的字词。）

【评析：教学“川”字时，教师通过简笔画，将河流之意形象地展现在学生面前，使学生进而理解“山川”，然后引导学生列举众多名山和大川，不仅让他们深刻理解了“山川”的本义，而且深刻地感受到了文中的“山川美，可入画”。“川”中加点为“州”，为水中的小岛，这样的过渡可谓自然无痕。由“州”及“洲”，由地名“州”到“神州”，学生在神奇的汉字文化中徜徉，在久远的古文化中穿梭，时而感悟，时而惊喜，这样的教学不仅高效，而且为学生的可持续发展奠定了基础。】

**三、借助图片，学习“岛”“峡”**

师：“岛”和“峡”都带有“山”，它们与山有关吗？

生：“岛”上有山。

生：“岛”字的“山”在下面，“峡”字的“山”在旁边。

……

（学生皆无法说清楚。）

师：（分别出示三峡和海岛的图片）请大家看看这两幅图，说说“岛”和“峡”到底与山有什么关系。

生：“峡”指的是两山夹着的地方。

师：能用“峡”组词吗？

生：三峡。

生：峡谷。

师：两块大陆之间夹着的海面，称为“海峡”，如台湾海峡。那“岛”呢？

生：“岛”其实是水中的小山。

师：是的。“岛”字的小篆体是“”（出示图片），表示水中的山多是鸟栖息繁殖之地，后引申为江、湖、海洋中被水所包围而面积比大陆小的一片陆地。比如——

生：台湾岛。

生：海南岛。

师：请大家看我们祖国的版图，找找“台湾岛”和“台湾海峡”的位置。

（学生很快就找到了“台湾岛”和“台湾海峡”的位置。）

师：在“台湾岛”的对面有个“厦门岛”（红点标出），叶老师的家就在那儿，欢迎大家来厦门岛游玩呀！

【评析：教师通过出示图片、让学生组词、联系地理与地名使汉字文化与学生的认知水平对接，让学生感受深切、刻骨铭心。】

**四、借助部首，学习“陆”“隔”**

师：“隔”“陆”都带有“阝”，“阝”表示什么意思呢？

生：左边的耳朵。

师：“阝”虽然叫左耳旁，但跟耳朵一点儿关系都没有。大家看它的金文字形（出示），像人在土山高坡边上挖的台阶。再看看它卧倒的样子（出示），像什么呢？

生：山。

师：是的，“阝（阜）”的本义是土山，所从字多与山、阶梯等有关。

师：“陆”和“隔”与山有关吗？

生：陆地上有山。

师：“陆”的本义是指高平地。我们的祖先在洪水遍野的时代，为了躲避洪水，都住在高平的山上，所以“陆”字带“阝”。后来引申为大陆、陆地。

生：山有阻隔作用，所以“隔”字也带“阝”。

师：不只山有阻隔作用，海也会阻隔。请大家再看看祖国的版图。

生：台湾海峡把大陆和台湾岛隔开了。

师：所以课文这样写——

生：台湾岛，隔海峡，与大陆，是一家。

师：虽然台湾岛与大陆之间隔着深深的台湾海峡，但台湾同胞和我们一样是中华儿女，说着同样的话，写着同样的字，我们永远是一家人。

师：我们一起读第三句，注意要读出 ia 韵。

（结合“搭彩虹桥”游戏巩固识字。）

【评析：左耳旁与“耳”丝毫无关，“阝（阜）”的本义是土山，与山、阶梯等有关。教师形象地引导学生理解为“台阶”，为“山”，可谓形象贴切，进而理解“陆”和“隔”，必将对学生后续学习带左耳旁的汉字起到以一驭多、以简驭繁的功效。这样根据汉字学原理进行教学可让学生受益无穷。】

**五、溯源分析，指导写字**

师：请大家看看“夕”字的演变过程（出示简笔画和古文字），你们知道“夕”表示什么意思吗？

生：月亮。

生：不圆的月亮。

师：“夕”的形体像月亮，但这时的月亮并不亮，因为出现在傍晚，天色还没有完全暗下来。所以“夕”表示傍晚来到。你们会用“夕”字组词吗？

生：夕阳。

生：七夕。

生：夕照。

师：大家写“夕”时，要注意什么？

生：最后一笔的点，不能出头，也不能出尾。

师：说得好。因为这一点是由月弦演变而来的，所以上下方均不出头；若出头，这月亮就变形了。（教师范写，学生描红）

师：你们会用“争”组词吗？

生：争吵。

生：争抢。

……

师："争"字为什么这么写呢？（出示简笔画和"争"的字源演变：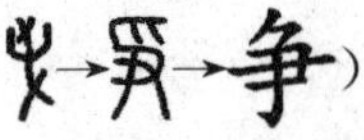）"争"的甲骨文像上下两只手在夺一根棍子，"争"字中的"⺈""⺕"分别表示手，"亅"表示两手争抢的物品。写的时候，要注意什么？

生："⺈"要写得小些，才不会头重脚轻。

生：第四笔的横要长。

师：这个提醒很重要，第四笔横要贯穿"彐"，这一横像走钢丝的演员手中的长竿，起着平衡的作用。你们看，虽然"争"是单脚着地，但因为横贯穿"彐"，整个字看起来四平八稳的。（教师范写，学生描红）

【评析："夕"为月初，天将晚之意，古人造字之智慧令人叫绝。"夕"的书写，第三笔两不出头，如果不了解造字之意很难理解与记忆。教师这样简单的启发，让学生感受深刻、终生难忘。"争"为两手拉扯抢夺之意，"⺕"为手，中横如手腕，当出头，这样教学，学生想写错字都难啊！这就是有文化的教学，这就是基于汉字学基础的教学，这就是有生命力的教学，是活的教学。

总之，本课教学基于汉字学基础，基于学生的年龄特点与知识水平，巧妙地把汉字学知识渗透于识字教学，引导学生在汉字这个古老的文化大花园中穿梭、徜徉、欣赏、感悟，使学生将对生字的感受、理解、记忆、运用巧妙融合。学生既认识了生字，又受到了汉字文化的熏陶。这是一节充满文化品位的识字课。】

（执教教师：叶秀萍）

## 第二节　寓言与童话教学

寓言教学的关键是要想方设法让学生认识角色形象，让形象深深印在学生的脑海之中，然后在此基础上，巧妙点拨，揭示意旨。对形象的树立须酝酿、发酵、生成，是慢的功夫；对意旨的感悟是顿悟，是豁然开朗、水到渠成。童话教学的重点则是要引导学生品味其生动的情节、奇妙的想象、生动的语言等特点。

## 品读入境体验角色，多元解读巧悟寓意

——人教版二年级下册《丑小鸭》教学及评析

### 一、紧扣语言，整体把握

1. 在第1课时学习生字、初读课文的基础上练习表达。

师（生）：同学们，上节课我们一起认识了一只（又大又丑）的鸭子，它的毛（灰灰的），嘴巴（大大的），身子（瘦瘦的），大家都叫它（“丑小鸭”）。

师：同学们，你们能换一种方法介绍丑小鸭吗？

生：丑小鸭有灰灰的毛、大大的嘴巴、瘦瘦的身子。

生：丑小鸭毛灰灰的，嘴巴大大的，身子瘦瘦的。

生：那身子瘦瘦的、嘴巴大大的、毛灰灰的便是丑小鸭。

生：丑小鸭身瘦，嘴大，毛灰。

师：有变化，同样是一只丑小鸭，你们却能用不同的语言来介绍，真棒！

2. 自读第3至第6自然段（按教师的要求，学生先自读、圈画、静思，再合作讨论交流，在此基础上推选代表按表格要求发言）。

**丑小鸭的遭遇**

| 到什么地方（写一写） | 发生什么事情（说一说） |
|---|---|
| | |
| | |
| | |
| | |

师：请小组代表汇报学习成果。其他同学都是小评委，要认真听，说得好就送给他掌声，说得不好请给他提提建议。

生：（投影学习卡）丑小鸭在家里，除了鸭妈妈，谁都欺负他；在树林里，小鸟讥笑他，猎狗追赶他，他白天只好躲起来，到了晚上才敢出来找吃的。丑小鸭来到湖边的芦苇里，悄悄地过日子；丑小鸭来到湖面上，

差点儿冻僵了。(其他学生鼓掌)

师：你很会学习，真了不起！

生：丑小鸭在家里，除了妈妈，谁都欺负他；在树林里，狗追他，鸟讥笑他；在湖边，他差点儿冻僵了。

师：简洁明了，真好！

【评析：这里，针对同样的内容，教师引导学生变换语言，用不同的方式表达，这是一种良好的语言学习方法。教师恰当地运用表格式的学习卡，先引导学生自读、圈画、静思，再引导学生合作讨论交流，很好地处理了自读静思与合作学习的辩证关系，也使学生从整体上把握了课文内容。】

**二、入情入境，体验角色**

1. 品词想象，入情朗读，体验“被欺”。

师：通过刚才的学习，我们知道了丑小鸭来到世界上，受尽了欺负。现在就请同学们自由读第3自然段，边读边用笔画出描写丑小鸭受欺负的词语。(学生自读、画词语后，全班交流)

生：描写丑小鸭受欺负的词：咬、啄、讨厌。

生：我来补充：孤单、钻出、离开。

师：看来，同学们很会抓关键词。现在就请同学们看看课文插图，擦亮你们的双眼，看仔细些，哥哥、姐姐是怎么咬丑小鸭的？公鸡是怎么啄他的？养鸭的小姑娘又是怎么讨厌丑小鸭的？

生：哥哥、姐姐的眼睛瞪得大大的，他们很用力地咬丑小鸭，丑小鸭吓得赶紧往外逃。

生：公鸡用又尖又硬的嘴巴啄丑小鸭，他的头抬得高高的，连尾巴也翘得高高的，好像很得意似的。

生：那只公鸡那么大，那么有力，啄下去一定很痛！

生：公鸡气势汹汹的，丑小鸭的毛一定被他又尖又硬的嘴啄掉了好几根。

生：(气愤地) 丑小鸭不得不逃走，可他们还不放过他，一直追！

师：(点头) 同学们观察得真仔细！请大家再看看旁边那个小姑娘的动作、表情。

生：养鸭的小姑娘双手叉腰，好像正恶狠狠地骂丑小鸭似的。

师：你体会得真好！同学们想想，这养鸭的小姑娘还可能对丑小鸭做出些什么事来？

生：养鸭的小姑娘可能不给他饭吃。

师：（皱眉）那他的肚子一定很饿！

生：养鸭的小姑娘可能用脚踹他。

生：养鸭的小姑娘还可能拿棍子打他。

……

师：（小结）丑小鸭真可怜！看来，真的是“除了鸭妈妈，谁都欺负他”。同学们，假如你就是这只丑小鸭，你会怎样？你心里会想些什么？

生：（不解地）我只不过是长得丑，又没有做错事，他们为何要这样对我？

师：你感到很委屈，是吗？

生：（愁容满面）我会觉得很孤单，没有朋友和我一起玩。

生：我会很伤心，很难过。

生：我会躲起来偷偷地哭。

……

师：同学们，这样一种孤单、委屈、伤心、难过的心情，你们能把它读出来吗？自己先读一读吧！

（学生自由读。）

师：老师要给同学们提个建议：读的时候如果能边读边想象丑小鸭委屈的遭遇，一定能读得更好。再读一读吧！

（学生再次自由读，十分投入。）

师：现在，哪位勇敢的同学先来试试？

（一位学生读得不错。）

师：你在用你的心灵朗读，真好！咱们班还有没有更孤单、更可怜的“丑小鸭”？

（再请一位学生读，该生读得不是很好。）

师：同学们评价一下吧！

生：他读得很通顺，只是把“讨厌”这个词读错了。

生：他读得太慢了！

师：有没有更好的建议让他读得更好些？

生：加上表情和动作就能读得更好。

生：把自己当成丑小鸭就能读得更好。

生：用心地读，就能读得更好。

师：（面带笑容）同学们提的都是“金点子”。我们再给这位同学一次机会，好吗？我们相信他一定能读得更好。（学生鼓掌）

（该生再次读，且大有进步，教室顿时响起了热烈的掌声。）

师：祝贺你！你进步了！

师：老师也想来当当这只孤单、委屈的丑小鸭，行吗？

（教师配乐范读，学生热烈鼓掌。）

师：那就像老师这样读一读吧！

（学生声情并茂地读。）

【评析：这一环节，从“欺负”这一中心词入手，让学生画出描写丑小鸭受欺负的词语，进而让学生观察插图，想象丑小鸭是如何受欺负的，培养了学生观察、想象、解词的能力，同时十分自然地过渡到“除了鸭妈妈，谁都欺负他”这一中心句上，自然无痕地进行了组句成段的训练，可谓一举多得，这是其一。其二，引导学生转换角色，体验假如你是丑小鸭会有怎样的心情，促使学生不仅体会到丑小鸭的孤单、委屈、伤心，而且引导学生通过声情并茂的朗读，激发了内心的情感。此外，在引导学生朗读时，教师先是唤起学生的内心体验和情感，接着让学生自读自练，再进行个性展示，然后教师倾情范读，学生再读提升，颇有实效。】

2. 对话推进，师生互动，体验“被讥”。

师：孤单的丑小鸭离开家，来到树林里，他反而——

生：更孤单。

生：更可怜。

师：从哪些词语可以看出来？请同学们默读课文第 4 自然段，边读边画出体现丑小鸭可怜的词语。

（学生画完后，全班交流。）

生：体现丑小鸭可怜的词语：讥笑、追赶、躲。

师：同学们想想，面对小鸟无情的讥笑和高大的猎狗的追赶，丑小鸭的心里一定非常——

生：害怕、委屈、恐慌。

师：是的。同学们再想想，丑小鸭晚上才敢出来找吃的，可能会发生什么事？

生：丑小鸭晚上看不见，一定很难找到吃的。

师：（点头）它的肚子一定很饿。

生：丑小鸭可能碰到猛兽追赶他。

师：丑小鸭一定吓出了一身冷汗。

生：丑小鸭可能遇到人们的猎捕。

师：那就更危险了！这样的日子是多么可怕呀！同学们，边读课文第4自然段，边想象丑小鸭悲惨的遭遇，你们一定能把第4自然段读得更好。

（学生分小组朗读。）

【评析：这一环节抓住丑小鸭在树林里的遭遇和心情，尤其是可能发生的危险，展开师生互动对话，让学生层层深入地体验了角色的内心感受。】

3. 创设情境，巧相对比，体验“被冻”。

师：（配乐演示课件：秋风萧萧，丑小鸭瑟瑟发抖）丑小鸭就这样挨过了一个又一个苦难的日子。慢慢地，天气转凉了，秋天到了。

（学生齐读第5自然段的第一句话。）

师：（演示课件：伴着优美的音乐，一群天鹅在天空飞翔）同学们，假如你就是这只可怜的丑小鸭，当你看见一群洁白美丽的天鹅在空中自由地飞翔时，你心里会想些什么呢？

生：多美丽的天鹅！如果我也和他们一样美丽，那该有多好啊！

生：真希望我也和他们一样有那么多、那么美的同伴！

生：如果我也和他们一样，能在天空中自由地飞翔，那我一定是天下最幸福的！

生：我从没见过这么美、这么高雅的天鹅！

师：同学们，课文是怎样描写这样一种心情的？

生：（齐）又惊奇又羡慕。

师：赶紧拿出你们的笔来，把它画下来，再读一读，牢牢地记在心里。（学生圈画、自读）

师：这个句子一定难不倒大家！

（学生齐读第5自然段的第三句话。）

师：（面带愁容）日子就这样一天天地过去了，渐渐地，寒冷的冬天到了。（配乐演示课件：茫茫的雪地，北风呼呼地吹）你们听，猛烈的北风呼呼地吹，无家可归的丑小鸭该怎么办啊？

（学生有感情地齐读第6自然段。）

【评析：这一环节中，教师利用音乐和动画创设了“秋风萧萧”“又惊奇又羡慕”“寒风冷冽”三个生动的情境，利用反差，巧相对比，同时将感悟、朗读融为一体，进一步拨动学生内心的琴弦，引导学生进一步走进角色的内心世界。】

4. 感受巨变，想象表达，体验“惊讶”。

（学习第 7 自然段。）

师：（动情描述）可怜的丑小鸭，他真的那么丑吗？（演示课件：在欢快的音乐中，春天到了）你们瞧，春天来了，草绿了，树发芽了，美丽的丁香花也露出了灿烂的笑容，幸福终于降临到了丑小鸭身上，它变成了一只——

生：（齐）天鹅。

师：一只怎样的天鹅？

生：（齐）美丽的天鹅。

师：（板书：美丽）加上这两个字（板书：极了），你们还会读吗？

生：（齐）美丽极了！

师：（出示课文插图）看看图，天鹅到底有多美？

生：天鹅的羽毛非常洁白，脖子长长的，嘴巴红红的，就像仙女下凡！

师：你的回答让人耳目一新，了不起！

生：天鹅的羽毛白得发亮，还有它那细长的脖子，倒映在水中就更美了！

师：你观察得真仔细！

生：天鹅低着头，正在欣赏自己美丽的身影呢！

师：（点头赞许）你们能有感情地朗读描写天鹅美丽的句子吗？边读边想象天鹅那美丽的身姿，你们一定能读得很好！男女同学比赛一下，如何？（男生读）

师：这是一只在天空中矫健地飞翔的天鹅！（女生读）

师：这是一只很可爱的、在水中嬉戏的天鹅！

师：老师这儿还有不同姿态的天鹅，你们想看吗？（出示不同姿态的天鹅的图片）你们还能用什么样的句子夸夸天鹅？

生：天鹅侧着细长的脖子，张开丰满的大翅膀，尽情地在天空翱翔。

生：展翅高飞的天鹅，既高雅又幸福，让人羡慕万分！

生：天鹅伸着长长的脖子，正在引吭高歌。

师："引吭高歌"这个词语用得多好啊！能告诉大家你是从哪儿学来的吗？

生：我是从课外书上学来的。

师：（竖起拇指）是啊，读书是获取知识的好办法，一定要坚持下去。

师（生）：（看板书共同回忆）这样一只美丽的天鹅，它小的时候却长得（又大又丑），它的毛（灰灰的），嘴巴（大大的），身子（瘦瘦的）。

师：而今，它变成了如此美丽的天鹅。你想，它的心情会是怎样的？别急着回答！再读读第7自然段的最后两个句子，你能体会到天鹅什么样的心情？

（学生自读。）

生：我体会到天鹅感到很惊奇。

师：你能把这种惊奇的心情读出来吗？（学生读）

生：我体会到天鹅很高兴。

师：你能把天鹅高兴的心情读出来吗？（学生面带微笑地读）

师：是啊，这一切让人感到多么惊喜和幸福！

【评析：这一环节，用"春回大地，一片烂漫"的乐曲和幸福美好的画面体现课文情节的峰回路转，使气氛陡然变得轻松。教师敏锐地抓住天鹅美丽的样子，让学生运用不同的语言和方式学习表达；适时地抓住"惊讶"之情引导学生动情朗读，学生为丑小鸭的巨变而欣喜若狂，已全然进入角色，与角色融为一体，教学效果甚佳。】

**三、多元解读，巧悟寓意**

师：同学们，假如让你给这只美丽的天鹅设计一张名片，放在天鹅湖公园的入口处，作为招牌，你认为可以选以下哪一幅图贴上呢？为什么？（出示名片和图片）

（第1幅图：丑小鸭出生；第2幅图：丑小鸭在家中；第3幅图：丑小鸭被猎狗追赶；第4幅图：丑小鸭被农夫救助；第5幅图：丑小鸭变成天鹅。）

生：我选第5幅图。因为天鹅很美，我想让大家快过来看。

师：你想把它最美的一面展示给大家，是吗？谁还有不同的看法吗？

生：我选第3幅图。我要告诉人们，别欺负小动物，以强欺弱是不对的。

<table><tr><td>姓名：天鹅<br>曾用名：丑小鸭<br>出生地：草堆<br>主要经历：<br>曾经在家中受尽欺负，<br>曾经被猎狗追赶，<br>曾经差点冻僵……<br>也曾经被农夫救助，<br>最终他变成了天鹅。</td><td>图片</td></tr></table>

生：我也选第 3 幅图。我想告诉大家，当你遇到危险的时候，要学丑小鸭想办法逃脱。

师：（微笑着点点头）是的，遇到危险的时候，我们应该学会坚强，学会保护自己！

生：我选第 1 幅图。我想告诉人们，也许你现在很丑，但不要自卑，只要努力，总有一天你也能和丑小鸭一样变成白天鹅。

生：我选第 2 幅图。我想告诉人们，兄弟姐妹间要和睦相处。

生：我也选第 2 幅图。因为我要让大家都感受到，世上最伟大的是母爱。

师：是的。再丑的孩子也是妈妈心中的宝贝！

生：我选第 4 幅图。我要告诉大家农夫很善良。

师：（赞许）没错。你看，这么丑的鸭子也有农夫来救他，可见，爱一直在我们身边，它是无处不在的呀！

……

师：听了同学们的话，老师感到特别高兴，因为同学们都有一个创新的头脑，还有一颗纯真的爱心。安徒生爷爷如果听到了同学们的回答，一定也会感到非常欣慰的。其实，安徒生爷爷也和丑小鸭有相似的地方。让我们一起来看看安徒生爷爷的背景资料——

安徒生出生于丹麦的一个贫苦的鞋匠家庭，自小就当过学徒工，常被人瞧不起。11 岁时他的父亲病逝，母亲改嫁。14 岁时他独自一人来到首都哥本哈根，一边做杂役，一边学习，真是历尽艰辛，但他始终没有放弃学习。19 世纪 30 年代起他开始创作童话，他的第一部童话集是《讲给孩子们听的故事》。此后数年，他不断发表新作，后来，他成为 19 世纪丹麦最著名的童话作家。

师：从安徒生爷爷和丑小鸭的经历中，你明白了什么？

生：人只要坚持，不放弃，就一定能成功。

生：遇到挫折和困难时，我们要坚强！

生：只要我们努力、刻苦，再大的困难都会被克服的。

师：是啊！正确认识自己、相信自己，奇迹就会产生；坚持到底，幸福就会降临！

【评析：课文是一则童话故事。童话教学，一是要认识角色形象，二是要揭示童话寓意。本课准确把握这一特点，始终围绕着体验丑小鸭的内心世界、感悟童话寓意这一目标推进。教师富有创意地运用“名片”，让学生自由选择不同情境下的丑小鸭图，并说明理由。教师提供了一个开放的平台，使学生的思维发散，解读各异，个性得以张扬，认识水平得以提高。教师巧妙地运用作者安徒生的人生经历与丑小鸭的经历的相似性，适度拓展，极大地激发了学生的兴趣，引导学生逐渐领悟文旨，体会寓意，水到渠成。

此外，就整堂课而言，教学中，教师注意改变教学方式，在教材处理上遵循“整体—局部—整体”的原则，在教学手段上采取“导—扶—放”的策略，做到了“精读段落——浓墨重彩，细腻而感人；略读段落——惜墨如金，简明而深入”。】

（执教教师：洪小蜜）

## 循“情”议“变”，巧悟长短

——人教版三年级上册《陶罐和铁罐》听课反思与课堂实践

童话《陶罐和铁罐》主要讲了国王的御厨里的铁罐自恃坚硬，瞧不起陶罐，埋在土里多年后，陶罐成为文物，铁罐却腐蚀无存的故事。这个故事告诉我们人各有长短，要正视自己，尊重他人。

课文可分为两大部分：第一部分，通过写对话，沿着铁罐对陶罐的奚落步步推进；第二部分，通过写变化，在陶罐和铁罐的不同结局中结束。课文生动地向我们展示了两个鲜明形象的不同品质特点：一是陶罐的谦虚、理性、宽容、真诚；一是铁罐的傲慢、蛮横与咄咄逼人。

## 研讨之一：听课与反思

作为教研员，几年中我先后听了十多位教师执教《陶罐和铁罐》一课，他们的教学尽心竭力，教学艺术异彩纷呈，我从中得到了许多启示。然而，综观这十多节课，始终有以下四个问题未能很好涉及或未能很好突破，致使课堂教学总是存在这样或那样的遗憾。

**一、何为陶罐、铁罐**

课堂教学一般从教师板书课题入手，再带领学生认识生字“陶”，观察难字“罐”，看课文插图，认识哪个是陶罐，哪个是铁罐。然后质疑课题，或提问：陶罐与铁罐之间到底发生了什么事呢？进而开始初读课文。

几次课后我与学生交谈，问：“你见过陶罐吗？见过陶器吗？”学生大多答：“没见过，那是古代的东西，哪里见得着呢？”我进一步问：“陶罐为什么不敢和铁罐相碰呢？”学生大多说陶罐谦虚，不和铁罐计较。有的甚至说，如果相碰，铁罐也会被撞凹陷，陶罐不会和它争高低。

现在的孩子，尤其是城市里的孩子，太缺乏生活常识、实践与体验，竟有相当多的孩子根本就不知“陶”为何物，更不知道“陶”具有易碎的特点。这样，对课文中铁罐奚落陶罐事件发生的可能性、合理性的理解就失去了基础，对铁罐恃强凌弱、咄咄逼人的理解就大打折扣，难怪许多课堂上学生对课文寓意的理解始终显得那么茫然。

**二、情感变化的线索**

大部分教师在教学中能抓住铁罐奚落陶罐过程中描写铁罐和陶罐神情的词语，如铁罐的傲慢、轻蔑、恼怒，陶罐的谦虚、争辩等，引导学生读出角色在不同情态下的语气，理解角色的情感，把角色演绎得活灵活现。

这一教学方式是抓住重点词语来体会内容，通过朗读来表情达意，把握住了语文学习的根本，十分可喜。然而，教学仅止于此是不到位的。它只是抓住了奚落过程中的片段，显得零碎，忽视了情感发展的轨迹，忽视了对情感线索的整体把握。所以教师应引导学生整体感悟铁罐“傲慢—轻蔑—恼怒”这一情感不断升级的过程，整体感悟陶罐“谦虚—争辩—不再理会”这一情感不断发展的线索。

很多教师在学生熟读课文的基础上，引导学生多元理解并填词语：第7自然段中“陶罐（　　）说，‘我们还是和睦相处吧，有什么可吵的呢’”；第8自然段中“铁罐（　　）说，‘走着瞧吧，总有一天，我要把你碰成碎片’”。这一设计可谓独具匠心，颇有特色，颇具深度，十分令人欣喜。学生一般也都思维很活跃，填写的词语也相当丰富。然而，对于陶罐，当学生说出“亲切”“温和”，对于铁罐，当学生说出“有些生气”“义愤填膺”时，教师一概大加赞赏，给予热情鼓励。

陶罐前面与铁罐“争辩”，后面对其“不再理会”，怎么中间突然会“亲切”“温和”呢？铁罐刚才还是那么“恼怒”，怎么忽然变成“有些生气”了呢？“义愤填膺”这一褒义词能否用在铁罐身上？显然，学生没有从整体上把握角色形象情感发展的脉络，教师对此也没有觉察到或忽视了。如此好的教学设计最终没有达到应有效果，实在可惜。

**三、陶、铁的质地与其长短**

如何揭示课文寓意？教师们几乎都是到了篇末课终时一次性处理，学生也总是难以领会。实际上，在铁罐奚落陶罐这一过程中，铁罐之所以如此狂妄，如此蛮横，如此不可一世，依仗的就是它的长处——坚固的质地。铁罐之所以奚落陶罐，是因为陶罐有易碎、经不起碰撞的“硬伤”，即短处。所以，教学时应当抓住这一点相机引导，使学生不仅认识铁罐的傲慢、霸道无礼，陶罐的谦虚、友善又不失理性原则，而且要联系铁、陶的质地，认识它们本身所具有的特点，为后面理解它们的变化做铺垫。

**四、陶、铁的变化与其长短**

经历时间流逝、时代变迁、沧海桑田之后，又发生了什么故事呢？教师顺着故事的发展提问，如世界上发生了什么事情，你想象还可能发生什么事情，陶罐会有多大价值，等等。这些问题显得零碎，有的还偏离了教学的目标与重点（如对陶罐的价值的猜测）。实际上，这部分内容重点是要认识陶罐对铁罐既往不咎、宽容的形象和对朋友关切的情谊，认识陶罐虽然易碎但永不腐朽，铁罐虽然坚硬但容易腐烂的特点，进而揭示出人各有长短，应正确对待长短的寓意。要认识这些，只要抓住陶罐和铁罐的“变与不变”这一线索，便能做到集中精力、深刻理解、自然自如、简洁高效。

## 研讨之二：我来上课

基于上面的听课与反思，我便有了跃跃欲试，要走进课堂上课的冲动。我努力向教师们学习，充分汲取他们教学的长处，力避其短处。教学本课时，第一部分，我紧紧抓住铁罐奚落陶罐这一线索，引导学生品味角色的语言、神情，领悟角色的情感；第二部分，紧紧抓住“变与不变”这一点，带领学生逐层领悟文旨，得到了教师们真诚的肯定。具体教学过程如下。

**一、解题，了解陶和铁**

陶和铁因不同的质地而具有不同的特点。铁坚硬，不怕摔打；陶易碎，经不起碰撞。这是故事发展的基础。让学生了解陶、铁的特点是教学的第一步，也是教学成功的关键一步，对理解后续铁罐骄横的特点，对理解角色的长短及其变化具有奠基性的作用。教学这样进行——

教师板书“陶罐”，问学生发现了什么，引导学生发现两字共有的“缶”，了解“缶”为口小肚大的瓦制品、陶制品。进一步启发：你见过陶制品吗？如饭碗，被扔到地上，则破碎；若是铁的呢？学生由此认识到铁比陶坚硬耐碰多了……

**二、诵读，体会情之线**

课文第一部分，铁罐奚落陶罐的语言尖酸刻薄，奚落陶罐的神情不可一世。铁罐的变本加厉，使文章情感步步陡升，而陶罐一再谦让又不失原则。针对这一特点，引导学生学习的最好方式就是诵读，在诵读中感受语言，进入意境，体会情感，体味角色形象。教学这样进行——

1. 一读：读全文，要求自读，读正确，读流利。

2. 铁罐是怎样奚落陶罐的呢？

二读：自读有关“奚落”的内容。

引导学生将课文分为两部分。第一部分：第 1 至第 9 自然段，主要写“奚落”；第二变部分：第 10 至第 17 自然段，主要写“变化”。

3. 铁罐几次奚落陶罐？陶罐又是怎样应对的？

三读：边读边想，把四次奚落用大括号标示，并写上序号。教师根据四次奚落进行引读。

4. 请你根据自己的理解，读出自己的感受。

四读：自读，读出韵味来。教师巡听。

5. 五读：学生个别展示读。为何这样读？这是引导学生抓住第一次奚落中“傲慢”和“谦虚”来体会。然后让学生自己品读、圈画，抓住四次奚落中描写神情、动作的词语。

这一教学，通过充分的朗读体会，通过对表现神情与动作的词语进行品味，让学生切实地感受了语言文字，感受了角色情感，理解了课文内容；通过对四次奚落的品读、圈画、体会，不仅培养了学生的自学能力，而且让学生从整体上初步找到了角色情感发展的线索，体会了层层推进的情感发展过程。

**三、辨境，感悟理和气**

一篇有血有肉的好文章犹如一个有鲜活生命的健康人。人有人脉和人气，文章同样有文理与文气，而且文理要通达，文气要通畅。

第三次被奚落时，"陶罐（　　）说，'我们还是和睦相处吧，有什么可吵的呢'"；第四次奚落，"铁罐（　　）说，'走着瞧吧，总有一天，我要把你碰成碎片'"，请学生个性理解，补上提示语。

关于陶罐，学生纷纷说出"温和""温柔""亲切""针锋相对""有点伤心""心平气和""冷静""平静""苦口婆心"等词语。试想，对于铁罐步步升级、蛮横无理的奚落，无论从陶罐"谦虚—争辩—不再理会"的过程看，还是从陶罐说话的口气看，陶罐一方面并非懦弱可欺和毫无原则，另一方面又是理性和宽容的，"温柔""温和""亲切""针锋相对"等词语显然不符合文理与文气，不符合陶罐的角色基调和情感发展变化。

于是，我引导学生联系语境讨论、辨析，学生最终筛选出了"提高声调""有些不悦""严肃""责怪""正色""据理力争""语重心长""好言相劝"等词语。

关于铁罐，学生相继说出"有些生气""恼羞成怒""满腔怒火""怒气冲天""忍无可忍""怒不可遏""火冒三丈""义愤填膺"等词语。试想，"有些生气"符合铁罐那种咄咄逼人、变本加厉的情感发展态势吗？"恼羞成怒"符合当时的情境吗？因为既无人羞辱铁罐，铁罐本身亦毫无羞愧之意。其他则均属中性或褒义的词语，用在铁罐这一角色身上明显不妥。

于是，通过讨论、辨析，学生筛选出"声嘶力竭""丧心病狂""凶相毕露""更加盛气凌人""更加不可一世""更加咄咄逼人""咬牙切齿""暴跳如雷""气势汹汹""一蹦三尺高"等合适的词语。

这样填补，既使文理、文气更加顺畅，符合角色情感发展的轨迹，又扎扎实实地训练了学生的语言能力。

**四、析词，初识长和短**

教学至此，学生在整个学习过程中感受着"奚落"的语言、神情，并被“熏陶”着，最后对“奚落”的理解已至“心求通而未得，口欲言而未能”的愤悱状态。于是我进一步引导——

1. 提问：你能给“奚落”找近义词吗？学生找出“讽刺”“侮辱”“嘲笑”等。为进一步引导学生精确理解词义，我出示“殴打”“嘲笑”“侮辱”“奚落”等词语，让学生排序，在比较中感悟词义的轻重。

同是近义词，作者为什么用“奚落”而不用“嘲笑”或“侮辱”呢？显然词义的轻重不同，其内在的含义亦有别。这样的排序训练，十分有利于学生感悟这种细微差别，是训练学生辨析词语的极好的方法。

2. 提问：铁罐靠什么资本奚落陶罐？他是抓住陶罐的什么弱点来奚落的？

板书：坚固（长处）

易碎（短处）

这样，联系铁罐、陶罐的质地，学生很快便体会了角色的特点。

3. 提问：至此，你知道“奚落”的意思了吗？能用自己的语言来说说吗？

引导学生联系课文理解“奚落”的意思，即用尖刻的话数说别人的短处，使人难堪。

有了前面的排序训练，又有这里联系语言环境的依托，学生大多能表达出“奚落”较为精确的意思。对词语的理解，我们提倡感悟、意会，这是不错的。然而，学习语文，只要语言环境允许，只要学生力所能及，有时也需要“咬文嚼字”。否则，学生对语言文字的理解总是很模糊，往往难以产生深刻的印象。

4. 再读课文。表演读……

**五、议变，深悟文之旨**

学完“奚落”，教学进入“变化”部分。这一环节主要引导学生体会陶罐对铁罐兄弟的宽容与情谊，进一步体会长处与短处会发生变化，应正确对待自己和他人。教学这样进行——

1. 提问：许多年过去了，世事变化，沧海桑田，陶罐和铁罐都经历了许多许多。议一议，他们变化的是什么，不变的是什么？

引导学生得出：陶罐不变的是它的光洁、朴素、美观；变化的是它成了很有价值的文物；不变的它对铁罐兄弟的关切和情谊。铁罐呢？变得无影无踪了，它的坚硬也荡然无存……

板书：坚固（长处）——易腐（短处）

易碎（短处）——不烂（长处）

2. 提问：这个故事告诉我们什么呢？至此，对文旨的感悟已是水到渠成。

# 第三节　科学说明文教学

语言是根，无根便一切枯竭；知识是树，树无法离开根，同时根要通过树来展现生机与活力。理想的状况是以根为本，在育根的过程中自然长成树，实现语言与知识“双馨”。

## 紧紧拽住语言学习这根弦

——人教版三年级上册《花钟》教学片段及评析

**一、预习初读概述，整体感知花钟**

师：请同学们伸出手来和老师一起写课题《花钟》。昨天同学们预习了课文，谁来说一说什么是花钟？

生：就是花开放的时间不同。

师：这是花钟吗？谁能补充完整？

生：把花圃修建得像钟面一样，组成花的“时钟”。

师：哦，这才是花钟。可见同学们预习得很认真。这节课，我们就跟随作者走进课文，去发现花钟的秘密。

师：请同学们自由轻声读课文，要注意读准字音，读通句子，同时想一想课文向我们介绍了什么。

（学生自由读课文，教师巡视。）

师：课文读通顺了，谁来说一说课文向我们介绍了什么？

生：课文告诉我们很多花是几点开花。

生：课文告诉我们不同的植物开花的时间是不同的。

师：还介绍了别的内容吗？

生：植物开花的时间和温度、湿度、光照有着密切的关系。

师：也就是植物开花时间不同的原因，是不是？还有补充吗？

生：还告诉我们鲜花是怎样组成花的“时钟”的。

师：好，大家读得很认真。其实刚才大家说的这些就是课文要告诉我们的主要内容。

**二、巧组花名时间，进一步认识花钟**

师：用花来做时钟，这位植物学家的想法真妙！那花钟上到底有哪些花？这些花又分别在什么时间报时呢？读一读课文第1自然段，边读边用横线画出花名，并在表示花开放时间的词下面打上“△”。

师：你们找到了哪些花？说一说。

生：有牵牛花、蔷薇、睡莲、午时花、万寿菊、烟草花、月光花、夜来香、昙花。

师：都找到了，这些花可高兴了，它们想和你们认识认识，我们一起打打招呼吧。（出示图片，学生齐读花名）

师：花儿迫不及待想找到自己在时钟上的位置，再认真读一读课文第1自然段，记住花开放的时间，待会儿帮它们找到合适的位置。（学生再读第1自然段）

师：花儿们都排着队等着你们给它们找位置呢，赶快帮忙吧。

（课件出示钟面，学生说花名及其开放的时间，教师点击课件，在钟面上显示花名和图片。）

【评析：这里，教师先让学生在课文中找到花名及其开放的时间，让学生从整体上把握课文内容，再通过出示图片让学生直观地认识了牵牛花等9种花，接着根据花开放的时间，在学生的品读中相机“组成”花钟。

《花钟》是一篇十分有趣的知识性说明文，这种文体的教学必须融知识性与语文性与一体。这一环节中，找花名和开花时间，只是语文性的学习，若只会找，而不认识这些花，或认识了花而不能形成“钟”，就并未完成知识性的学习。教师明确认识这一点，巧妙借助多媒体，利用生动的画面、奇妙的组合，使语文性与知识性得以完美融合。】

**三、换词朗读理解，感悟用词的准确变化与丰富**

师：这些花感谢你们帮它们找到了准确的位置。呵，这些花真厉害，都准点开放，是这样吗？再看看你画出的表示时间的词。

生：凌晨四点、五点左右、七点、十二点左右……

师：你从“左右”一词发现什么？

生：每一种花都有开放的时间。

生：有的花是准点开放，有的没到点就开放，有的是延时开放。

师：可以给“左右”换个说法吗？

生：差不多。

生：大概。

师：原来都是大致在这个时间开放，作者是多么注意用词准确啊！

师：再把描写花开时间的词读一读，体会作者的用词吧。你们读表示时间的词，老师说什么花开了。

（学生读表示时间的词，教师说什么花开了。）

师：你们听出来了吗？我说得最多的几个字是——

生：花开了。

师：我说了几个“花开了”？

生：9个。

师：好，我们把文中写花开的词语全部换成“花开了”，齐读一遍，感受感受。（学生读）

师：你们有什么感觉？

生：一直用这个词，让人感觉很腻。

生：重复太多。

生：一直这样说， 点儿文采都没有。

师：总是说“花开了”，重复、很腻、没趣，是吧？是的，这样很单调，很枯燥，没有一点儿感情色彩。那课文是怎样写这些花开放的？再细细地读一读，用横线画出写花开的语句。

（学生默读课文、画词语，教师巡视。）

师：我们来交流一下好吗？

生：牵牛花吹起了粉色的小喇叭。（其他学生笑）

师：呵呵，可能你喜欢粉色的牵牛花。

生：牵牛花吹起了紫色的小喇叭。

师：说对了！接下去。

（学生继续交流描写花开的语句：绽开了笑脸、从梦中醒来、开花了、欣然怒放、苏醒、舒展开自己的花瓣、开花、含笑一现。）

师：都找到了。这些描写花开放的语句，你觉得哪一句写得最美？你最喜欢哪一句？请你读一读，一会儿向大家展示。（学生自由读）

生：我喜欢万寿菊，因为万寿菊的花瓣比较多一点，花瓣比较翘，开得热烈。

师：说得好，开得热烈，从哪个词可以看出？

生：怒放。

师：除了热烈，还有什么特点？

生：欣喜、高兴。

师：真聪明，从哪个词知道的？

生：欣然。

师：理解得真透彻！

师：你能把这种欣喜的感觉读出来吗？（学生读）

师：谁来挑战一下？（学生读）

师：从凌晨四点就有花开了，万寿菊等啊、盼啊、努力啊，一直到下午三点才开放，它此时的心情怎样？

生：很高兴。

生：很开心。

生：很激动。

生：迫不及待。

师：啊，你是说它心里痒痒的，迫不及待要开放。我们带着这种心情来读一遍好吗？（学生齐读）

师：你还喜欢哪一句？

生："月光花在七点左右舒展开自己的花瓣。"因为月光花像月亮一样，所以我喜欢。

生：月光花的花瓣很明亮，所以我喜欢。

师：哦，是花的色彩吸引了你。

生：我觉得月光花在晚上能发亮。

师：真好，我也想像月光花一样舒展一下自己的身体（做舒展状），我觉得这样很舒服，你们想不想也舒展一下？（学生很放松地舒展自己）

师：哇，这么多月光花都开了，我们把这种感觉也读出来好吗？（学生齐读）

师：加上自己的动作再读一遍，会更美的。（学生表演读）

生：我喜欢"牵牛花吹起了紫色的小喇叭"，我觉得它的声音很好听。

师：你从哪个词知道的？

生：从“吹”字知道的。

师：那你来读一读。（学生读）

师：声音不够响亮啊！谁再来读一读？（学生读）

师：我们一起来读一读。（学生齐读）

师：牵牛花吹得这么响亮，我可得早点儿起了。

生：我喜欢“昙花却在九点左右含笑一现”。

师：谁知道为什么是含笑一现？谁了解昙花？

生：昙花开一会儿就枯萎了。

师：是啊，昙花开的时候很漂亮，可是很快就凋谢了。其实在课文的第2自然段就告诉了我们原因，你们可以快速地浏览一下。（学生浏览课文）

师：昙花开了一会儿就谢了，所以有一个成语和昙花有关系，谁知道这个成语？

生：昙花一现。表示事物很快就消失了。

师：喜欢昙花的人希望它多留一会儿，可是它含笑一现，我们赶紧读一读这句话。（学生齐读）

生：我喜欢“艳丽的蔷薇绽开了笑脸”。因为蔷薇的花瓣很鲜艳。

师：嗯，你喜欢鲜艳的花。

生：蔷薇绽开笑脸的时候很漂亮。

师：而且从它绽开的笑脸可以体会到它的心情也是很——

生：快乐的。

师：啊，你们真棒，读得这么好！这些花太美了，难怪课文开头要说——（学生齐读“鲜花朵朵，争奇斗艳，芬芳迷人”），现在再对比我说的“花开了”，课文用这样的方式来表达花开了，你们更喜欢哪一种表达方式？为什么？

生：课文上表达的方式不一样。

生：课文里表达的方式是各种各样的。老师您都是说“花开了”，课文里用上了一些词语来说花是怎样开的，写出了花开的时候是什么样子。

生：您都是说“花开了”，可是课文里用上不同的词语写出了花开时很美。

【评析：这里，教师先引导学生理解花开时间的大致性和表示时间的词的贴切性。接着教师连说9个“花开了”，直观形象地让学生感受用词呆板、重复会让读者烦腻，再引导学生感受、理解课文同义词活用的变化性、丰富性、灵活性、确切性，并艺术地引导学生通过朗读来表达情感。这一教学过程，环环相扣，自然连接，不着痕迹，凸显了语文教学的品词析句、理解语言，感知体会、运用语言的特点。】

**四、对比运用背诵，提升语言的理解表达与积累**

师：运用不同的表达方式，可以把花写得很美，那老师也用上作者这样的表达方式写，你们看行不行呢？（出示句子——）

（1）凌晨四点，牵牛花含笑一现。

（2）昙花在九点左右吹起了紫色的小喇叭。

（3）七点，睡莲从梦中苏醒。

（4）傍晚六点，烟草花在暮色中醒来。

生：不行。

师：为什么不行呢？

生：昙花不是紫色的。

生：昙花也不是小喇叭的样子。

生：昙花的表情也不是这样的。

师：你从哪个词看到了昙花的表情？

生：含笑。

师：牵牛花真的会吹喇叭吗？

生：不会。

师：谁会吹喇叭呢？

生：人。

师：那这里说它吹喇叭，是把它当作——

生：人来写。

师：原来这是一个——

生：拟人句。

师：那牵牛花是不是含笑一现呢？为什么？

生：不是，因为牵牛花不是开一会儿就谢了。

师：那下面两句中的“苏醒”“醒来”能不能调换呢？

生：（大多不假思索）不行！

生：可以，因为这两个词的意思一样。

生：意思一样，可是用不同的词来写就不重复了。

师：看来同样的意思可以用不同的词来表达，关键是要确切。是的，这就是近义词的活用：一要确切，二要变化，三要灵活。这都值得我们学习啊！

师：发现没有，有两种花——午时花、夜来香，课文只是用“开花”来写它们，能不能试着用别的词语来表达？

生：午时花芬芳迷人。

师：能把时间词加上，说完整吗？

生：中午十二点左右，午时花开花了，芬芳迷人。

师：哟，我都闻到午时花的香味了。

生：中午十二点左右，午时花开花了，香味芬芳迷人。

师：芬芳就是指花的香味，加上“香味”一词就重复了。

生：中午十二点左右，午时花争奇斗艳地开花了。

师：争奇斗艳是不是包含着开花的意思呢？那还要加上“开花了”么？

生：中午十二点左右，午时花赶来和别的花争奇斗艳。

生：中午十二点左右，午时花开了，那香味让人陶醉。

师：能写一写它的颜色或形状吗？

生：中午十二点左右，午时花穿上了黄色的裙子。

生：中午十二点左右，午时花穿上黄色的裙子在微风中跳舞呢。

生：中午十二点左右，午时花绽开黄色的笑脸在风中向我们点头问好呢。

生：中午十二点左右，午时花开花了，它咧开嘴笑了，在跟我们打招呼呢。

师：你们越说越美了，现在我都说不出有多么喜欢午时花了。

师：鲜花用自己开放这种特殊的、美好的方式告诉我们时间。现在咱们也来做做花钟，我们用美妙的朗读，读出花的陆续开放。你喜欢哪一种花，就站起来大声地读，让大家一起欣赏欣赏美丽的花钟。（学生配乐朗读）

师：同学们读得真好！这么美的语言我们为什么不把它背诵下来呢？请同学们抓紧时间背诵。（学生背诵）

【评析：这一环节的教学有这样几个妙处：一是巧用错例。教师巧妙地将牵牛花与昙花的花时、花色、花形、花性误用，让学生感受不同的花各具特点，须精确表达。二是巧用正例。睡莲、烟草花同在傍晚开放，一用“醒来”，一用“苏醒”，能否调换，学生由于受思维定式的影响，大多不假思索地回答“不行”，教师选用这一例子，出乎意料地使学生加深了对近义词活用的理解，可谓独具匠心。三是巧用课例。文中写午时花、夜来香均只用“花开”一词，如何用别的方式来表达？在前面感受、体会的基础上，及时地引导学生抓住花的香味、颜色、形状等方面进行语言的运用，不仅巩固了所学知识，而且相机地训练了语言表达能力。最后，教师不失时机地引导学生背诵课文，使语文学习的感受、理解、运用、积累水乳交融，相得益彰。】

（执教教师：黄少卿）

## 老课新教，实践语用

——以人教版四年级上册《爬山虎的脚》教学为例谈实践语用

教材是教学的重要资源及重要依据。教材中的课文经过时代的洗礼和编者的“千锤百炼”，大多文质精美。教学时，我们必须尊重教材，甚至要“忠于”教材，同时又不必把教材视为“圣经”，丝毫不可“冒犯”。

教学时我们可充分利用教材，但又不可囿于教材、拘泥于教材。现以《爬山虎的脚》为例，谈谈如何利用教材又不迷信教材，如何开启学生的个性思维，拓展学生的思维空间，在实践中落实学习语言文字的运用。

**一、直击文章过渡，变换段内层次，实践语言文字运用**

语文新课标强调，对语音、文字、词汇、语法、修辞、文体等知识内容，在教学中应根据语文运用的实际需要，从具体的语言实例出发进行指导和点拨，要避免脱离实际运用，围绕相关知识的概念、定义进行系统的讲授与操练。

《爬山虎的脚》第2自然段有两层意思，先用一个句子写了爬山虎刚长出来的叶子的特点，再用三个句子写了爬山虎长大了的叶子的特点。两个层次之间用了“爬山虎的嫩叶，不大引人注意，引人注意的是长大了的叶子”一句来过渡。

该自然段的教学一般这样进行：教师与学生一起探讨，这一自然段主要写了什么？（主要写了爬山虎的叶子）写了哪些时期的叶子？（写了嫩叶和长大的叶子）它们有什么特点？（前者嫩，后者新鲜、均匀、漾动）除了这些，还有一个句子呢？（那是过渡句）有什么作用？（承上启下）教学至此，关注的只是课文内容，关注的只是“过渡”“承上启下”这样的语文知识、概念。

关于过渡句，落实语言文字运用的教学可在简单理解课文内容的基础上这样进行——

1. 如果不用文中的过渡句，你能写上一句吗？学生便开动脑筋，想出“爬山虎的嫩叶，不大引人注目，那长大了的叶子呢”或“那长大了的叶子呢”或“爬山虎的嫩叶那么不起眼，长大了的叶子却大不一样”等。这样学生便在语言实践中进一步感受、理解、运用过渡句，对过渡句有了深切的认识。

2. 课文先写嫩叶，再写长大了的叶子，是按照爬山虎的生长顺序写的。那能否先写长大了的叶子，再写嫩叶呢？可引导学生进行小组讨论，发散思维：文章层次并非唯一，可以多元。如果作者对长大了的叶子印象特别深刻，先写长大了的叶子为什么不行呢？

3. 如果先写长大了的叶子，后写嫩叶，过渡句应该怎么写？引导学生写出“长大了的叶子如此引人注目，那爬山虎刚长出来的叶子呢”“爬山虎长人了的叶子这样惹眼，刚长出来的叫子却不大起眼”等。这里，学生实践训练的不仅是过渡句，感受的不仅是文章的层次，更重要的是打开了思路，发散了思维，懂得了独立思考，具有了自主意识，从迷信教材、迷信权威中解放了出来，形成了白主、富有个性的独立意识。

**二、直击长短句式，变换语言表达，实践语言文字运用**

语文的学习，其核心是语言运用能力的学习。教学中，重要的是要根据课文的语言表达特点，有意识地、相机地、妥帖地、扎实地训练学生的语言运用能力。

《爬山虎的脚》第 3 自然段有这么一段话：“爬山虎的脚长在茎上。茎上长叶柄的地方，反面伸出枝状的六七根细丝，每根细丝像蜗牛的触角。细丝跟新叶子一样，也是嫩红的。这就是爬山虎的脚。”

这段话围绕“脚”用了四句话来表达，虽然表达得清楚明白，但由于那“脚”实在抽象、特别，导致对每句话的意思学生都明白，但四句话连起来主要写了什么样的“脚”，就连有的教师也认识模糊。教学时应用多媒体也好，运用实物观察也罢，学生只是看懂，并非读懂，即使读懂了，也仅仅停留在“读”的层面，而未达到学习语言运用的高度。

教学时，可根据这段话运用短句的特点来引导——

1. 最简单地说，爬山虎的脚就是指什么？学生反复阅读、琢磨得出：就是指那“反面伸出枝状的六七根细丝”，更简单地说就是指那几根“细丝”。

2. 围绕那几根“细丝”，作者用了四句话来描述，谁能用一句话就把它写清楚？学生惊异感顿生，认真阅读，左思右想，大多不得其解。在这“愤悱”之时，教师出示“爬山虎茎上________”让学生填补。不少学生很快写出了“爬山虎茎上长叶柄地方的反面伸出的枝状的像蜗牛的触角跟新叶子一样嫩红的六七根细丝，那就是爬山虎的脚”等句子。

此时，教师问学生：这个句子的意思清楚不清楚，完整不完整？得到肯定后，教师让学生读这个句子，问其读后有何感受，学生纷纷表示：很拗口，喘不过气！教师又让学生读课文原句，问其读后有什么感受，学生很有感触：很轻松，明快，舒服！于是，教师相机引导：这就是长句与短句的差别。平时说话、写作中要尽量使用短句，学习使用短句。这样做的话，句子读起来轻快明了，有节奏感。当然，根据表达需要，有时又必须用长句。

**三、直击文意要点，变换叙述顺序，实践语言文字运用**

阅读时要把握文章要点，写作时也常常要根据要点展开叙述。文章的要点与要点之间有一定的顺序，有的顺序是不可变换的，有的顺序却是可灵活变化的。如果过分强调课文要点的顺序，会给学生留下一成不变的僵死印象，束缚学生的思维。

《爬山虎的脚》第3自然段中写“脚”的一段话，要点为爬山虎的脚的“位置—形状—颜色”。作者按此顺序写得有声有色，条理清楚。教学时可引导学生讨论——

1. 若不按作者的叙述顺序写行吗？如果你来写，会用什么顺序？

有的学生改变顺序后这样写：“爬山虎的脚由六七根细丝组成，像蜗牛的触角。颜色与新叶一样，也是嫩红的。它长在茎上长叶柄的地方的反面。”

教师及时鼓励：这样写不一样清楚明白吗？围绕要点，完全可以多顺序、多角度、多形式地表达。

2. 教师问：这位同学按“形状—颜色—位置”的顺序来表达，小组讨论，看还有哪些顺序。通过交流，学生们梳理出了六种顺序——

位置—形状—颜色

形状—颜色—位置

颜色—形状—位置

形状—位置—颜色

颜色—位置—形状

位置—颜色—形状

3. 分组再写，任选其中一种顺序来表达。

这样的教学，学生受到的不仅是语言文字的训练、多元顺序的训练，同时锻炼了思维的独立性与批判性。

**四、直击分类叙述，变换归类组合，实践语言文字运用**

记叙文有记叙文的表达方式，议论文有议论文的表达特点，说明文有说明文的表达个性。不同的文体决定了不同的教学要求与特性。

《爬山虎的脚》是写景的说明性文章，这类文章在表达上的一个特点是分类叙述。课文第 4、第 5 自然段主要写爬山虎的“爬”，第 4 自然段写“触着墙的”，第 5 自然段先写“没触着墙的”，再写“触着墙的”。整体来看，作者是按“触着墙的—没触着墙的—触着墙的”的类别来表达的。在理清这一思路的基础上，教学时可进一步探究——

1. 如果按两类来叙述，该怎么分类？学生思维活跃，原来叙述分类还可以变动。

2. 如果按两类来叙述，先讲什么，再讲什么，请你试着重新叙述。学生经过细心品读，反复斟酌，有的写出了这样的文字：“爬山虎的脚触着墙的时候，六七根细丝的头上就变成小圆片，巴住墙。细丝原先是直的，现在弯曲了，细丝和小圆片还会逐渐变成灰色。它把爬山虎的嫩茎拉一把，使它紧贴在墙上。爬山虎就是这样一脚一脚地往上爬。如果你仔细看那些细小的脚，你会想起图画上蛟龙的爪子。不要瞧不起那些灰色的脚，那些脚巴在墙上相当牢固，要是你的手指不费一点儿劲，休想拉下爬山虎的一根茎。爬山虎的脚要是没触着墙，不几天就萎了，后来连痕迹也没有了。”

教师相机引导：这样叙述可以吗？先写“触着墙的”，再写“没触着墙的”，写“没触着墙的”时戛然而止，不是亦富有生趣吗？这样归类叙述不是更清楚明白吗？

**五、直击文章题目，观照文题关系，实践语言文字运用**

一个题目，可以写成千百篇文章。同样地，一篇文章根据不同的角度、不同的取向、不同的拟题方式，也可以有数个题目，而且最佳题目并非只有一个。

《爬山虎的脚》从内容看，它细致地描写了爬山虎生长的地方（第1自然段）、爬山虎的叶子（第2自然段）、爬山虎的脚（第3自然段）、爬山虎的“爬”（第4、第5自然段）四部分内容（当然也可以把“爬”归入“脚”）。作者从突出文章重点出发，拟题为《爬山虎的脚》，不无道理。然而这个题目是否非常完美呢？这是可以利用的教学资源，教学时可引导学生讨论。有的学生提出用《爬山虎》为题更合适，因为这个题目能准确而完整地包含文章的所有内容；有的提出用《那片绿绿的爬山虎》为题，因为它比《爬山虎》更能体现出其“绿”的特点，“绿”与叶子、脚的关系密切；有的提出用《奇特的发现》为题，因为爬山虎的叶子、脚、“爬”的特点是作者长期观察后的发现……每一个题目，都是学生思维的体现，是学生对文与题关系的感悟与体验，更是一种不满已有已知、探索新知未知的状态，是一种不盲从、不迷信的星星之火。

## 第四节　记叙文教学

开展记叙文教学时，要注意这样几点：一是要理清一条线索，把握几个契点，有了这一抓手，教学便有了路径；二是要充分朗读，在读中感悟语言，积累、内化语言；三是要揣摩表达，体会作者是如何围绕主题表达的，有什么特点。

### 设身处地，入境体验，走进内心

——人教版三年级上册《掌声》第二课时教学及评析

**一、复习导入，走近英子**

师：同学们，这节课我们继续学习《掌声》，上节课学过的词语还记得吗？（课件出示：小儿麻痹症、落下、残疾、愿意、姿势、文静、默默、忧郁）

（全班齐读，开火车读词语。）

师：谁能用其中一个或几个词语来介绍我们上节课所认识的英子？

生：英子小时候得过小儿麻痹症。

生：英子的腿脚落下了残疾。

生：因为英子腿脚残疾，所以她不愿意让别人看见她走路的姿势。

生：她很文静，总是默默地坐在教室的一角。

师：刚才，同学们你一言我一语地诉说着发生在英子身上的不幸，现在请你用一个词来概括一下此时的英子，你会用什么词？

生：忧郁、自卑、不幸……（教师板书：忧郁）

【评析：这一环节从复习词语入手，既帮助学生巩固了容易读错的字，读准了字音，又把词语复习和课文内容（英子的“忧郁”）联系起来，一箭双雕，非常巧妙。】

**二、转换角色，体会“犹豫”**

师：这节课，让我们再次走近英子，去聆听她的故事——开故事会了，同学们都争着抢着讲故事，只有一个人，她好像不大愿意上台，你们知道她是谁吗？

生：英子。

师：请同学们打开课本，自己轻声读课文第 2、第 3 自然段，找出描写英子不大愿意上台的句子，用横线把它画下来。

（学生读课文、画线，教师指名汇报，相机出示相关语句。）

轮到英子的时候，全班同学的目光一齐投向了那个角落，英子立刻把头低了下去。

英子犹豫了一会儿，慢吞吞地站了起来，眼圈红红的。

在全班同学的注视下，她终于一摇一晃地走上了讲台。

师：同学们，请再次拿起笔圈出这几句话中描写英子动作的词语。

（学生圈画、汇报。）

师：“低”“站”“走”都是非常普通的动作。可是英子的这些动作与我们大多数人的动作一样吗？

生：不一样。

师：大家看，英子这三个动作的前面还加了哪些词？

生：“立刻”“慢吞吞”“一摇一晃”。

师：同学们，请再读一读，感受一下英子的这些动作。

（学生自读。）

师：英子每个与众不同的动作背后都有自己的想法。现在我请大家来当一次英子，老师则是英子最知心的朋友，你愿意把心里话告诉我吗？

生：愿意。

师：英子，轮到你讲故事了，怎么立刻把头低了下去？

生：我不想上去。

生：我不敢上去，别人会笑我走路不好看。

师：英子，你为什么慢吞吞地站起来，心里在想什么？

生：我在想到底要不要上去。

师：英子，你的眼圈怎么红红的？

生：我实在不想上去。

生：因为我得过小儿麻痹症，我害怕别人看见我走路的姿势。

生：不上又不行，老师是刚调来的，不知道我的情况，所以我很痛苦。

师：是上去还是不上去呢？英子的心里很矛盾，拿不定主意，课文中的哪个词语告诉了我们这个意思？

生：犹豫。

师：谢谢你们让老师看到了一个痛苦、无奈的英子，谁来读读这一句话？

（学生读句子。）

师：面对这样一位与我们一般大小的小姑娘，你的心情怎么样呢？把你的心情通过你的朗读表达出来。

（学生读句子。）

【评析：找到英子不大愿意上讲台的句子，找出表示英子动作的词语，找到“立刻”“慢吞吞”“一摇一晃”这些词语，一般的教学都能做到。让人欣喜的是，许老师并没有停留在这一层次上，而是让每位学生都转换角色当一回英子，许老师则当英子的知心朋友。在“英子”正为上还是不上讲台踌躇不决、十分矛盾而痛苦时，不失时机地让“英子”向“知心朋友”吐露真言，创设了一种符合儿童心理的感性情境，避免了一般教学的理性分析。在这一情境中，学生设身处地，娓娓道来，情感表达自然而真切，可谓入木三分，又不着痕迹。同时，大家对“犹豫”的理解更是水到渠成。】

**三、再造想象，一悟“一摇一晃”**

师：老师听出来了，同学们在为英子感到担心、难过呢！英子担心别人会嘲笑她走路的样子，课文中哪一个词语告诉我们她走路的样子？

生：“一摇一晃”。

师：英子的内心充满了紧张、矛盾、痛苦，此时她不得不在全班同学的注视下一摇一晃地走上讲台，你们能想象一下英子是怎样“一摇一晃”地走上讲台的吗？用上这样的句式：

我发现，她的头________________，脸______________，眼睛__________，她感到_________________。

生：我发现，她的头低低的，脸上红红的，眼睛也红红的，她感到所有的同学都在嘲笑她。

生：我发现，她的头耷拉着，脸上红一阵白一阵，眼睛里含着泪水，她感到天阴沉沉的。

生：我发现，她的头恨不得埋到地下，脸涨得通红，眼睛里充满了无奈，她感到满天都是黑沉沉的乌云。

生：我发现，她的头低下来，脸上没有一丝笑容，眼睛不时地瞄着同学，她感到眼前一片灰暗。

师：是啊，此时的英子每走一步都像走在刀尖上，你能把英子的这种艰难读出来吗？

（学生读句子。）

师：老师感觉到了英子的脚步非常沉重。尽管不愿意，英子还是在全班同学的注视下一摇一晃地走上讲台，她是多么不易呀！请你通过朗读把英子的不易表现出来。

（学生读句子。）

【评析：如果说上一环节是让学生走进英子的内心，那么这一环节则是让他们走出人物内心，充分想象其外在的具体表现。这一表现，贴近学生的生活和经验，形象可感，学生易于产生共鸣。更难能可贵的是，教师注重引导学生想象英子的神情，感受英子的心情，丝毫没有触及英子残疾的尴尬，而是把着眼点放在了英子的面部神情上。通过对英子外表的想象，学生加深了印象。】

**四、设身处地，感悟“掌声”的含义**

师：此时此刻同学们嘲笑她了吗？

生：没有。

师：同学们看不起她了吗？

生：也没有。

师：你是怎么知道的？

生："就在英子刚刚站定的那一刻，教室里骤然间响起了掌声，那掌声热烈而持久。在掌声里，我们看到，英子的泪水流了下来。"

师："掌声"这个词在这两句话中一共出现了几次？

生：三次。

师：（课件出示"就在英子刚刚站定的那一刻，教室里骤然间响起了掌声，那掌声热烈而持久。在掌声里，我们看到，英子的泪水流了下来"）自己试着读读看，注意画横线的地方，看看课文是怎么写三次掌声的。

（学生读句子。）

师：大家读得不错，现在换个方式来读。

（师生配合读小诗。）

掌声，骤然间响起，<br>
掌声，热烈而持久，<br>
掌声里，英子的泪水流了下来。

师：掌声里，你真想对英子喊什么？

生：英子，加油！

生：英子，要勇敢！

生：英子，你要战胜困难！

生：英子，你一定会成功的！

师：英子一定听到了，这掌声、这喊声都充满了所有同学对英子的——

生：鼓励！期盼！（教师板书）

师：在同学们鼓励的掌声中，英子表现得怎么样呢？

生：她的普通话说得很好，声音也十分动听。

师：同学们第一次听英子讲故事，大家听得很认真，故事听完了，同学们有什么想说的吗？

生：英子，你的普通话很标准，声音很好听。

生：英子，你的故事讲得真好！

师：是啊，英子的表现太出色了！太了不起了！如果你在场，你也会给她这样的掌声吗？

生：会！

师：说说看，你的掌声代表了什么？

生：我的掌声表示表扬。

生：我的掌声表示欣赏。

生：我的掌声表示赞美。

生：我的掌声表示兴奋。

（教师板书：赞赏、兴奋。）

【评析：两次掌声的含义是什么？多数教师是这样处理的：从第一次掌声中，你体会到了什么？第二次呢？这是以旁观者的身份去揣摩当局者的心思，总是隔着一层皮，难以激起学生的热情，也难以猜透当局者的心思。这里，许老师抓住“掌声骤然间响起”“掌声热烈而持久”“掌声里英子流泪水”，引导学生体会后，出其不意地追问：“掌声里，你真想对英子喊什么？”“你的掌声代表了什么？”至此，学生激情涌动，闸门顿开，情感奔泻而出。这一设计，使学生如身临其境，可谓出奇制胜，令人拍案叫绝。】

**五、再次想象，二悟“一摇一晃”**

师：在掌声中，无数的话语在英子的心头涌动，她想说什么？

生：谢谢大家，我永远不会忘记这激动人心的掌声。

生：大家的掌声给了我极大的鼓励。

生：同学们并没有歧视我。

生：我要鼓起勇气微笑着面对生活。

师：但是英子什么也没有说，只是向——

生：大家深深地鞠了一躬。

师：表面上看，英子似乎还像上台时那样“一摇一晃”地走下了讲台，而实际上呢？谁能说说她是怎样“一摇一晃”地走下讲台的？还用上刚才的句式：我发现，她的头____________，脸____________，眼睛____________，她感到____________。

生：我发现，她的头不再那么低着，脸红扑扑的，眼睛也比先前更明亮了，她感到天空是那么明朗。

生：我发现，她的头抬起来了，脸上挂着笑意，眼睛里充满了感激，她感到身边洋溢着温暖。

生：我发现，她的头抬得高高的，脸上充满了自信，眼睛睁得大大的，她感到处处充满了友善。

生：我发现，她的头高昂着，脸上露出了两个小酒窝，眼睛里含着泪水，那是幸福的泪水，她感到眼前一片阳光。

（台下听课教师情不自禁地为学生的灵性喝彩。）

【评析：一是走上讲台，一是走下讲台，同是“一摇一晃”，相同的是动作，不同的是人物内心变化。如何引导学生感悟？这是难点。从理性入手，抽象地感悟，违背学生以形象思维为主的特点。许老师深谙此理，恰当地运用对比法，在感悟上讲台“一摇一晃”的基础上，在学生领悟了两次掌声的含义后，再次采用想象的方法，让学生还原英子走下讲台的神情和内心感受。异中求同，同中求异，在相似中对比，在对比中体会，促使学生对英子的领悟一下子跃升到了新的高度。】

**六、以读代讲，巧悟文旨**

师：同样的“一摇一晃”，不变的是姿态，改变的是心态。同学们，让我们一起默读课文第 4 自然段，来共同感受英子喜人的变化吧。

(学生默读第 4 自然段。)

师：这是一个什么样的女孩呢？用一个词来形容她。

生：自信、开朗……（师板书：自信）

师：这一切可喜的变化都是因为——

生：掌声。

师：(播放音乐，出示小诗）还记得刚刚那首小诗吗，其实它还有一小节，请大家继续往下填。

(学生填充小诗，交流汇报。)

师：看大家写得这么美，我也忍不住填了一首，一起来感受一下吧。

(出示完整的小诗，全班齐读。)

掌声，骤然间响起，
掌声，热烈而持久，
掌声里，英子的泪水流了下来。

是掌声，给了英子鼓励，
是掌声，给了英子赞赏，
掌声里，英子微笑着面对生活！

师：如果让你给掌声加一个修饰词，你会用哪个词呢？

生：热烈、鼓励、赞赏、幸福、爱……

师：这爱的掌声是如此振奋人心，让英子在爱的包围中走向幸福、快乐的人生。后来英子考入了一所特别好的中学，瞧，英子来信了！（引读英子的来信）

师：充满鼓励与支持的掌声让英子不再担心，不再害怕，难怪英子说——

生：（读英子来信）“我永远不会忘记那掌声……使我鼓起勇气微笑着面对生活。”

师：正是同学们那饱含关爱与尊重的掌声让英子重拾信心，难怪英子说——

生：（读英子来信）“我永远不会忘记那掌声……使我鼓起勇气微笑着面对生活。”

师：让我们一起大声说出英子心底的呼声——

生：（读英子来信）“我永远不会忘记那掌声……使我鼓起勇气微笑着面对生活。”

师：看来，得到掌声的英子是幸福的，但老师深信给予英子掌声、帮助英子走出忧郁的同学们也是有收获的。老师也收集到一些名言，你可以从中选择你喜欢的名言给英子回信。（出示收集到的名言）

生：（齐读名言）“给予是快乐的！”“赠人玫瑰，手留余香。”“只要人人献出一点爱，世界将变成美好的人间！”

【评析：这一环节的教学有三处亮点：一是填充小诗。小诗不仅有诗味，更是对全文内容的简洁梳理，把长文一下子读短了，可谓创新。二是教师引读，以读代讲，学生深情依依，感恩殷殷，巧悟文旨，恰到好处。三是适度拓展，积累名言，点到为止。

就总体而言，本课教学最大的特点就是善于引导学生转换角色，设身处地，进入情境，将抽象的语言文字还原成生动的画面，引导学生在其中穿梭、徜徉、悟情悟理，既抓住了语文学习的核心，又切合了学生以形象思维为主的特点，取得了良好的教学效果。】

（执教教师：许丽碧）

## 巧拽文眼，全盘皆活

——人教版六年级上册《月光曲》第一课时教学及评析

本课教学以读为线索，紧扣关键词，通过朗读感悟、想象体验、参考资料，逐步深入感受盲姑娘热爱音乐、坚强乐观的形象，触摸贝多芬情感变化的脉动，感悟《月光曲》创作的根源。

**一、抓住“传说谱成”提纲挈领——初步走近《月光曲》**

师：昨天，我们学习了《伯牙绝弦》。高山流水的乐曲让我们陶醉，伯牙和子期的知音情令我们感动。今天，我们再来欣赏另一首优美的曲子——

生：（齐读）《月光曲》。

师：课前我布置了预习任务，现在来检查阅读词语的情况。（出示三组词语）

生：考卷、入场券。

师：撮口音读得真准，全班跟读。

生：蜡烛、纯熟、霎时间。

师：翘舌音读得很到位。

生：微波粼粼、波涛汹涌。

师：生字“粼”的笔画较多，较难写。书写时应注意什么？

生：注意左边下面部分。

生：右边是两个撇点，不要写成三个。

师：哦，就像两道波纹。注意易错部分，用手指在桌上写两遍。

师：大家预习得很扎实，这是个好习惯。现在让我们一起走进课文。请大家轻声读课文，读完想想文章主要写什么。

（学生自由读课文，教师巡视。）

师：谁来说说课文主要写什么？

生：本文主要写贝多芬旅行演出，来到一个小镇，有一天晚上散步时，听到有人弹他的曲子，就走进茅屋为一位盲姑娘弹了两首曲子，创作了《月光曲》。

师：你说得很详细，能不能再简练些？（稍顿）文中有一句话可以帮我们概括。

生：（快速翻看课文）我找到了。课文第1自然段第2句：“其中有一首著名的钢琴曲叫《月光曲》，传说是这样谱成的。”

师：现在你能不能用一句话说说课文主要写什么？

生：传说《月光曲》是怎样谱成的。

师：很好，浓缩就是精华！简单地说，这篇课文就是写《月光曲》是怎样谱成的。现在，我们回顾一下故事内容，贝多芬（板书）为一位盲姑娘（板书）弹奏了两首曲子，后一曲就是——（学生齐读课题）发现没有，贝多芬创作《月光曲》与一个人有很大关系，那就是——

生：（齐答）盲姑娘。

师：到底盲姑娘的什么打动了贝多芬，让他创作出不朽的《月光曲》？这节课就让我们一起跟随贝多芬走近那位盲姑娘。

【评析：教师从与本课教学内容紧密相关的《伯牙绝弦》导入，十分自然。教师抓住学生易读错的撮口音、翘舌音和易写错的字形三方面，使字词的教学富有针对性，重点突出。对于课文内容的概括，教师在学生运用自己的语言概述的基础上，进一步引导学生对课文中的中心句稍作改动来概括，巧妙地渗透了概括方法。】

**二、挖掘“随便说说”蕴藏的复杂情感——触摸贝多芬的音乐之心**

1．师：时间回到两百多年前，我们来到莱茵河畔的美丽小镇。河水清澈见底，岸上的树木郁郁葱葱。夕阳西下，我们在幽静的小路上散步。月亮渐渐升起来了。（课件配乐展示莱茵河的白天、傍晚以及月亮初升的图片）

师：贝多芬和我们一样陶醉着，突然他听到——

生：（齐读）断断续续的钢琴声从一所茅屋里传出来，弹的正是他的曲子。

师：循着琴声，他走近茅屋，听到这样的对话，一个姑娘说——

女生：（读）这首曲子多难弹啊！我只听别人弹过几遍，总是记不住该怎样弹。要是能听一听贝多芬自己是怎样弹的，那有多好啊！

师：一个男的说——

男生：（读）是啊，可是音乐会的入场券太贵了，咱们又太穷。

女生：（读）哥哥，你别难过，我不过随便说说罢了。

师：她真的是随便说说吗？（稍顿，学生踊跃举手说不是）她为什么要这么说？不着急回答，这两个问题值得深究。我们再读读第 2 至第 4 自然段，仔细地想一想，找出足够的依据。

（学生默读、动笔画句子。）

生：从第 2 自然段中“听到断断续续的钢琴声”可以看出盲姑娘很喜欢贝多芬的曲子，很想把它弹下来，而不是随便说说。

师：你真会读书，联系了上文体会到盲姑娘喜欢贝多芬的音乐，所以不是随便说说。还有补充吗？

生：盲姑娘说：“要是能听一听贝多芬自己是怎样弹的，那有多好啊！”从“那有多好啊！”的“啊”和感叹号可以看出盲姑娘的这句话是发自内心的渴望，不是随便说说的。

师：你对语言的感受力真强，抓住一个“啊”字和一个感叹号就体会到了盲姑娘内心的向往。请你读这句话，其他人注意听，他有没有把“啊”和感叹号的味道读出来。

（学生有感情地朗读。）

师：你的朗读和语言感受力一样棒！我们像他一样一起来读。盲姑娘多么想听贝多芬的弹奏啊——

生：（有感情地朗读）要是能听一听贝多芬自己是怎样弹的，那有多好啊！

师：这是她梦寐以求的愿望啊——

生：（有感情地朗读）要是能听一听贝多芬自己是怎样弹的，那有多好啊！

师：既然不是随便说说，她为什么要这么说？

生：她是为了安慰哥哥才这么说的。

生：因为他们太穷了，买不起入场券，她怕哥哥伤心才这么说的。

师：有多穷？你从哪里看出他们很穷？

生：第4自然段中“茅屋里点着一支蜡烛”，我从他们住的是茅屋，而且只点一支蜡烛看出他们很穷。

生：我还从“旧钢琴”看出他们很穷。盲姑娘这么热爱音乐，决不会把钢琴弄旧的，他们的钢琴肯定是别人家不要的。

生：在微弱的烛光下，一个男的正在做皮鞋，连晚上都要加班，肯定是很穷。

师：这几句虽是简单的描写，细细品来，却让人感到心酸。大家带着感情读一读这几句话。

生：（朗读）茅屋里点着一支蜡烛。在微弱的烛光下，男的正在做皮鞋。窗前有架旧钢琴，前面坐着一个十六七岁的姑娘，脸很清秀，可是眼睛失明了。

师：他们这么穷，根本买不起入场券，所以姑娘的愿望根本不可能——

生：（齐答）实现。

师：只能是——

生：（齐答）随便说说罢了。

师：尽管是个不可能实现的愿望，盲姑娘还是在心底梦想着——

生：（朗读）要是能听一听贝多芬自己是怎样弹的，那有多好啊！

师：盲姑娘陶醉在自己心底最美丽的梦想里——

生：（朗读）要是能听一听贝多芬自己是怎样弹的，那有多好啊！

师：但是为了安慰哥哥，她只能无奈地把这个梦想说成——

生：（齐答）随便说说。

师：多懂事的姑娘啊！多复杂的滋味啊！再来读读这句话。

生：（朗读）哥哥，你别难过，我不过随便说说罢了。

师：一个"随便说说"，让我们读出了盲姑娘对音乐会的——

生：（齐答）渴望。

师：对现实的——

生：（齐答）无奈。

师：和对哥哥的——

生：（齐答）体贴。

师：读书时，像这样的词，我们能随随便便放过吗？不能。学语文就应该这样。让我们再来读一读，细细地品味品味。

生：（朗读）这首曲子多难弹啊！我只听别人弹过几遍，总是记不住该怎样弹。要是能听一听贝多芬自己是怎样弹的，那有多好啊！

师：（朗读）是啊，可是音乐会的入场券太贵了，咱们又太穷。

生：（朗读）哥哥，你别难过，我不过随便说说罢了。

师：听到这位懂事的穷姑娘这么想听自己弹奏曲子，贝多芬心里会想些什么呢？

生：既然她这么爱听我的音乐，我就为她弹一曲吧！

生：她这么想听我的弹奏，我就实现她的愿望，进去为她弹一曲吧！

师：你们和贝多芬一样有一颗善良的心，一下子就触摸到了他的内心。他曾经这么说过——

（课件出示句子："我的艺术应当只为贫苦的人造福。啊，多么幸福的时刻啊！当我能接近这地步时，我该多么幸福啊！"学生齐读。）

师：这是贝多芬毕生的愿望，再读！

（学生齐读。）

【评析：这里，教师紧紧抓住"随便说说"一词，联系兄妹俩的对话，前勾后联，朗读体味，引导学生走进了盲姑娘丰富的内心世界，引导学生体会了兄妹俩的艰难处境和盲姑娘对音乐的无比热爱和由衷渴求。同时，通过出示贝多芬的一段名言进行恰到好处的补充，为学生理解贝多芬的情感找到了契点。整个教学如行云流水，水到渠成。

特别值得一提的是，当教师提出“她真的是随便说说的吗”时，学生踊跃举手，教师并未满足于此，而是要求学生潜心会文，从文中找出足够的依据，引导学生静思默想，批画圈点，深思熟虑。此乃学习语文的理想境界。】

**三、体会“双目失明”背后的坚强乐观——拨动贝多芬的情感之弦**

师：热爱音乐的盲姑娘打动了贝多芬，他推开门走了进去，只见——

生：（朗读）茅屋里点着一支蜡烛。在微弱的烛光下，男的正在做皮鞋。窗前有架旧钢琴，前面坐着一个十六七岁的姑娘，脸很清秀，可是眼睛失明了。

师：读着读着，一个词突然拨动了你的心弦。是哪个词？

生：（齐答）失明。

师：这样普普通通的一个词，为何拨动了你的心弦？

生：因为这个姑娘眼睛失明还坚持弹琴，真了不起！

生：这个盲姑娘什么都看不见，还这么热爱音乐，令人感动。

师：是啊，双目失明如何弹琴？（稍顿）让我们体验一下。请大家把眼睛闭紧。你就是盲姑娘，把课桌当作钢琴。你看不见钢琴乐谱，看不见钢琴上88个键的位置排列，你的眼前只有一片黑暗。你弹琴吧！

（学生闭眼体验盲人弹琴。）

师：现在，我来采访一下。盲姑娘啊，你眼睛看不见，学琴几乎是不可能的，为什么还要学琴啊？

生：因为我热爱音乐，热爱贝多芬的音乐，所以即使再难，我也要学，我对音乐的热爱是不会改变的。

师：这是个坚强的姑娘。（板书：坚强）

生：因为我可以通过音乐带给别人快乐。

师：多么乐观啊！（板书：乐观）

生：虽然我双目失明，什么都看不见，但是我能通过音乐和别人交流，音乐能表达我的心声。

生：钢琴就是我的生命，我只有不断地弹钢琴，才能找到我的快乐。虽然我的眼前一片黑暗，但是我的音乐世界是光明的。

师：一个看似平常的词，让我们看到了盲姑娘的坚强乐观。面对这样一位姑娘，贝多芬心里会想什么呢？（稍顿）他可能想了很多很多，因为当时——

（出示资料：贝多芬26岁时，听力日渐衰弱。对于音乐家来说，失去听力就几乎等于失去了一切。他不敢让人知道，开始远离人群，没有人理解他，身边没有朋友，他甚至一度想到自杀。后来，他凭着对艺术和对生活的爱终于战胜了一切。他把苦难变成了创作的源泉。他说："我要扼住命运的咽喉，它妄想使我屈服，这绝对办不到。"）

师：联系资料，想象一下，当看到这位双目失明，但仍热爱音乐、坚强乐观的姑娘时，贝多芬心里可能会想些什么？

生：这位盲姑娘跟我的遭遇是一样的，她虽然双目失明，但还那么热爱音乐，还那么坚强乐观，遇到困难也不后退，我跟她真的"同是天涯沦落人"。既然她想听我的音乐，就让我为她弹一曲吧！

师：你说到贝多芬的心坎里去了。

生：这位姑娘虽然双目失明，看不见琴键，要弹琴是十分困难的，可是即便这样，她还是这么热爱音乐，我不能因为耳朵有毛病，就退缩，就放弃，我应该坚持自己的理想，坚强地继续谱写音乐。

师：盲姑娘给了贝多芬勇气和力量。

生：我一定要坚强，像这位盲姑娘一样，要对生活充满希望，不能自暴自弃，相信自己一定也会跟她一样热爱生活。谢谢你，盲姑娘！谢谢你让我懂得了这些。

生：这位盲姑娘让我感到惭愧。我因为听力下降了，就想自杀。可是，她眼睛失明了，看不见琴键，看不见这世界有多美好，她都没有放弃自己。相反，她热爱音乐，她坚强乐观，把眼睛失明的痛苦化成动力，化成对生活的渴望，化成一股热爱音乐的力量。我一定要像她一样，勇敢地面对生活。

师：你真是出口成章，一个排比句、三个"化成"用得多好！

（学生热烈鼓掌。）

【评析：这里，从让人为之一颤的"失明"一词入手，让学生转换角色扮演盲姑娘入境体验，通过采访的形式，使学生很快体会到了盲姑娘的坚强乐观。此时，教师十分适时而巧妙地出示了贝多芬与盲姑娘命运十分相似的资料——面对多舛的命运，贝多芬从曾想自杀到"扼住命运的咽喉”的经历。面对坚强的盲姑娘，贝多芬的心一下子就与盲姑娘的心紧紧贴在了一起——同时，学生也一下子就闯进了贝多芬激情涌动的内心世界。】

**四、抒发“没有回答”深层的澎湃激情——奏响贝多芬的灵魂之音**

师：盲姑娘的坚强乐观深深地打动了贝多芬。他弹起了盲姑娘刚才弹的曲子，琴声悠扬，盲姑娘听得入了神，她激动地说——

生：（朗读）弹得多纯熟啊！感情多深哪！您，您就是贝多芬先生吧？

师：她为什么会这么激动呀？

生：因为她的愿望实现了，终于听到贝多芬的演奏了。

生：她梦寐以求的愿望实现了，所以才这么激动。

师：一个人梦寐以求的愿望突然实现了，她会怎么说这句话？请读一读。

生：（朗读）弹得多纯熟啊！感情多深哪！您，您就是贝多芬先生吧？

师：从“多纯熟啊”“多深哪”，我们听出了盲姑娘的赞叹。谁再来读一读？

生：（朗读）弹得多纯熟啊！感情多深哪！您，您就是贝多芬先生吧？

师：两个“您”字，让人仿佛看到了盲姑娘又惊又喜的表情。全班一起读一读。盲姑娘梦寐以求的愿望终于实现了，她惊喜地说——

生：（齐读）弹得多纯熟啊！感情多深哪！您，您就是贝多芬先生吧？

师：盲姑娘简直不敢相信自己的耳朵，她喜出望外地说——

生：（齐读）弹得多纯熟啊！感情多深哪！您，您就是贝多芬先生吧？

师：面对这位从琴声听出自己感情、认出自己的盲姑娘，贝多芬却只是轻轻地问——

生：（轻声读）您爱听吗？我再给您弹一首吧。

师：此时，贝多芬的内心真的就像他的外表一样平静吗？

生：（齐答）不！

师：他的心情应该是怎样的？

生：他应该会很高兴，因为他实现了自己的愿望，为穷人弹奏，又圆了盲姑娘的梦。

生：他会很激动，他没想到盲娘娘居然会从琴声里认出他来，盲姑娘真是他的知音。

师：是啊，在这破旧的茅屋里，居然能遇到知音（板书），这位知音和他一样——

生：（齐答）热爱音乐。

师：和他一样——

生：（齐答）坚强乐观。

师：更重要的是，她居然能通过琴声理解自己的心。自古知音最难觅，人生得一知己足矣！这怎能不让贝多芬心潮澎湃呢？请结合上文及资料，展开想象，此时他可能在想什么？他可能想到这位坚强乐观、热爱音乐的盲姑娘，可能想到了自己，想到自己的愿望，也可能想起了过去，想到了未来……请展开想象，把贝多芬此时内心的想法写下来。

（学生各自写话。）

师：此时，贝多芬可能在想什么？

生：贝多芬心潮澎湃：啊！这就是我多年来寻觅的知音啊！她让我重拾了做音乐家的自信！灵感如喷泉一般涌出。这皎洁的月光映出了我的心！盲姑娘热爱音乐的情感打动了我，我要为她创作一首曲子，表达我对她的感谢！

师：月光一曲谢知音。

生：贝多芬心潮澎湃：我终于遇到知音了！虽然她只是一位盲姑娘，她看不见美丽的世界，但是她的音乐世界一直都是光明灿烂的！她对音乐的执着和热情是那样强烈，令人震惊！她的脸庞是那么清秀，像柔柔的月光。就让我创作一首曲子送给她吧！

师：好一句“她看不见美丽的世界，但是她的音乐世界一直都是光明灿烂的”！

生：贝多芬心潮澎湃：啊！我终于找到了知音。想起当初，虽有千千万万人喜欢我的音乐，但能听懂我音乐的又有几人呢？现在，坐在我面前的就是我的知音，知音啊，让我们用音乐来沟通吧！让我再为你弹奏一曲吧！

师：听众千千万，知音有几人？

生：贝多芬心潮澎湃：多么好的姑娘啊！她的遭遇和我一样，她失明了，竟然还能从琴声中认出我来，竟然还能听懂我的感情，世界上热爱我的音乐的人有成千上万，可真正能够理解我的音乐的只有这位姑娘啊！感谢上帝，在这美好的夜晚，让我遇到这么一位知音，真是万分幸运！我，我要为她创作一曲，就当谢谢我的知音吧！

生：贝多芬心潮澎湃：竟然，竟然有人听出我琴声里的感情！她，她就是我苦苦寻找的知音呀！虽然有很多人赞赏我的音乐，可是那些华而不实的言语又有什么用呢？我需要的是真正懂我的人啊！我的听力渐渐衰退了，想必过不了多久，我就会完全失聪的。——可，这有什么呢？这位盲姑娘虽然看不见，但是她还是那样坚强乐观，她是我的知音！我一定要像她那样把痛苦化成动力，化成对生活的渴望，化成一股热爱音乐的力量。

师：满腔激情，千言万语，一切都化作生命的语言，借这灵魂的旋律来表达吧！贝多芬借着月光，手按琴键，美妙的音符流泻而出。

（《月光曲》音乐响起，师生静听。）

师：这该是一首怎样优美的曲子，下节课我们再来细细品味。

【评析：这部分的教学，教师抓住“她激动地说：‘弹得多纯熟啊！感情多深哪！您，您就是贝多芬先生吧？’”，通过多次的描绘引读，引导学生体会盲姑娘的惊喜、激动之情。令人折服的是，教师不仅仅止于此，而是出乎意料地抓住看似极不显眼的“没有回答”一语，让学生体会贝多芬那路遇知音，巧遇知己，外表看似平静如水而内心汹涌澎湃的情感，并通过手中的笔把它表达出来。这样，学生既深刻地理解了文本，升华了情感，又提高了写作水平。】

（执教教师：陈麒斌）

## 第五节　古诗文教学

古诗文教学需关注三点：一是诵读，读能会意，读能体味，读能生情；二是理解关键字，突破了“拦路虎”，文意能通畅，领悟就深刻；三是形成画面，能形成画面，一切都懂了。

### 情景交融，余音袅袅

——人教版六年级上册《诗经·采薇》（节选）教学及评析

**一、初识《诗经》，导学“采薇”**

师：同学们，你们爱看书吗？今天老师要向你们介绍一本非比寻常的书——（出示不同版本的《诗经》的封面）

师：你们看到了什么？

生：每本书的封面都不一样。

师：之所以有这么多不同的封面，是因为这本书被印刷了许许多多次，也说明它得到很多人的喜爱，这本书就是——（出示《诗经》）

生：（齐说）《诗经》。

师：到底是一本什么样的书有这么大的魅力呢？让我们赶紧来认识一下吧。

（出示关于《诗经》的介绍：《诗经》是中国最早的一部诗歌总集，共收录诗歌305首，因此又称“诗三百”。《诗经》中所收录的诗歌多数来自民间，依据内容分为《风》《雅》《颂》三部分。《风》这部分的诗歌主要出自各地的民歌，反映了劳动人民真实的生活，表达了他们对受剥削、受压迫的处境的不平和争取美好生活的信念，是我国现实主义诗歌的源头；《雅》这部分多为贵族祭祀时唱的诗歌，祈求丰年，歌颂祖德；《颂》这部分则为宗庙祭祀的诗歌。《诗经》中的作品主要采用了赋、比、兴三种创作手法。）

师：请同学们认真阅读，也可以在课堂笔记本上记下重要的内容，等会儿我要考考大家，给大家一分钟时间准备。

（学生默读、默记。）

师：现在请一位同学来试试口头填空。（出示题目）《诗经》是中国________的诗歌总集，共收录诗歌________首，因此又称________。依据内容分为________、________、________三部分，其中反映劳动人民生活的是《________》这部分。

（学生口头回答。）

师：回答得真棒！能在短短一分钟内记下关于《诗经》的重要知识，看来咱们班同学对诗歌有很强的接受力和敏感度。《诗经》里收录了305首诗歌，每一首都别具风采，两千多年来被人们不断传诵、学习。其中，《采薇》这首诗更是堪称经典中的经典，今天，我们就从节选的四句诗中好好感受一下它的魅力。

【评析：《诗经·采薇》是学生在小学语文课本中接触的第一首也是唯一一首《诗经》中的作品，虽然只是作为第六组“综合性学习：轻叩诗歌的大门”的阅读材料，但这是引导学生认识《诗经》这部中国最早的诗歌总集的好机会。本课教学旨在激发学生学习《诗经》、研究《诗经》的兴趣，为学生在认识、传承中华传统文化的道路上开启了一扇窗。

教师先出示各种不同版本的《诗经》的封面，让学生初步感受《诗经》的魅力。接着，教师出示《诗经》的文字简介，要求学生认真阅读，捕捉、默记其中的主要信息，并进行口头测试。这一设计极具创意：一方面，通过极有效的任务驱动式阅读，一下子就抓住了学生的心，所有学生都能做到注意力高度集中，如饥似渴地投入到阅读中去；另一方面，又因为只有"记下重要的内容"的要求，阅读完全是开放的，全凭自悟自得，驱使学生自主地开动思维的机器。这是一种富有创意的阅读，这是一种改变学习方式的阅读，这是一种在高级情境中的高效阅读。后续教学中教师巧妙地对学生的阅读进行了检测、引领、矫正、总结与提升，为后面的诗歌学习奠定了基础。】

**二、巧抓字眼，了解诗意**

（学生自主放声朗读诗句，读通读顺。）

师：哪位同学来试试？

（学生读诗句，读得响亮流畅，但题目只读了"诗经·采薇"。）

师：（提醒）《诗经·采薇》原文有48句，课本中只节选了其中四句，所以读题目的时候，应把"节选"二字也读出来。

（全班齐读。）

师：这是一首两千多年前的诗，比咱们常背的唐诗还要早一千多年呢！仔细观察，你发现二者有什么不同吗？

生：这首诗每行都只有四个字，我们平时读的唐诗每行不是七个字就是五个字。

师：对了，每行五个字的古诗，我们通常称之为"五言诗"，每行七个字的古诗，我们通常称之为"七言诗"，那这种每行四个字的古诗应当称作什么呢？

生：（异口同声）四言诗。

师：（点击课件，出示"四言诗"）你们太聪明了！每行四个字的古诗，我们通常称之为"四言诗"，这也是《诗经》中大部分诗歌的格式特征。还有什么发现吗？

生：我发现诗句里有重复的字，如"杨柳依依""雨雪霏霏"。

师：读一读这些重复的地方，有什么感觉？

生：读起来特别好听。

师：对了，这种叠字让诗句读起来格外朗朗上口。谁还有发现？

生：我发现诗句中有意思相反的词，如“昔”和“今”。

师：真会发现，还有没有这样意思相反的词？

生：“往”和“来”。

师：（用“△”在“昔”“今”“往”来”下面做记号）“昔我往矣”“今我来思”一一对应，非常工整，看来大家都有一双敏锐的眼睛啊！还有要补充的吗？

生：诗句中描写了不同的景物，分别是“杨柳”和“雨雪”。

师：（用横线画出“杨柳”和“雨雪”这两个词语）借助自然景物来表达自己的情感，这也是文学创作中常用的一种方法。

师：（指板书中画记号的地方）同学们，你们都很会观察，很会读诗，抓住了这几个关键词，这首诗就不难理解了，再借助注释读一读，看能不能用自己的话来说说诗意。拿出课堂笔记本，把你对诗句的理解写下来吧。

（学生借助注释动笔写下诗意。）

（教师点拨：“往”可直接解释为“离开”。）

师：哪位同学来把你对诗句的理解读一读？

生：从前我离开的时候，树枝柔弱，随风摇摆。今天我回来了，只看到雪花飞舞的样子。

师：好一个“只看到”，把两种景象的对比表现了出来。谁还想试试？

生：从前我离开家乡去从军的时候，只看到杨柳青青，在风中摇摆。现在我打完仗回来了，一路上又是下雨又是下雪，眼前的景象十分凄凉。

师：说得太好了，不仅描述了诗意，还讲明了诗的背景——诗人离开家乡去从军，讲出了诗人的心情——凄凉。你真会读诗！

师：想不想看看老师是怎么理解这几句诗的？

生：想。

师：你们要注意看看，我的理解和你们的有什么不同？

（出示译文：回想当初离开时，杨柳依依随风吹；如今回来路途中，大雪纷纷满天飞。）

师：和你们的有什么不一样？

生：您翻译出来的句子也像诗句一样工整。

师：我们一起来读一读吧。

（全班齐读。）

师：用现代诗的语言理解古诗的意思，这样的表达是不是更美呢？

（学生点头。）

【评析：读懂一首古诗，理解诗意是基础。对于六年级的学生来说，他们已经掌握了一些理解古诗的方法，如看注释、查字典等，但如果只是简单地要求他们根据注释翻译诗句，这样未免过于机械化且缺少独立阅读的深度。

这里，教师转变教学方式，先引导学生发现，让学生自悟自得何为四言诗，自主体会叠词、反义词的妙用以及春天杨柳与冬天雨雪的对比等，学生不着痕迹地初步理解了诗意。接着，教师点拨难点“往”的意思，可谓妙手高招。当学生大致理解诗意并能叙述时，教师并没有满足于此，而是用现代诗的语言诠释古诗的意思，对学生的语言素养进行了巧妙的熏陶，使学生对诗歌的理解感悟能力跃上了新的台阶。】

**三、情景交融，体会情感**

师：古诗中往往是“诗中有画，画中有诗”，这首《采薇》更是其中的典范，让我们随着诗句的描绘来还原当时的场景吧。

（教师出示图片：风和日丽，杨柳青青。）

生：（齐诵）昔我往矣，杨柳依依。

（教师出示图片：穷山恶水，白雪皑皑。）

生：（齐诵）今我来思，雨雪霏霏。

师：画面与诗句结合，更添诗情画意。（出示“杨柳依依”的画面）

师：同学们，如果你就是诗人，在你当初离开的时候，看着这样的景色，会有什么样的心情？

生：心里很愉快。

生：很高兴，轻松的。

师：你知道诗人的“昔我往矣”，是离开去了哪里吗？

生：去边关打仗，保卫国家。

师：你是怎么知道的？

生：刚才××讲到的（指第二位解释诗意的同学）。古代那些边塞诗里经常有类似的内容。

师：是啊，当年离开的时候还是万物复苏的春天，可能诗人还是一个年轻力壮的小伙子，国家还是繁荣昌盛的，百姓还能安居乐业，他和家人也才刚刚分别，所以他眼中的景象是如此美丽清新——

生：（齐读）昔我往矣，杨柳依依。

师：今时今日，当他好不容易在残酷的战争中幸存了下来，在返回家乡的路途中，看到的却是这样的景象——（出示“雨雪霏霏”的画面）

师：面对此景，你有什么样的心情？

生：心情非常难过。

生：感到很凄凉。

师：为什么会看到这样的景象呢？

生：天气很冷，他一个人走在回家的路上，又冷又饿。

师：因为饥寒交迫，所以眼前的景象格外凄冷。

生：大地一片萧条，可见百姓这么多年来生活在水深火热之中。

师：说得真好！还想到了什么？

生：我想到了《十五从军征》里写的“十五从军征，八十始得归。道逢乡里人，家中有阿谁”。诗人回到自己的家乡，可能也会像这首诗里描写的那样，家乡人都不认识他是谁了。

师：有可能，出征太多年了，家乡认识他的人可能也都不在了，真让人感到凄凉无奈啊！

生：战争是残酷的，即使打赢了，也会有人牺牲，也会影响人们的正常生活。

师：所以走在回乡的路上，诗人看到的是满目疮痍、山川萧条、到处荒无人烟的景象。想象一下，此时走在回乡路上的诗人，他的心里会想些什么？

生：他可能会在想自己出去打仗这么多年了，不知道家里人都还好吗？

师：离家多年，不知家人是否都还健在？

生：他想到自己打了这么多年仗，回去以后不知道要干什么。

师：是啊，前途未卜，忧心忡忡。

生：他可能会想到当年出去打仗的时候是很多人一起去的，可现在回来的时候只有他一个人。

师：你真会想象，想得很有道理。你们说，那些当年一起去打仗的人们现在都到哪里去了？

生：在战场上牺牲了。

生：失散了。

师：是啊，连年征战，国破家亡，当年一起出征的伙伴们都不在了，诗人虽然侥幸从战场上活了下来，却年老体衰，身心疲惫，深感前途一片渺茫，这种心情通过“雨雪霏霏”的景象充分表现了出来，这便是在写作中经常采用的一种表现手法，叫作“情景交融”（板书）。

师：一“昔”一“今”，一“往”一“来”，所见景象不同，心情也分外不一样。看着这两幅图景，想象你就是从战场上归来的诗人，再次读读这四句诗。

【评析：中华民族是一个含蓄的民族，往往不习惯采用直抒胸臆的方式表达情感，表现在诗歌中就是通过种种意象来寄托心情，因此多数古典诗词的画面感很强，但这些画面又绝不是独立突兀的，而是和诗的内容、诗的情感相辅相成的。从某种层面上来说，看懂了画面，就是读懂了诗意，读懂了诗人。

这里，教师从还原诗中的场景入手，通过图片带领学生进入“杨柳依依”“雨雪霏霏”之境，再引导学生揣摩想象，让“往”时的“杨柳依依”与年轻力壮、国泰民安融合；把“来”时的“雨雪霏霏”与年老力衰、饥寒交迫融合，引导学生入情入境，而且水到渠成地体悟了诗歌情景交融的表现手法。】

**四、适度拓展，余味无穷**

师：面对着雨雪霏霏的凄凉景象，诗人如何行路？我们一起读读《采薇》的最后四句诗。

（出示诗句：“行道迟迟，载渴载饥。我心伤悲，莫知我哀！”全班齐读。）

师：从这几句诗中你读懂了什么？

生：我读懂了诗人当时又渴又饿。

生：我读懂了他的心里十分悲伤。

师：我们来读一读这四句诗的意思。

（出示译文：道路泥泞难行走，又渴又饥真劳累。满心伤感满腔悲，我的哀痛谁体会？学生齐读。）

师：这样的情景，这样的心情，如何用朗读来表现呢？听老师读一读。（配乐朗读八句诗）

师：你们想不想试试？

生：想。

（师生一起配乐朗读八句诗。）

师：同学们，读了这首诗后，你们对诗句的结构和语言有什么发现？

生：每行都是四个字。

师：这些字在使用上有什么特别的地方？

生：诗中有三个叠词“依依”“霏霏”“迟迟”。

师：《诗经》中的诗歌多数来自民间，所以很多具有民歌的形式，一些词语的反复出现便于记忆和口头传诵，所以就形成了《诗经》的结构和语言上的一大特色，叫作——重章复唱。（板书）

师：这种重章复唱的形式在《诗经》里占了一半以上，我们一起来读一读下面的诗句。

（教师出示诗句，全班齐读。）

诗经·硕鼠（节选）

硕鼠硕鼠，无食我黍（shǔ）！三岁贯女（rǔ），莫我肯顾。

（译文：大老鼠啊大老鼠，不要吃我的黍子！三年侍奉你，却不愿对我照顾。）

诗经·鹿鸣（节选）

呦（yōu）呦鹿鸣，食野之苹。我有嘉宾，鼓瑟（sè）吹笙（shēng）。

（译文：群鹿呦呦地鸣叫着，吃着野地上的青苹。我有嘉宾贵客，弹起瑟，吹起笙。）

诗经·子衿（jīn）（节选）

青青子衿，悠悠我心。纵我不往，子宁（nìng）不嗣（sì）音？

（译文：颜色青青你的衣襟，忧思不绝我的心。即使我没有去，你为何没有给个音信？）

师：同学们，我们今天的《诗经》之旅到这就要结束了，希望通过本课的学习，你们能喜欢《诗经》，并试着去了解更多有关《诗经》的知识，你们一定会发现一个美妙的世界。

【评析：教学古典诗词时，选择恰当的背景音乐，能够帮助学生在诵读的时候更好地入情入境。但课文中节选的四句诗实在太过简短，对诗人心境的刻画也只是点到即止，配乐诵读时可能还未完全进入情境就戛然而止，不免令人有如梗在喉的感觉。因此在解读文中四句诗后，再把最后四句也展示给学生，能让学生进一步感知诗人的心情。

《诗经》作为中国最早的一部诗歌总集，在艺术手法上也堪称后世典范，其中赋、比、兴三种主要表现形式千百年来被后世无数的诗人所借鉴、运用，《采薇》全诗也和《诗经》中的其他许多作品一样采用起兴的手法，加上章法、词法上的重沓叠奏，使内容和情感都得以层层铺出、渐渐深化，使全诗富于音乐美和节奏感。考虑到课本中节选的内容只有四句，在引导学生认知《诗经》艺术特色的部分，教师在重点引导学生体会"情景交融"的基础上，恰切地渗透"重章复唱"这一手法，通过"依依""霏霏""迟迟"等叠词，让学生感知《诗经》这种富于民歌风味诗歌的结构和语言特色，可谓恰到好处。

在学生充分诵读《采薇》的基础上，教师引荐《硕鼠》《鹿鸣》《子衿》中的类似句子，让学生在"硕鼠硕鼠，无食我黍""呦呦鹿鸣，食野之苹""青青子衿，悠悠我心"的诵读声中，一步步走进古老《诗经》的音韵世界，余音袅袅，让人回味不尽。】

（执教教师：方芳）

## 充满智慧教"辩斗"

——人教版六年级下册《两小儿辩日》教学片段及评析

**一、激辩中识"辩斗"**

在福州举办的全国青年教师成长互动教学观摩会上，著名特级教师王崧舟教学《两小儿辩日》，在学生读好课文、基本理解文意的基础上，独具匠心地设计了这样一个朗读情境，引导学生理解"辩斗"一词，读出"辩斗"的韵味——

师：什么是"辩斗"？文中为什么用"辩斗"？怎样才能读出"辩斗"的韵味来？

（先让同桌二人各扮演一小儿，进行"辩斗"，再请两位学生上台表演辩斗。见还不出韵味，王老师自己扮成一小儿，请一位大胆的学生扮演另一小儿。）

师：（做辩斗状）我以日始出时去人近，而日中时远也！

生：（亦做辩斗状）我以日初出远，而日中时近也！

师：日初出大如车盖，及日中则如盘盂，此不为远者小而近者大乎？

生：日初出沧沧凉凉，及其日中如探汤，此不为近者热而远者凉乎？"

师：此言差矣——

生：尔言更差矣——

师：日初出大如车盖，及日中则如盘盂，此不为远者小而近者大乎？”

生：日初出沧沧凉凉，及其日中如探汤，此不为近者热而远者凉乎？”

师：非然也，非然也——

生：非也，非也，非也——

师：（做辩斗夸张状）远者小而近者大！远者而小近者大！

生：（更做辩斗夸张状）近者热而远者凉！近者热而远者凉！

师：（快速地）晨时近午时远！晨时近午时远！晨时近午时远！

生：（更快速地）午时近晨时远！午时近晨时远！午时近晨时远！

【评析：“辩斗”是《两小儿辩日》的文眼，文章的核心内容围绕这两字展开。这里，王老师巧妙抓住这一文眼进行“辩斗”，促使学生极好地感受了情境，读出了韵味，体悟了情趣，内化了语言。这一辩斗，使得课堂情趣横生，学生兴趣勃然，场上掌声雷动，效果绝佳。】

**二、思考中明观点**

师：现在明白什么是“辩斗”了吗？这一辩，辩出了两小儿的什么？

生：辩出了两小儿的观点和思想。

生：辩出了两小儿的童真童趣。

生：辩出了实事求是的科学道理。

生：辩出了孔子也有不懂的地方。

生：辩出了一道令人不解的难题。

师：是的，这一辩，辩出了童真，辩出了思想，辩出了思考，辩出了难题。咱们再分组来辩一辩。

（学生分三组再次有板有眼地诵读课文中有关辩斗的部分。）

师：若你就在现场，你同意谁的观点？

生：我认为中午时太阳离人近，我赞同小儿二的观点。

生：两个我都不同意，因为……（阐述自己观点的依据，略）

生：凉热与远近无关，因为……（阐述自己的认识和依据，略）

师：你们是同意小儿一、小儿二，还是班上小儿三、小儿四、小儿五的观点？

（学生发表观点。）

【评析：到底太阳是晨近午远、晨远午近，还是一样远近？这属科学知识，且现在大部分的学生已明了，只有少数学生不明白，但也无须在语文课上花太多的时间，费过多的口舌去教学。王老师深明此理，没有在这一环节上花费太多的时间和精力，只是把这一资源看作上一教学环节“辩斗”的推进、下一环节“悟理”的一个引子，实为教学艺术的高境界。】

**三、表达中悟道理**

师：这知识难吗？（不难）可大思想家、大教育家、大学问家、至圣先师、万世楷模的孔子，他知道吗？（不知道）

师：从哪里可以看出来？

生：孔子不能决也。

师：这么简单的知识，大思想家、大教育家、大学问家孔子不知道，难怪两小儿笑曰——

生：孰为汝多知乎？

师：谁认为你知道得多呢？谁说你的知识丰富呢？若你就是孔子，听了两小儿的话，你会怎么想，怎么说？请写下来。

（学生写后交流。）

生：我非圣贤，非无所不知；我乃凡夫俗子，非万事通。

生：后生可畏。

生：知之为知之，不知为不知，是知也。

生：人无完人，我虽知识渊博，但非全才，此面不广，愧矣！

生：青取之于蓝而胜于蓝也。

生：三人行必有我师焉。

生：吾生有涯而知无涯，学无止境也。

生：天下之大，何人可无所不能，无所不知？

……

（教师一一表示赞赏，并让学生板书。）

师：这一辩，不仅辩出了两个心怀好奇、善于思考的小儿，也辩出了一个虚怀若谷的孔子、一个实事求是的孔子、一个学而不厌的孔子。这不仅是“知”，更是一种“智”。人生需要知识，更需要智慧。让我们记住两位充满智慧的小儿，记住那位充满智慧的孔子。

【评析：这里，王老师通过读后练写，将文章所蕴含的道理，将语文的人文性和语言的理解感悟、表达运用巧妙地融为一体，十分自然。这一教学，简单、朴实、扎实却又精彩绝伦，给学生的体验感受和思想启迪颇多，使学生对古文的兴致更浓，尤其是用古文来表达的兴致。】

# 后　记

近年来，承蒙福建省教育厅、教育部福建师范大学基础教育课程研究中心等委派，承蒙人民教育出版社、北京师范大学出版社等厚爱，应集美大学、福建教育学院、各地教研与培训部门等邀请，应各地学校教师之需求，我陆续梳理出50多个专题，先后在全国各地开设了数百场学术讲座，深受老师们的好评。

承蒙福建省教研室等之吩咐，承蒙福建教育杂志社等之盛情，承蒙全国多家教学观摩组委会之委托，我前后多次作为受聘专家在一两千人的学术交流、观摩研讨会上，或做专题讲学，或做即席评课，或与教师现场互动，得到了老师们真诚的肯定。

承蒙学术杂志垂青，承蒙网络媒体青睐，承蒙熟悉或陌生的同人钟爱，我的讲稿、评课有的被报刊发表转载，有的被网友点击，有的在大学校园传播，有的被老师收藏，有的被一些学校专门组织老师学习。

承蒙福建省中小学名师培养工程的锻造，承蒙名师培养首席导师、全国著名教育专家余文森教授的精心指点，我零碎的教学感悟逐渐有了头绪。

缘于老师们的热情鼓励，经不住几位好友的怂恿与督促，现精选教研教学的感悟、体会，依一定顺序汇集成书，一来作为资料，自己使用起来方便；二来抛砖引玉，求教方家。

这些专题涉及的领域较广，有如何说课与答辩的，有如何听课与评课的，有如何撰写教学叙事、教学案例的，有如何撰写教学论文的，有谈解字释义的，有谈理清文脉的，有谈学习概括的，有谈朗读创新的，有谈教学艺术的，有讲怎样转变写作教学方式的，有讲怎样进行综合性学习的，有议试题命制的，有议校本教研的，有议正视公开课的，有议涵养心境的，等等。我相信，其中不少都是老师们热议的、须直面的且迫切需要解决的问题。

这些认识、实践、观点虽然不一定完整和严密，甚至可能存在谬误，但这是我多年来从事教学教研工作的感悟和真切的体会，是蕴积内心的由衷言说，是我的教学教研观的真情流露。

本书的出版，得到了德高望重的全国小语会理事长崔峦的鼓励与支持，得到了我的导师余文森教授的指导与帮助，在此一并深深致谢。

肖俊宇

2016 年春

# 江苏凤凰教育出版社
# 《行知工程》系列丛书目录

| 系列 | 序号 | 书名 | 主编 | 定价 |
|---|---|---|---|---|
| 校本研修系列 | 1 | 《徜徉语文教研》 | 肖俊宇 | 35.00 |
| | 2 | 《校本研修资源的开发与利用》 | 陈朝林 | 30.00 |
| | 3 | 《校本研修与教师专业成长》 | 吴积军 | 30.00 |
| | 4 | 《卓越教师经典研修成长策略》 | 刘天宝等 | 30.00 |
| | 5 | 《特色校本课程开发范例解读》 | 刘永平　李秀伟<br>张雪梅 | 30.00 |
| | 6 | 《高效校本研修模型构建艺术》 | 刘素雁 | 30.00 |
| | 7 | 《走向实践的教研——中小学教育科研引领与应用》 | 江　敏 | 30.00 |
| 名校系列 | 8 | 《让每个孩子都成志——清华附小主题阅读课程的实施探索》 | 窦桂梅 | 30.00 |
| | 9 | 《让每个孩子都成志——清华附小主题实践课程的实施探索》 | 窦桂梅 | 35.00 |
| | 10 | 《向着朝阳走去——清华附小合作办学实践探索》 | 窦桂梅 | 30.00 |
| 精彩课堂系列 | 11 | 《给孩子更好的数学课堂》 | 易增加 | 30.00 |
| | 12 | 《小学生阅读素养的提升策略》 | 邵巧治 | 35.00 |
| | 13 | 《从语文素养走向生命成长——小学语文读写课堂教学密码》 | 曾海玲 | 30.00 |
| | 14 | 《真实的品德课》 | 朱淑秀 | 30.00 |
| | 15 | 《英语课堂学习共同体——新型的师生交互学习场》 | 杨延从 | 30.00 |
| | 16 | 《指导自主学习——初中数学学与教的研究与实践》 | 刘其武 | 30.00 |
| | 17 | 《玩出精彩的课堂——小学低年级教与学方式转变研究》 | 陶红松 | 30.00 |
| | 18 | 《让生命之花自主绽放——语文个性化教学建构策略》 | 商德远 | 30.00 |
| | 19 | 《让学生亲历知识——主体参与下体验式学习的实施策略》 | 何世祥 | 30.00 |
| 教育思想者系列 | 20 | 《高效教学的道与术——陶继新教育讲演录》 | 陶继新 | 30.00 |
| | 21 | 《名校之道——陶继新对话名校长（1）》 | 陶继新 | 30.00 |
| | 22 | 《教育，一切从孩子出发》 | 黄　俭 | 30.00 |
| 创新教学探索系列 | 23 | 《让学生把母语用精彩——“语用课堂”的探索与实践》 | 佘小红 | 30.00 |
| | 24 | 《“备”出课堂精彩——备学式教学的课堂实践与思考》 | 张旭兰 | 30.00 |
| | 25 | 《神奇的阅读教室——带学生踏上美妙的阅读之旅》 | 李祖文 | 30.00 |
| | 26 | 《打造有生命力的课堂<br>——“两步八环节”教学模式探索与实践》 | 查联智 | 30.00 |

| 系列 | 序号 | 书名 | 主编 | 定价 |
|---|---|---|---|---|
| 创新教学探索系列 | 27 | 《最能培养学生探究能力的课堂——小学科学与信息技术单元整体课程实施与评价》 | 李怀源 | 30.00 |
| | 28 | 《最能激发学生运动天赋的课堂——小学体育单元整体课程实施与评价》 | 李怀源 | 30.00 |
| | 29 | 《最能提升学生艺术素养的课堂——小学艺术单元整体课程实施与评价》 | 李怀源 | 30.00 |
| | 30 | 《“生命语文”探索——焕发语文生命力的思考与实践》 | 王自成 | 30.00 |
| | 31 | 《粘连作文教学：让习作成为有个性的自我建构》 | 黄瑞夷 | 30.00 |
| 创新教学探索系列 | 32 | 《备学式教学——在体验中建构数学思维》 | 单广红　范雪梅 | 30.00 |
| | 33 | 《向着自主进发——自主教育的创新实施智慧》 | 朱亚红 | 30.00 |
| | 34 | 《写中学——让学习更有效的学科写作教学》 | 钟传祎 | 30.00 |
| | 35 | 《小学科学实验总动员——大科学课堂有效提升学生创新力》 | 江美华 | 30.00 |
| 创新教学探索系列 | 36 | 《小学语文单元整体课程实施与评价》 | 李怀源 | 30.00 |
| | 37 | 《小学英语单元整体课程实施与评价》 | 李怀源 | 30.00 |
| | 38 | 《小学数学单元整体课程实施与评价》 | 李怀源 | 30.00 |
| | 39 | 《让教学更能激发智慧——“思维碰撞”课堂的建构与实施》 | 程和方 | 30.00 |
| 教育管理力系列 | 40 | 《缔造唯美教育——延奎小学素质教育实施策略》 | 易增加 | 30.00 |
| | 41 | 《让普通学校崛起的 20 个细节——“生命为本”教育团队成长密码》 | 李其玉 | 30.00 |
| | 42 | 《“走”出教育的精彩：走动式学校管理文化构建》 | 罗　军 | 30.00 |
| | 43 | 《校长兵法：学校管理四十六计》 | 皮大鹏 | 30.00 |
| 教师修炼系列 | 44 | 《教育，爱与宽容——教师心灵礼仪修炼》 | 许力争 | 30.00 |
| 班级文化系列 | 45 | 《活力班级的文化建设》 | 胡　珏 | 30.00 |
| | 46 | 《做幸福的班主任》 | 吕　丽 | 26.00 |
| 教育家核心思想系列 | 47 | 《叶圣陶谈阅读》 | 叶圣陶 著<br>李怀源 选编 | 30.00 |
| | 48 | 《多元智能理论的本土化应用》 | 刘治富 | 30.00 |
| | 49 | 《大教育家最具施教力的教学思想》 | 白刚勋 | 30.00 |
| 高效能教学系列 | 50 | 《高效能教师的 10 个好习惯（中学卷）》 | 张　瑾 | 30.00 |
| | 51 | 《让作文落地生根——提高写作实效的教学策略》 | 黄桂林 | 30.00 |
| | 52 | 《高效能作文教学 5 项修炼》 | 陈步华 | 30.00 |

| 系列 | 序号 | 书名 | 主编 | 定价 |
|---|---|---|---|---|
| 高效能教学系列 | 53 | 《高效能校长的10个好习惯》 | 张　勤 | 30.00 |
| | 54 | 《高效能教师的10个好习惯（小学卷）》 | 谢　英 | 30.00 |
| | 55 | 《高效能语文教学5项修炼》 | 王其华 | 30.00 |
| 新课程探索系列 | 56 | 《语文新课程的批判与重建》 | 蔼桂斌 | 30.00 |
| 美国名师教学译丛 | 57 | 《美国名师游戏教学本土化应用：幼儿园》 | （美）玛西娅 L. 泰特 著<br>胡珍　瞿菁　编译 | 30.00 |
| | 58 | 《美国名师游戏教学本土化应用：小学英语》 | （美）玛西娅 L. 泰特 著<br>杨永华　张心影　编译 | 30.00 |
| 美国名师教学译丛 | 59 | 《美国名师游戏教学本土化应用：小学数学》 | （美）玛西娅 L. 泰特 著<br>谢艳红　编译 | 30.00 |
| | 60 | 《美国名师游戏教学本土化应用：小学科学》 | （美）玛西娅 L. 泰特 著<br>刘丽萍　编译 | 30.00 |
| | 61 | 《美国名师游戏教学本土化应用：小学社会》 | （美）玛西娅 L. 泰特 著<br>姜梅芳　编译 | 30.00 |
| | 62 | 《美国名师游戏教学本土化应用：小学音体美》 | （美）玛西娅 L. 泰特 著<br>尹立志　编译 | 30.00 |
| 鲁派名师名校·教育探索者系列 | 63 | 《悦读立人——校园阅读文化体系构建策略》 | 杨世臣 | 30.00 |
| | 64 | 《教育智慧何处来——一位特级教师的思考手记》 | 付立金 | 30.00 |
| | 65 | 《和雅文化——校本课程的创新构建》 | 汤善香 | 30.00 |
| | 66 | 《让个性绽放精彩——学校课程体系整合与创生》 | 谢建伟　徐淑萍 | 30.00 |
| | 67 | 《让每个学生都幸福——最能润泽生命的学校文化建设》 | 谢建伟　张新喜 | 30.00 |
| 生态化校园系列 | 68 | 《点燃学习的激情——构建校园生态化学习型组织》 | 杨树岳 | 30.00 |
| | 69 | 《课改突围——构建学校生态化教学体系》 | 杨树岳 | 30.00 |
| 教育新思考系列 | 70 | 《语文教育向何处去》 | 王　丛 | 26.00 |
| | 71 | 《教育，就是做好普通的事》 | 孙志毅 | 27.00 |
| | 72 | 《走出语文的偏见——让学生体悟文本的原义》 | 丛智芳 | 30.00 |
| | 73 | 《让语文教学更高效——批注式阅读教学探索》 | 韩中凌 | 30.00 |
| | 74 | 《读写互促——探寻学以致用的语文教学》 | 曹　龙 | 30.00 |
| | 75 | 《跳出数学教数学——用文化融通数学教学》 | 马建秀 | 27.00 |
| 名师感悟系列 | 76 | 《让心灵伴着歌声成长——22位音乐名师的教育智慧》 | 陈　璞 | 30.00 |
| | 77 | 《超越自我的教师——32位名师的成长感悟》 | 李卫东　李秀伟 | 35.00 |
| | 78 | 《心灵的守护者——19位名班主任的教育智慧》 | 王晓松　曲文弘 | 30.00 |

| 系列 | 序号 | 书　　名 | 主编 | 定价 |
| --- | --- | --- | --- | --- |
| | 79 | 《名师感悟班主任有效工作艺术90例》 | 符礼科 | 30.00 |
| | 80 | 《名师感悟有效教学90例》 | 林高明　徐玉烟 | 30.00 |
| 信息化教学系列 | 81 | 《巧用白板教语文——信息技术与语文教学操作指南》 | 蒋丽清 | 30.00 |
| | 82 | 《跨越式实现高效课堂——信息技术与课程整合高效教学方案评析》 | 陈玲　刘禹 | 30.00 |
| 教师必读系列 | 83 | 《教师必学的16堂修养课》 | 武宏伟 | 30.00 |
| | 84 | 《教师不可不知的教学心理效应》 | 叶勇军 | 30.00 |
| | 85 | 《班主任不可不知的管理效应》 | 奚一琴 | 30.00 |
| | 86 | 《教师不可不知的教育心理效应》 | 孙　媛 | 30.00 |
| 教师必读系列 | 87 | 《校长不可不知的管理效应》 | 谢申刚　张金豹 | 30.00 |
| | 88 | 《成为好教师的7项修炼》 | 王福强　李维华 | 30.00 |
| | 89 | 《如何让学生会学习》 | 龙　冰 | 30.00 |
| | 90 | 《如何让学生爱学习》 | 周震宇　许小燕 | 30.00 |
| 核心教学主张系列 | 91 | 《新生代语文名师核心教学主张》 | 许友兰 | 30.00 |
| 学生心理解码系列 | 92 | 《孩子问题行为一点通——只有好老师才知道的学生心理谜底》 | 严育洪 | 30.00 |
| 教育求索系列 | 93 | 《思政教学的人文力量》 | 戴晓华 | 30.00 |
| | 94 | 《师道新说——给教育者的30条箴言》 | 徐　卫 | 30.00 |
| 行思讲坛系列 | 95 | 《灵动而朴素地教语文——潘文彬的微格教育生活》 | 潘文彬 | 30.00 |
| | 96 | 《师爱无疆——润泽学生心灵的教育故事》 | 侯忠彦 | 30.00 |
| | 97 | 《怎样反思更有效——促进教师专业发展的反思策略》 | 诸贝贝 | 30.00 |
| | 98 | 《成为高度自觉的教育者——写给后课标时代的数学教师》 | 许卫兵 | 30.00 |
| | 99 | 《哲思数学课》 | 刘全祥 | 30.00 |
| | 100 | 《智慧数学课——黄爱华教学思维的实践策略》 | 黄爱华 | 30.00 |
| | 101 | 《童趣数学课》 | 徐　芳 | 30.00 |
| | 102 | 《把学生教聪明》 | 严育洪 | 30.00 |
| | 103 | 《教师最应该规避的教育误区》 | 杨坤道 | 30.00 |
| | 104 | 《用语文的方式教语文——潘文彬教学主张与实践智慧》 | 潘文彬 | 30.00 |
| | 105 | 《怎样让阅读教学更有效——提升教学能力的十种读诵模式》 | 汪秀梅 | 28.00 |
| | 106 | 《让生命在润泽中起舞——当代小学生最需要的主题班会》 | 吴联星　罗琳　冯卫东 | 30.00 |

| 系列 | 序号 | 书名 | 主编 | 定价 |
| --- | --- | --- | --- | --- |
| 行思讲坛系列 | 107 | 《让生命欢快拔节——当代中学生最需要的主题班会》 | 冯卫东　吴联星 | 30.00 |
| | 108 | 《课堂因生成而精彩——高效教学的生成智慧》 | 张文质 | 30.00 |
| | 109 | 《回到每一个人的生命化教育<br>——张文质二甲中学教育行动录》 | 张文质 | 30.00 |
| 中国教育变革之路丛书 | 110 | 《百年树人师何为——教师队伍建设困顿与出路》 | 将丽珠　李玉向 | 30.00 |
| | 111 | 《入园何时不再难——学前教育困惑与抉择》 | 曾晓东<br>范　昕　周　慧 | 30.00 |
| | 112 | 《三尺书桌何处寻——流动人口子女教育困难与破解》 | 范先佐 | 30.00 |
| 中国教育变革之路丛书 | 113 | 《苦旅何以得纾解——高考改革困境与突破》 | 郑若玲 | 30.00 |
| | 114 | 《择校纠结何时了——择校问题困局与治理》 | 曾晓东　周文海<br>曾娅琴 | 30.00 |
| 创新教学思想系列 | 115 | 《“大问题”教学的形与神》 | 黄爱华　张文质 | 30.00 |
| 校长领导力系列 | 116 | 《高品质学校生长要素》 | 王益民 | 30.00 |
| | 117 | 《校长高校教学领导力提升策略》 | 徐世贵　郭文嵤 | 30.00 |
| 教育漫笔系列 | 118 | 《课堂，诗意地栖居》 | 吴书华 | 30.00 |
| 新思维系列 | 119 | 《教育中的“不一定”——打破教育的19种思维惯式》 | 严育洪 | 30.00 |
| 教学提升系列 | 120 | 《有思想地教阅读——让学生学会品读文字真意》 | 王学东 | 30.00 |
| 教育艺术提升系列 | 121 | 《藏在师生体态语言里的教学智慧》 | 张　宇　廖生波 | 30.00 |
| 教学全手册系列 | 122 | 《小学习作教学全手册》 | 郭家海 | 30.00 |
| | 123 | 《中学写作教学全手册》 | 郭家海 | 30.00 |
| | 124 | 《情境教学操作全手册》 | 冯卫东 | 35.00 |
| | 125 | 《合作教学操作全手册》 | 李春华 | 35.00 |
| | 126 | 《探究教学操作全手册》 | 周新桂 | 35.00 |
| | 127 | 《自主教学操作全手册》 | 诸葛彪 | 35.00 |
| | 128 | 《创新教学操作全手册》 | 王　玮 | 35.00 |

| 系列 | 序号 | 书名 | 主编 | 定价 |
| --- | --- | --- | --- | --- |
| 教学全手册系列 | 129 | 《班主任工作全手册》 | 刘沛华 | 35.00 |
| | 130 | 《新教师工作全手册》 | 周震宇 | 35.00 |
| | 131 | 《学生心理健康教育全手册》 | 刘海莉　刘春杰 | 35.00 |
| | 132 | 《高效教学操作全手册》 | 马友平 | 35.00 |
| 创新人才培养系列 | 133 | 《创新人才培养校园科普精品课程开发与指导——人大附中创新人才培养》 | 罗　滨 | 30.00 |
| | 134 | 《创新人才培养特色校本课程开发与创新人才培养——清华附中“国际安全下的科学技术”课程构建与实施》 | 王殿军　方　研　赵宏雁 | 30.00 |
| | 135 | 《创新人才培养：学校实验室建设与管理》 | 刘克文　杨发丽　杨　平 | 30.00 |
| | 136 | 《创新人才培养：数学探究活动开发与指导》 | 马云朋　韩继伟 | 30.00 |
| | 137 | 《创新人才培养：化学研究活动开发与指导》 | 王　磊 | 30.00 |
| | 138 | 《创新人才培养：物理探究活动开发与指导》 | 廖伯琴 | 30.00 |
| | 139 | 《创新人才培养：地理探究活动开发与指导》 | 张建珍　陈　澄 | 30.00 |
| | 140 | 《创新人才培养：生物探究活动开发与指导》 | 张迎春 | 30.00 |
| | 141 | 《创新人才培养：理念探索与思维突破》 | 王晶莹 | 30.00 |
| 新生代通派名师系列 | 142 | 《简约数学教学》 | 许卫兵 | 30.00 |
| | 143 | 《语文教学的本真——情意课堂展现母语之美》 | 吴建英 | 30.00 |
| | 144 | 《语文课堂的理想追求——欢快达成三维目标》 | 董一红 | 30.00 |
| | 145 | 《阅读教学的真髓——意象构建读出文学的真美》 | 祝　禧 | 30.00 |
| | 146 | 《美术教育的真谛——审美人生教育让生命绚丽成长》 | 陈铁梅 | 30.00 |
| | 147 | 《语文教学的理想境界——无痕教学润泽生命》 | 李　凤 | 30.00 |
| | 148 | 《儿童作文的本义——嬉乐作文让儿童乐并成长着》 | 王笑梅 | 30.00 |
| | 149 | 《名师是怎样炼成的》 | 王建明　王笑君 | 35.00 |
| 幼师成长系列 | 150 | 《幼儿行为背后——教师如何读懂幼儿的心思》 | 吴亚英 | 30.00 |
| | 151 | 《最具教育力的22种幼儿教育思想》 | 杨　达 | 30.00 |
| | 152 | 《幼儿教师必知的安全应急措施》 | 杨　达 | 30.00 |
| | 153 | 《幼儿教师必备的教育技能》 | 李　玲 | 30.00 |
| | 154 | 《卓越园长21条幼儿园管理策略》 | 周　丹　江东秋 | 30.00 |